東洋文庫の100年

開かれた世界屈指の
学問の殿堂

牧野元紀 編著　公益財団法人 東洋文庫 監修

平凡社

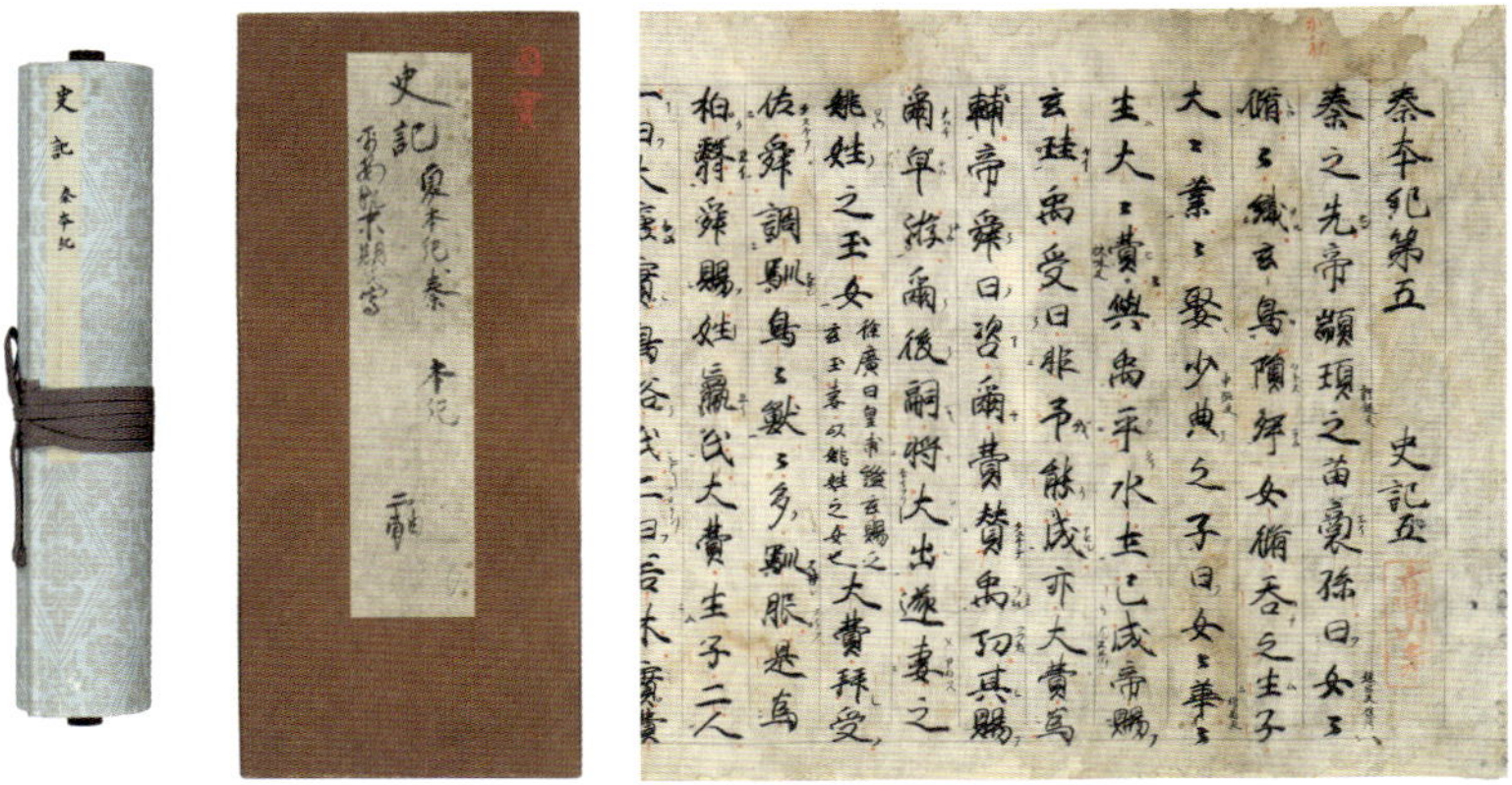

国宝 史記 秦本紀（28.5cm × 1428 cm、1145年〈天養2〉書写）

『史記』は太古から前漢武帝までの約2500年の間に起きたことを記した紀伝体の歴史書である。前漢の司馬遷が撰述した。本書は南朝宋の時代に裴駰（はいいん）が注をつけた集解本から平安時代に書写されたものである。「秦本紀」は春秋戦国時代を経て秦の始皇帝が中国を統一するまでの事績が記されている。文字の周りには朱で書かれた「ヲコト点」という漢文訓読のための「しるし」の一種が確認でき、当時の日本人がどのように漢文を読み下したのかがわかる。

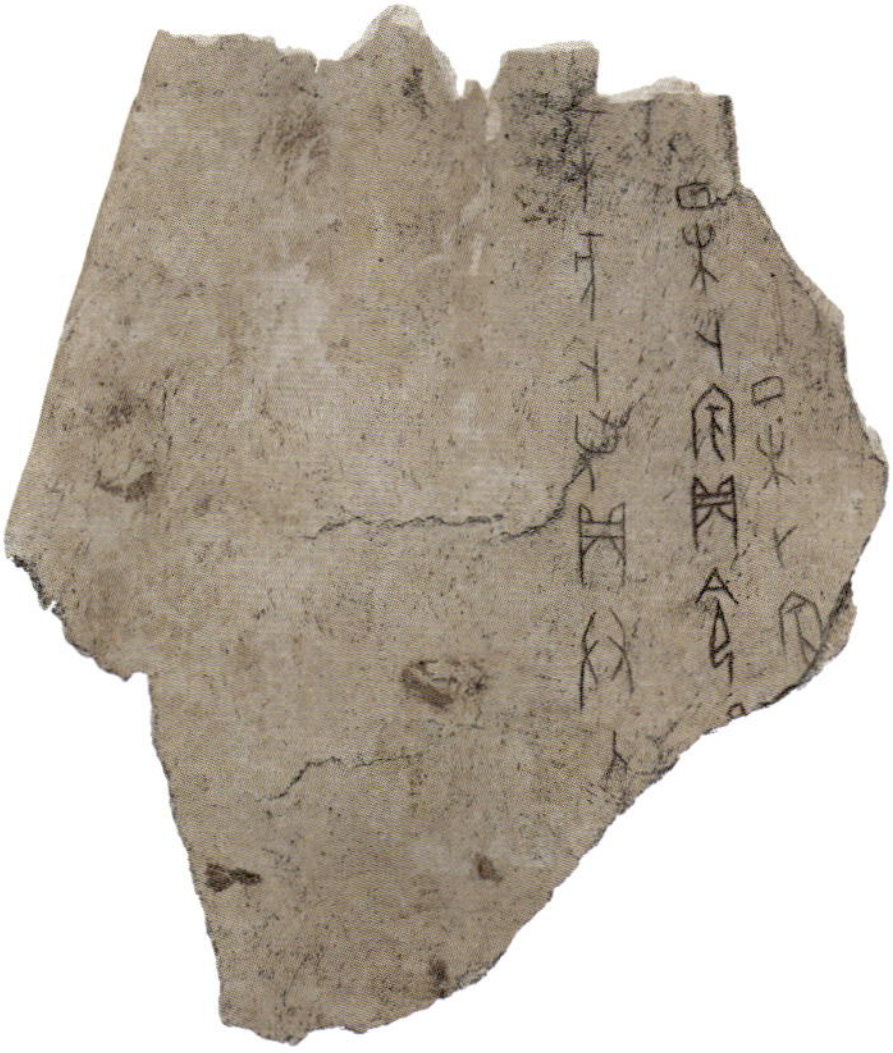

甲骨卜辞片（紀元前11世紀以前）

甲骨とは殷代（紀元前16?～11世紀頃）に主として占いに用いられた動物の骨や亀の甲羅のことを指す。表面に占う内容を刻んでおき、加熱して生じたヒビの入り方で占い、占いの内容とその結果を刻んだ。ここで使用された文字は甲骨文とよばれ、漢字の原型とみなされている。東洋文庫が所蔵する甲骨のほとんどは1918年に林泰輔博士が殷の中心地と推定される河南省の安陽で収集したものである。全部で614の獣骨の断片からなり、東洋文庫所蔵の最古の史料である。

マカートニーと乾隆帝
（38.0 cm × 25.0 cm、ジェームズ・ギルレイ、1792年、ロンドン）

1793年、英国の外交官マカートニー伯爵は国王ジョージ3世より全権大使として清国に派遣された。清朝の乾隆帝の80歳を祝賀するというのが表向きの理由であったが、実際は清朝の制限貿易の撤廃を目指す交渉のためであった。清朝側は彼らを朝貢使節とみなし、周辺国から到来する他の使節と同様に皇帝に対して「三跪九叩頭（さんききゅうこうとう）の礼」を行うよう求めた。しかし、マカートニーはこれを屈辱ととらえ拒否し、英国流に片膝をついて国書を奉呈することにより決着が図られた。

アヘン戦争図（46.3 cm × 64.8 cm、エドワード・ダンカン、1843年、ロンドン）

アヘン戦争中の1841年1月7日、アンソン湾（広東省）におけるイギリス戦艦ネメシス号と中国兵船との海戦を描く。ネメシス号は、前年末に中国海域に投入された最新の鉄甲蒸気艦である。歴史教科書や資料集でよく目にする本図であるが、作者のダンカン自身が実際に戦闘場面を目にしたという記録は確認されず、戦後の聞き書きによって想像して描いたものとされる。

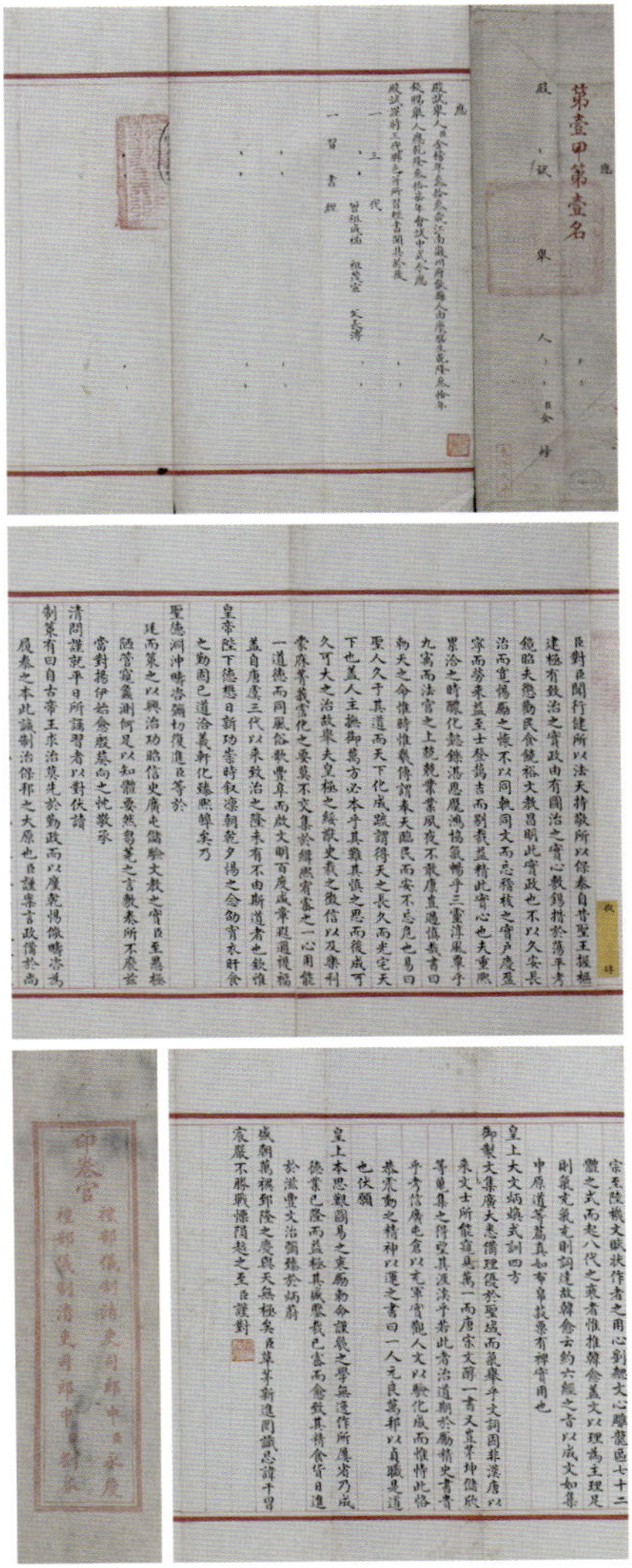

殿試策（49.0 cm × 227.0 cm、1枚、金榜／答案、1772年）

科挙は中国で隋代から清代末期まで1300年余り続いた官吏登用試験の制度である。当初は地方試験と中央試験との2段階制であったが、宋の太祖趙匡胤（ちょうきょういん）が975年に皇帝臨席の宮中試験である殿試（でんし）を新たに創設した。清朝は明朝の科挙制を踏襲し、郷試・会試・殿試の3段階制としたが、その間に覆試を施行するなど複雑化した。本資料は江南徽州府歙県生まれの金榜（きんぼう）が1772年（乾隆37）に殿試を受験し、第1位合格となった答案である。

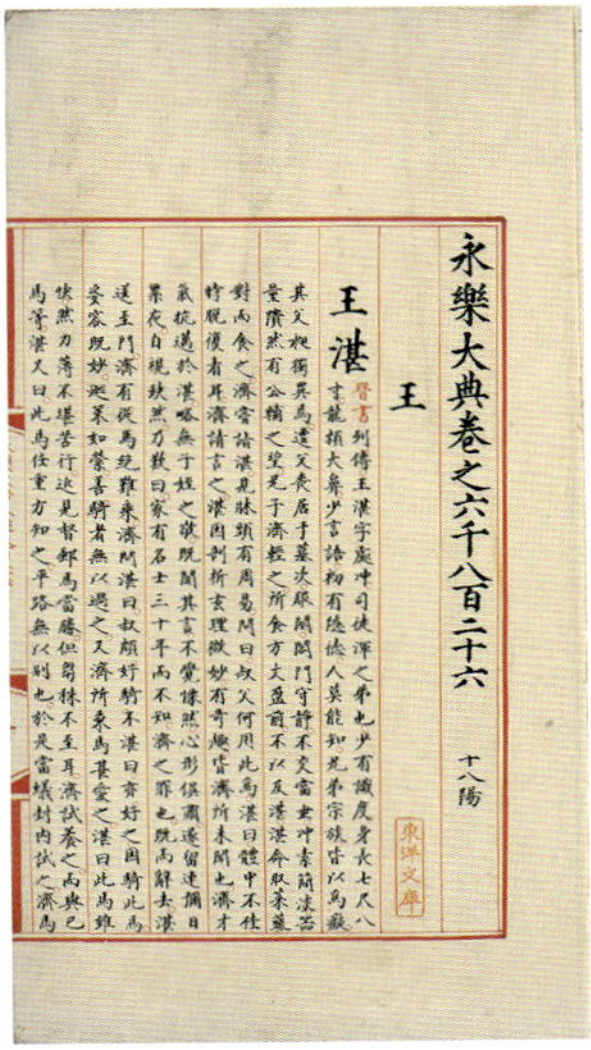
永樂大典卷之六千八百二十六

永楽大典

（50.2 cm × 30.2 cm、明解縉等奉勅編、1408年、1562年重修、鈔本、存34冊）

明の永楽帝の勅命によって1408年に編纂された百科全書で、全2万2877巻、目録60巻、1万1095冊からなる。当時伝わっていたあらゆる分野の書籍を集め、その全文または一部を『洪武正韻』の韻の順に分類・配列してある。原本は明末に焼失したといわれているが、1562年につくられた副本が清朝に受け継がれた。しかし、これも清末の義和団事変で大部分が焼失し、その残りが世界各地に分散した。全2万2877巻のうち現存するものは、わずかに800巻400冊たらずである。

越南婚葬行列図

（24.5 cm × 15.0 cm、作者不明、19世紀末～20世紀初頭、2帖）

ベトナム阮朝（1802～1945）は儒教思想に体制基盤を置いた。キリスト教徒など一部を除けば、民衆の大多数は儒式（特に朱子「家礼」）に則った冠婚葬祭を執り行った。本図は蛇腹の「折り本」で、2冊から構成される。1冊には婚礼の行列が、もう1冊には葬礼の行列が詳細に描き出されている。鮮やかな極彩色の衣装を身にまとった婚礼行列の参加者に対して、葬礼行列の参加者の衣装は白色を基調としている。後者は楽団に加え、故人への追悼を嗚咽で表現する「泣き女」が登場するのが特徴である。

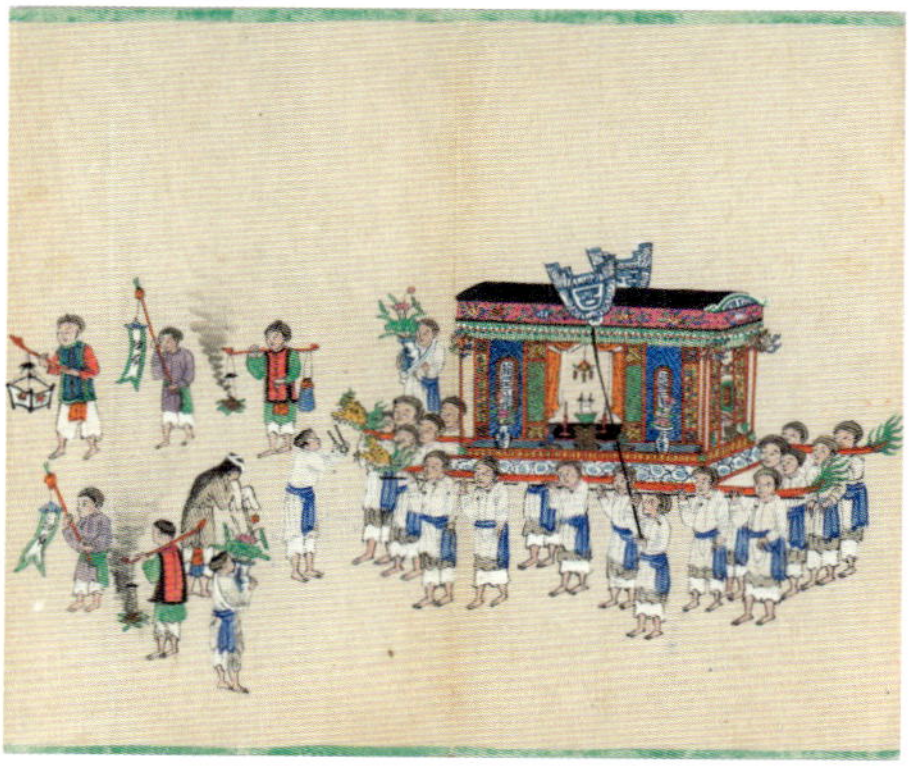

モルッカ諸島図（24.2 cm × 18.5 cm、ニコラ・サンソン、17世紀、パリ）

現在のインドネシア、フィリピン、ニューギニアに囲まれた海域に点在する島々からなるモルッカ諸島は西洋人や中国人からは「香料諸島」として知られた。オランダとイギリスの間で香料貿易の利権をめぐる対立が激化し、1623年、地図中央に見えるアンボン島でオランダがイギリス商館を襲い、館員を虐殺する事件が起こった。以後、イギリスはインドへの進出に注力するようになった。

クルアーン（コーラン）（34.7 cm×26.5 cm、1371〜72年〈ヒジュラ暦773〉書写、1冊）

イスラーム教の聖典。唯一絶対の神（アッラー）から預言者ムハンマド（570頃〜632）に下された神のことば（啓示）をそのまま伝えているとされる。詩のように美しいアラビア語で書かれ、ムハンマドが示した最大の奇跡といわれる。もともとは「読（誦）まれるもの」を意味し、ムスリムは折あるごとに声に出してとなえることが勧められている。全体は114章からなり、短い章は数節、長い章は200節を超えるものがある。東洋文庫は現在のシリア地方で制作されたと推定される写本を所蔵している。

ペルシア・インド・トルコのミニアチュール絵画

（39.8 cm×31.0 cm、マーティン、1912年、ロンドン）

イスラーム圏では宗教的制約もあり、人物画はあまり発達しなかったと言われている。しかし、イランや中央アジア、インドといった地域ではモンゴル帝国を経て中国風の画法が取り入れられ、書物の装飾として「細密画」が独自の発展を遂げた。とくにムガル帝国のもとで、16世紀末から17世紀前半にかけて発達した。本書は細密画について扱った研究書である。代表的なものとしてムガル帝国第5代皇帝シャー・ジャハーンの肖像が取り上げられている。タージ・マハルを建設し、インド＝イスラーム文化の最盛期を築いた皇帝である。

法華経

（10.3 cm×70.5 cm、書写年不明、チベット、1夾）

釈迦の死後、弟子たちがそれぞれ暗記していた教えを伝え合いながらまとめた仏典の一つ。チベット語訳の筆写本である。僧侶・探検家の河口慧海が第2次チベット探検で現地の高僧から譲り受けた。紫紺に染めた長方形の紙2～3枚を膠で貼り合わせて厚く補強し、その片面に金・銀粉を膠に溶いた絵具で1行ごとに交互に使い分けながら、3～8行の割合で文字を左から右へと横に記している。全部で239枚の紙は綴じずに重ね上げ、上下2枚の厚くて堅い板で挟む。板の表面に施された経典の内容を示す精緻な浮き彫りには金箔が貼られていた。

国指定重要文化財ドチリーナ・キリシタン

（15.6 cm×10.0 cm、日本イエズス会編、1592年〈文禄元〉、天草刊、ローマ字日本語活字版1冊）

キリスト教の教義を12の項目に分けて、ローマ字表記の日本語で説明している。巻末には簡単な信者の心得10カ条と、当時使用されていた日本語の単語リストが載る。16世紀末の天草で西洋の活字印刷機を用いて出版された。17世紀には徳川幕府がキリスト教を禁止し、厳しく弾圧を加えたので、こうしたキリシタン版は世界にわずか30点ほどしか残っていない。東洋文庫の『ドチリーナ・キリシタン』は世界でただ一つ現存し、保存状態が極めて良好である。キリスト教史、東西文化交渉史、印刷史、日本語史のいずれにおいても貴重な資料である。

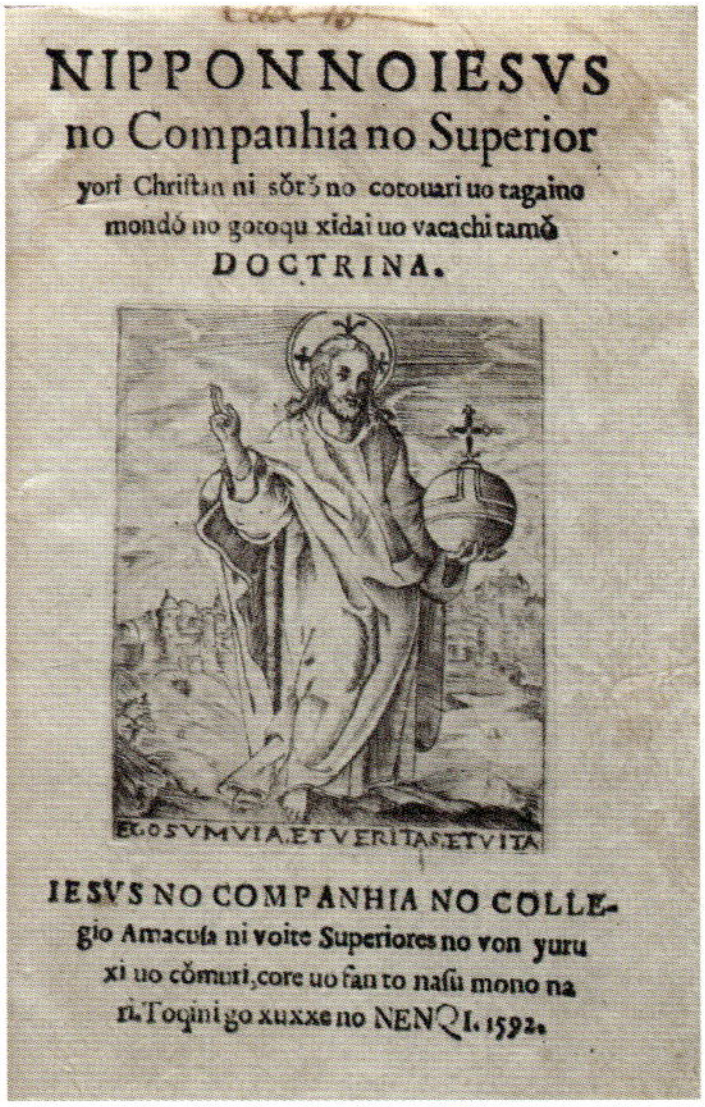

NIPPONNOIESVS
no Companhia no Superior
yori Christan ni sŏtŏ no cotouari uo tagaino
mondŏ no gotoqu xidai uo vacachi tamŏ
DOCTRINA.

EGO SVM VIA, ET VERITAS, ET VITA

IESVS NO COMPANHIA NO COLLEgio Amacusa ni voite Superiores no von yuruxi uo cŏmuri, core uo fan to nasu mono nari. Toqini go xuxxe no NENQI. 1592.

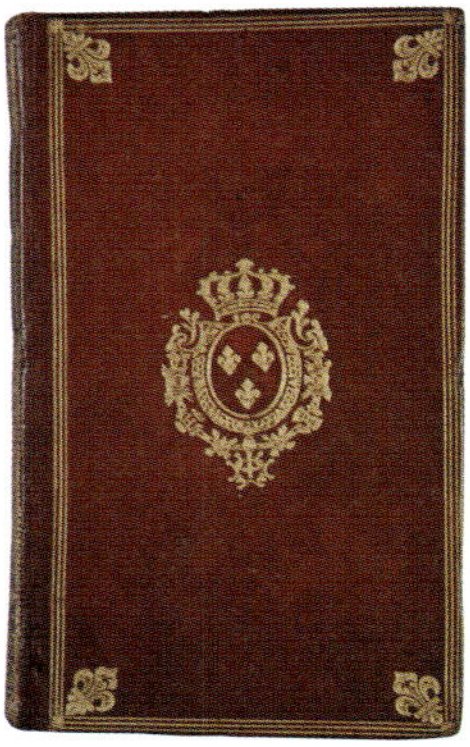

伝マリー・アントワネット旧蔵『イエズス会書簡集』

（16.8 cm×10.5 cm×2.8 cm、1780〜83年、パリ、26冊）

17世紀末から18世紀後半までのイエズス会士の書簡報告集である。26巻セットで出版された。東洋文庫所蔵のものはブルボン朝最後の王妃マリー・アントワネットが所有していたものと伝わる。臙脂色の革張りに紋章（フルール・ド・リス）をあしらった豪華な表紙に加え、小口には金箔が施されている。17世紀後半以降、東アジアのカトリック布教を主導したのはフランス人宣教師たちである。彼らの活動報告は当時のヨーロッパにおいて啓蒙・教化を目的として広く読まれた。本書には長崎の地図など日本に関する記述も含まれている。

378 Lettres édifiantes

Comme on passe en trois ou quatre jours de Nimpo au Japon, quand le vent est favorable, & qu'il n'y a point d'années qu'il ne parte de ce port plusieurs vaisseaux pour Nangazaki, j'eus la curiosité de m'informer de l'état où est ce grand Empire. Voici ce que le Pere Gollet en a appris de deux Chinois, dont le premier y avoit fait cinq voyages; & le second, à qui j'ai parlé moi-même, venoit d'en arriver. Ce dernier se disposoit à embrasser notre sainte Religion; & il auroit déja exécuté son dessein, si l'envie de faire un second voyage au Japon ne l'eût arrêté.

Nangazaki, que les Chinois appellent Tchangki, est une ville ouverte, d'environ sept à huit mille habitans: elle est environnée de montagnes, dont la cime est couverte de sapins; les coteaux sont cultivés. La ville, qui n'est qu'à une lieue de la mer, est située sur le bord d'une riviere, dont l'embouchure est fort étroite: les Japonois l'ont fortifiée par de bons retranchemens, & par deux batteries de canon. On y fait jour & nuit une garde si exacte, que dès qu'il paroît quelque vaisseau, deux barques légeres vont le reconnoître, pour en faire leur rapport au Général de la Milice. Si c'est un vaisseau Chinois ou Hol-

歌川広重『名所江戸百景』

（36.4 cm×26.8 cm、初代歌川広重・二代歌川広重画、1856～59〈安政3～6年〉、江戸、魚屋栄吉版、大判錦絵貼込帖1冊）

歌川広重が晩年に手がけた風景版画で、『東海道五十三次』とともに名所絵シリーズの最高傑作の一つとされる。1856年から上野広小路の魚屋栄吉により、広重没後の1858年までの3年を費やして118枚が出版された。さらに、1859年に二代広重の「赤坂桐畑雨中夕けい」の1枚と梅素亭玄魚のデザインによる目録1枚を加えて、計120枚が画帖仕立てで売られた。出版当初から人気をよび、明治時代まで繰り返し印刷された。オランダの画家ゴッホが本図「大はしあたけの夕立」を模写するなど、同時代のヨーロッパ美術へも大きな影響を与えた（ジャポニスム）。

東洋文庫の１００年

——開かれた世界屈指の学問の殿堂

東洋文庫の100年——開かれた世界屈指の学問の殿堂　目次

第Ⅳ部 次の百年に向けて

はじめに

牧野元紀

本書をお手に取っていただきありがとうございます。最初に一つ申し上げておかねばなりません。本書は平凡社から刊行されておりますが、同社の「東洋文庫」シリーズとは一切関係がございません。株式会社平凡社と公益財団法人東洋文庫も特段の関係を有しておりません。本書『東洋文庫の１００年』は当法人の一〇〇年の歩みを振り返るもので、平凡社「東洋文庫」シリーズの一〇〇年ではないことを予めご承知おきください。

と、やや冗談めいた書き始めとなってしまったが、平凡社から本書刊行の次第となったのは理由がある。同社が他ならぬ「東洋文庫」シリーズを半世紀以上刊行し（一九六三年創刊）、わが国の東洋学界と一般教養層に揺るぎない信用を得ているからだ。「平凡社さんなら間違いないだろう」ということで今回のコラボレーションが実現した次第である。もっとも東洋文庫の研究員は平凡社「東洋文庫」シリーズの執筆者に少なからず名を連ねている。それゆえ東洋文庫が「東洋文庫」シリーズを刊行しているとの誤解が生じてきたが、本書刊行で今後ますます混同が進んでしまうかも……しれない⁉

閑話休題。東洋文庫は日本最古で最大の東洋学の研究「図書館」だ。創立は一九二四年一一月、いまから約一〇〇年前である。三菱財閥第三代総帥の岩崎久彌《いわさきひさや》が私財を投じて設立した。

東洋学とは、アジアを中心とした非西洋世界を対象とする諸学問分野（歴史、文化、社会、言語、宗教、哲学、美術、文学、政治、経済、地理、自然誌など）の総称だ。扱うエリアとしては中国、朝鮮半島、インド、東南アジア、中央アジア、東北アジア、西アジア、アフリカ、太平洋など広い範囲にわたっており、当然のことながら日本も含まれる。

創立前夜から太平洋戦争直前頃までは岩崎家と三菱財閥の潤沢な支援を得て、東洋学に関わる古今東西のありとあらゆる研究書、学術雑誌、大部の図鑑、地図類、絵画等を蒐集した。そのなかには国宝や重要文化財に指定されるものも多々含まれている。

しかし、日本が敗戦を迎え、戦後すぐに財閥解体が実施されると東洋文庫の運営もたちまち立ち行かなくなった。一九四八年から二〇〇九年までの半世紀余りの間、図書の管理運営に限っては国立国会図書館の支援を得てその支部となった。民間の財団法人として研究活動もかろうじて継続できたが、財政はいつも火の車で、敷地や蔵書の譲渡をとおして命脈を保った時期もある。

東洋文庫は創立以来長らく研究者・専門家のみを対象とする「閉じられた」施設であったが、二〇一一年に大きな変化が生じた。三菱金曜会からの支援を得て全面建て替えが行われ、同年一〇月二〇日に「東洋文庫ミュージアム」が開館したのだ。現在は「開かれた」施設としてミュージアムと附設のレストランが人気を集め、子どもからお年寄りまで幅広い年齢層に親しまれるようになった。近隣の六義園と組み合わせて、この頃は海外からの観光客にも多くお立ち寄りいただいている。

創立一〇〇年を迎え、来し方をふりかえり、行く末をみすえる作業となるマイルストーンが『東洋文庫百年史』の刊行である。会社組織でいうところの「社史」だ。編者はその編纂を担当したが、この手のものは当然売り物ではないため関係者のみへの限定配本となる。しかるに、一般向けの読み物としても面白い内容が含まれていたため、ぜひダイジェスト版をとの要望があり、このたびの本書刊行となった。

第Ⅰ部「東洋文庫の百年」では、創立前のモリソン文庫の購入から話を始め、今日一〇〇万冊の蔵書を誇る世界五大東洋学図書館の一角を占めるようになった歩みを詳細に紹介する。それは決して平坦な道のりではなく、日本における近代的な実証科学としての東洋学の基盤づくりとその後の発展に向けてのプロセスと重なるものであった。

第Ⅱ部「東洋文庫の人と学問」では、東洋文庫の一〇〇年の歴史のなかで東洋学の「研究」図書館としての側面に注目し、東洋文庫の研究活動に顕著な貢献を果たされた一六名の人物を取り上げた。東洋文庫の研究活動への貢献ということでは本来さらに多くの方々へ紙幅を割くべきだが、衆目の一致するところで、かつ執筆陣の都合により、今回はとりあえずこの一六人ということになった。

第Ⅲ部「珠玉のコレクション」では、東洋文庫を代表する二大コレクション「モリソン文庫」と「岩崎文庫」の蔵書形成について、それぞれを専門の立場からご解説いただいた。二大コレクション以外にも他に類を見ない貴重書とそれを蔵する多種多様なコレクションについて一挙にご紹介する。

第Ⅳ部「次の百年に向けて」では、東洋文庫の顔である斯波義信文庫長をメインゲストに、濱下武志研究部長、高田時雄図書部長、平野健一郎普及展示部長、編者による座談会を収録した。斯波文庫長は文化勲章受章者で、東洋学界では日本国内外を問わず誰もが知る大家だ。戦後まもなく設置された新制の大学院博士号取得者で東洋文庫初の研究生となった。その後も大学教員としてのキャリアを経つつも東洋文庫との関係を生涯築いてこられた。東洋文庫のことを誰よりも知る生き字引である斯波文庫長にこれまでの歩みを踏まえて今後の一〇〇年に向けた構想をうかがう。

第Ⅰ部から第Ⅳ部にいたる各部の間には四つのコラムのコーナーを設けた。「東洋文庫、私の一冊」では東洋文庫を学生時代から活用してこられた岡本隆司、岸本美緒、小松久男の三名の先生方にご寄稿いただいた。「私と東洋文庫」ではグエン・ティ・オアイン、リンダ・グローブ、田仲一成、フランソワ・ラショウの四名の先生方に、「お宝本紹介」は編者が担当し、「東洋文庫への期待」については橋本麻里ミュージアム諮問委員、羽田正評議員にご寄稿いただいた。

平凡社「東洋文庫」に負けず劣らずの重厚な一冊となったが、ご興味をお持ちになられたところから気ままにページをめくってお楽しみいただきたい。読者の皆様のご来館を、東洋文庫スタッフ一同心よりお待ちしている。

第Ⅰ部

東洋文庫の百年

創建当初の東洋文庫本館。桜井小太郎が設計した。

東洋文庫の百年

斯波義信・牧野元紀

はじめに

東洋文庫はいまから一〇〇年前の一九二四年（大正一三）一一月一九日、法人の認可を得て正式に設立された。ただし、東洋学のための本格的な「研究図書館」[1]を、日本としては全く新しく創設する事業が実際に起動したのは一九一七年のことであった。すなわち、ジョージ・アーネスト・モリソンGeorge Ernest Morrison（一八六二〜一九二〇）[2]が生涯をかけて蒐集した「モリソン文庫」の購入である。

このモリソン文庫を軸にした書籍・資料の増補拡充が生じる一方、これに並行して一九一九年、岩崎久彌（一八六五〜一九五五）[3]の愛蔵する「岩崎文庫」の優品三点の覆刻による公開が始まった（後述）。その後、岩崎文庫の大半は新築落成の東洋文庫の書庫へ入り、一九四三年（昭和一八）までの三次にわたる寄贈によって全てが東洋文庫へ収められることとなった。モリソン文庫と岩崎文庫は東洋文庫の蔵書形成にとって比類のない礎石となったといえよう。

その間、東京駒込における本館・書庫および財団基金の設立は事業推進の基盤となった。これらは岩崎久彌の破格の英断と識見によってはじめて実現したものである。また、この久彌の趣旨を体して、東洋文庫の発足に献身的な精力を注いだ学界・財界・政界の関係諸位の一致した尽力の賜ともいえる。文庫百年の略史の筆を起こすにあたり、まずはこれら先人の貢献を銘記し、その要所の推移をたどっておこう。

1 東洋文庫の創立前夜

1-1 創立者岩崎久彌と岩崎文庫

モリソン文庫が購入されたのは岩崎久彌が三菱合資会社の社長職（在任一八九三～一九一六）を彼の従弟にあたる岩崎小彌太（一八七九～一九四五）に譲った翌年のことで

あった。当時すでに久彌は名だたる愛書家（bibliophile）、なかんずく和漢の稀覯書を収蔵する稀代の蔵書家として令名があり、学術への深い理解と関心、蔵書をめぐる学者との交流でも世に聞こえていた。

それは岩崎家初代の彌太郎（一八三五〜一八八五）、次代の彌之助（一八五一〜一九〇八）以来の風尚というべきものである。彌太郎と彌之助の両家の書斎には和漢書から洋書にわたる書籍が幅広く集められていた。彌太郎は湯島昌平黌《しょうへいこう》の教官安積《あさか》艮齋《ごんさい》（一七九一〜一八六〇）[4]の私塾、見山楼《けんざんろう》の門人帖に名を連ねていたことで有名であり、さらに安積に学んだわが国史学の大先達、重野《しげの》安繹《やすつぐ》（一八二七〜一九一〇）[5]が大阪に開いた成達《せいたつ》書院（一八六九〜一八七一）にも弟の彌之助、従弟の豊川《とよかわ》良平《りょうへい》（一八五二〜一九二〇）とともに入門した。

重野は上京して明治政府が設けた太政官正院修史局（一八七五〜一八八八）の編修副長、編修長を務め、帝国大学文科大学史学科の教授も兼ねた。このとき、外国人教師（お雇い外国人）としてドイツから同大学に招かれたルートヴィヒ・リース Ludwig Riess（一八六一〜一九二八）とともに、日本における近代的、科学的な歴史学の創建を建議して、一八八九年（明治二二）、史学会を興して会長となった。同年、国史学科が設けられると初代教授となり、この前年に修史局が大学に移管されて臨時編年史編纂掛（一八九五年～史料編纂掛、一九二九年～史料編纂所）に改められると、その委員長を兼務して史料の蒐集、編集に当たり（～一八九三年）、『大日本史料』、『大日本古文書』（一九〇一年より刊行）等々の同所の大編纂事業の基礎を築いた。

一八九二年、彌之助は駿河台ついで高輪の本邸内に「静嘉堂文庫《せいかどうぶんこ》」を置いて、師である重野の『國史綜覧稿《こくしそうらんこう》』の修史事業を援助した。また自らも内外の文化財の流失を憂慮して重野に諮りながら、この文庫に江戸時代から明治期にいたる国学書、漢学書、洋書の精品や名家手沢本《しゅたくぼん》（愛蔵書）・自筆本を集め、中国からは名高き蔵書家の陸《りく》心源《しんげん》（一八三四～一八九四）の「皕宋楼《ひょくそうろう》」（約二〇〇部の宋・元版の蔵書楼）、「十万巻楼」と号する屈指の稀覯書籍の大蔵書を購求し、別に集められた古美術品も合わせて集古館としての「静嘉堂文庫」に発展させた。

なお、彌太郎から久彌に連なる岩崎宗家には稀覯書の蔵書楼としての「岩崎文庫」がつとに存在していたことから、彌之助の代に両岩崎家の所蔵する稀書から一部を公開展示する際には「岩崎文庫」の名を以て行われることもあった。[6]

久彌が稀書珍籍の蒐集・愛蔵を以て広く世に聞こえるようになったのは明治の末年

からであった。久彌の蒐書の顧問であった和田《わだ》維四郎《つなしろう》（一八五六～一九二〇）は、帝国大学の鉱物学講座の草分け（在職一八七七～一八九一）であり、退官後は国営の八幡製鉄所の長官（在職一八九七～一九〇二）を務めた。[7] 和田における和漢古籍の愛蔵の由緒は古いが、その蔵書楼「雲村《うんそん》文庫」の形成に専念したのは退官後であった。したがって、久彌の代に岩崎宗家における「岩崎文庫」が拡充されたのは明治三〇年代あたりからであったと推測される。

久彌の蒐書の方針は和田の範にならい、書誌学・版本学・目録学の通則（鈔本・版本・自筆本・挿絵本等の類別による選定と校定）に沿い、書籍の内容・形式・由緒を厳選して、標本となるべき精品をしかるべく系統づけて配列するものであった。結果として同文庫は、日本における印刷文化の発展の次第を問われずして語る構成を示すようになった。

愛書家としての久彌の独特なところは、書籍の愛好保存の範囲を洋の東西にわたらせ、和漢書の域にのみとどまらせることなく、東洋の文化・風土を真摯に考究した洋書の類にまで及ぼしたところにある。その嚆矢をなすのが「マックス・ミュラー文庫」の購入であった。

一九〇一年（明治三四）、帝国大学文科大学の学術分野のなかに、新たに梵文学（インド文学）の講座が生まれようとしていた。博言学（言語学）の教授から梵文学の初代教授に転じた高楠《たかくす》順次《じゅんじ》郎《ろう》（一八六六〜一九四五）は、文科大学長の上田《うえだ》萬年《かずとし》（一八六七〜一九三七）[8]と外務大臣の加藤高明（彌太郎の女婿）に相談し、オックスフォード大学留学時代に師事した同大学教授でサンスクリット語学・インド古代文学の碩学である故F・マックス・ミュラー（Max Müller、一八二三〜一九〇〇）旧蔵の「マックス・ミュラー文庫」約一万二〇〇〇冊の一括購入と帝国大学図書館への寄贈を久彌へ懇請した。久彌はこれを快諾し、一九〇一年（明治三四）、自ら英国を訪れた折、ミュラー夫人と面会し、購入の手続きを速やかに済ませ、同文庫は東渡した（惜しむらくは関東大震災の折、帝国大学図書館が火災に見舞われ同文庫も灰燼に帰してしまった）[9]。

したがって、久彌が一九一七年、モリソンの二万四〇〇〇冊の蔵書のほか地図・画像資料・パンフレット類を含めて一括購入したことは、西洋人旧蔵の東洋学の基礎文献の蒐集としては二度目の大挙であった[10]。

ところが、モリソン文庫は東京深川の倉庫に到着した際、高潮浸水の被害を受けてしまう。修復については本郷区上富士前の岩崎別邸で行い、作業が終わり次第、麴町区八重洲一丁目一番地（丸ビル街）の「岩崎家庭事務所」に収めた。まもなく全ての修復が完了すると、近くの丸の内仲通一四号、三菱第26号館に移され、整理と増補拡充が進められることになった。これを「モリソン文庫仮事務所」と称する。管理・指揮には岩崎家庭事務所長で三菱合資会社の管事、桐島《きりしま》像一《しょういち》（一八六四～一九三七）[11]があたった。

モリソン文庫を整理し、さらに大幅な増補拡充を行う事業については、五人の「相談役」が久彌から委嘱された。横浜正金銀行頭取の井上準之助（一八六九～一九三二）[12]、同銀行北京駐在総取締役の小田切萬壽之助《おだぎりますのすけ》（一八六八～一九三四）[13]、前掲の桐島像一、同じく上田萬年、帝国大学文科大学史学科教授の白鳥庫吉《しらとりくらきち》（一八六五～一九四二）[14]の各位である。

東洋文庫の設立とともに相談役はまず評議員メンバーに加わることを委嘱され、評議員会の議によって理事に任じられた。その中から理事長には井上準之助が、監事には小田切萬壽之助が選出された。

「仮事務所」における具体的な実務上の推進は、帝国大学文科大学史学科研究室副手の一人であった石田《いしだ》幹之助《みきのすけ》（一八九一～一九七四）[15]が主任を委嘱され担当した。井上準之助がその総務を総覧する一方、学術上の具体的な問題は、上田・白鳥の両理事に判断を仰ぎながら石田主任が行った。

「モリソン文庫」の購求についての経緯に話題を転ずる前に、岩崎久彌における「岩崎文庫」と「モリソン文庫」との接点についていま一度触れておきたい。この関わりについて特筆すべきは、先述した「モリソン文庫仮事務所」の時期（一九一七〜一九二四）の前半にあたる一九一九年、「岩崎文庫」から三点の貴重書が、和田維四郎を編纂者に、石田幹之助を岩崎文庫代表者として刊行され、広く学術用に公開されていることである。

その三点とは、『岩崎文庫所蔵影印　旧鈔日本書紀　推古紀・皇極紀』二巻、巻子本（附：黒板勝美《くろいたかつみ》解説『日本書紀旧鈔本に就きて』）、『岩崎文庫所蔵影印　旧鈔古文尚書』一巻、巻子本（附：吉沢義則《よしざわよしのり》『尚書及ひ日本書紀古鈔本に加へられたる乎古止《ヲコト》点《てん》に就て』）、『岩崎文庫所蔵影印　明恵上人歌集』一巻、巻子本（附：佐佐木信綱解説『明恵上人歌集に就きて』、和田英松解説『歴史上より見たる明恵上人集』、井手淳二郎解説『国語仮名及仮名遣資料としての明恵上人集』）である。これらはやがて東洋文庫が設立されると、『東洋文庫叢刊シリーズ（1）〜（11）』の冒頭に、〈番外〉の形で収められるようになった。

和田維四郎はこの覆刻書の編纂事業半ばにして惜しくも病没し（一九二〇年）、久彌はその「雲村文庫」を引き継いで「岩崎文庫」の中に収めた。覆刻事業が前記の三点のあと一時期中断したのは、このためであろう（和田は久原房之助の蒐書の指南もつとめていたこともあり、和田旧蔵書の一部は久原に帰したのち、五島慶太の「大東急記念文庫」にも伝わっている）。

この当時、岩崎家に委嘱されて「岩崎文庫」優品の覆刻公開事業の代表者となり、同時に「モリソン文庫」の増補拡充事業の推進の主任をも委嘱されていた石田幹之助は、その懐旧談のなかでいくつかの興味深い話を残している。

まず、古鈔本『永楽大典』のごとき特別の稀覯書を北京の書店から購入するときは、その都度の判断を和田に仰いでいた。和田は貴書蒐集にまつわる書誌的判断を総帥していたのである。さらに、和田を介して、石田は和漢書について書誌上の高見を仰がんとして、いわば顧問格というべき学者サークルとも常時連絡を交わしていた。それは、帝国大学文科大学の上田萬年（国語学）、橋本進吉（国語学）、高楠順次郎（梵文学）、姉崎正治（倫理学、キリスト教学）、黒板勝美（国史学）、植《うえ》松《まつ》安《やすし》（国文学）、同図書館長の和田万吉（国文学、書誌学）、京都帝国大学の吉沢義則（国語国文学）、内藤虎次郎

（東洋史）、同図書館長の新村出《しんむらいずる》（言語学）、慶應義塾の幸田成友《こうだしげとも》（東西交渉史）らである。

覆刻公開に供せられた『旧鈔日本書紀』、『旧鈔古文尚書』、『明恵上人歌集』は、稀覯の珍籍という書誌上の価値もさることながら、言語学・国語学の研究面で日本における漢籍訓読法の源流を解く最古の「乎古止点」、圏点、角点等を記録していることによって今なお至高の史料とされている。前二者は平安朝中期の、後者は鎌倉期ののであることが判明していた(16)。

この一九世紀の末から二〇世紀の初頭という時期は日本の大学において近代的な文科系学術の諸分野が創成された重要な時代と重なっていた。精選された和書古典籍の宝庫の一つと目されていた「岩崎文庫」の前記の蔵書が、言語学・国語学の本源的な学術資料群として注目を浴びるようになり、久彌はそうした蔵品を学界の輿望にこたえるべく覆刻公開することを考えるようになった。

同様のことは「仮事務所」の時期に蒐集された、「キリシタン版」ないし「天草本」、「南蛮書」として世に知られ、幕末・明治初期の外交官であり日本学の先達、アーネスト・サトウ Ernest Mason Satow（一八四三～一九二九）も注視していた稀覯書についてもあてはまる。いわゆるキリシタン版は一六世紀末にポルトガルのイエズス会士ヴァリニャーノAlessandro Valignano（一五三九～一六〇六）が、布教のために西欧で考案された活字印刷機を長崎・天草周辺にもたらして印刷した書籍である。世界の印刷文化史、また日本における西欧式活字印刷本の沿革の嚆矢として貴重なことはいうまでもない。

布教のための教義を説く教本、日本語とポルトガル語の対訳の手引きなどとして使われたキリシタン版は、一六世紀末に通行した口語の平家物語などの日本語テキストをローマ字風に書き伝えているために、国語史の再現をするためにはかけがえのない資料である。世界中に約三〇点しか現存しないキリシタン版のうち三点（『ドチリーナ・キリシタン』、『サクラメンタ提要』、『聖教精華』）が「仮事務所」期に蒐集され、長崎大浦の天主堂が蔵する一本も複写され、同時に大英博物館・オックスフォード大学等が所蔵する二十数点の複録が、新村出らをわずらわせて集められた。

また相前後して、一六世紀末の日本で組織された日本イエズス会の会報をはじめ、『ローマ派遣日本使節紀行』すなわち九州の三人のキリシタン大名が派遣した天正少年使節団の紀行文、伊達政宗が派遣した支倉常長一行についての紀行文、さらには英国王ジェームス一世の国書をたずさえ、日本に初めて来航して徳川家康と秀忠に面会した通商の使節、船長ジョン・セーリスの自筆の航海日誌など一群の貴重史料の蒐集も行われた。

これらは、日本の史籍には記載されていないながらも確実な史実を伝えるもので、ジャンルとしては《海外に遺存する日本関係史料》、《日欧関係史料》、《東西交渉史料》に属する。要するに、この時期の蒐書の対象は和書・漢籍・洋書という便宜的な書誌の区別をまたぎ、学術的に注目を浴びていた分野に及んでいた。ここに「モリソン文庫」と「岩崎文庫」が合体していく接点があったと思われる。

ちなみに、当時こうした世界的なスケールで貴書・珍本を収蔵した著名な例としては、米国ニューヨークのモルガン図書館、カリフォルニア州パサデナのハンチントン図書館、ワシントンD.C.の議会図書館がある。東洋学関係では大英博物館やフランス国立図書館のアジア部門、パリのギメ美術館、米国ハーバード・イエンチン図書館がある。国内では安田善次郎（二代目）の松廼舎《まつのや》文庫、久原房之助の古梓堂《こしどう》文庫（のちの大東急記念文庫）、岩崎彌之助・小彌太家の静嘉堂文庫、天理図書館が際立っていた。

岩崎久彌は覆刻事業に際して、「岩崎文庫」を「岩崎家庭事務所」に寄託し、一九二四年に東洋文庫の書庫の建築が成るとさらにその書庫内に移して寄託した。そして一九三二年以降の三次に分けて、その全三万八千冊余を東洋文庫に寄贈した。久彌は寄贈に際し、熱心な研究者には公開して便益に供するようにと述べ、自らは役員に就任することを辞退した。むしろ自由な立場から折に触れては書庫を訪れ、書籍の閲読に余念がなかったと伝えられている。

「岩崎文庫」のなかには、昭和一〇年代前後に指定を受けた国宝七点、昭和二〇年代前後に指定の重要文化財一〇点が含まれていた。国宝は『古鈔本毛詩』（唐初写）、『古鈔本日本書紀』（広橋本）、『古鈔本春秋経伝集解』（保延五年写）、『古鈔本史記』（天養二年写）、『古鈔本文選集注』（平安中期写）、『古鈔本尚書』（唐初写）、釈高信編『古鈔本明恵上人歌集』（自筆、宝治二年写）、重要文化財は『古鈔本礼記正義』（天延三年写）、李昌齢編『楽善録』（宋紹定二年刊）、『古鈔本扶桑略記』（貞永二年写、広橋本）、『古鈔本論語集解』（文永五年写）、『古鈔本論語集解』（正和四年写）、『古鈔本古文尚書』（元徳二年写）、『ドチリナ・キリシタン』（文禄元年天草刊）、『ジョン・セーリスの航海日記』（一六一四年、John Saris 自筆本）、『古鈔本律』（養老二年写、断簡、広橋本）、『古鈔本令義解』（天長一〇年写、広橋本）である。このうち、国宝『古鈔本日本書紀』（広橋本）、重要文化財の『古鈔本扶桑略記』（広橋本）、『古鈔本律』（同）、『古鈔本令義解』（同）は後年、広橋本の古文書とともに文化庁を介して国立歴史民俗博物館に譲渡し、国宝『古鈔本明恵上人歌集』は書肆に譲渡した。

1-2 「モリソン文庫」の購求とジョージ・アーネスト・モリソン

ジョージ・アーネスト・モリソンは英国からオーストラリアのヴィクトリア州に移った教育者の家庭に育ち、兄弟は豪・英の大学で要職を占め、自身も一八九五年英国エディンバラ大学の医学博士号（外科学）を取得した。そのかたわら、若い頃から探検・踏査に情熱を注ぎ、未知の奥地の自然と民情を求めて、長大な距離にわたって単身徒歩で旅行をすること数回に及んだ。

オーストラリア大陸の東西横断旅行を皮切りに、ニューギニア奥地に分け入り、やがて中国とその周辺アジアに目を転じて、一八九四年には上海から長江を遡り、雲南を越えてラングーン（ヤンゴン）まで、三千マイル余の水陸路を単身旅行した。その旅行記録、『一オーストラリア人の中国横断紀行 *An Australian in China, being the narrative of a quiet journey across China to British Burma*』で一躍名を轟かすこととなり、英・仏などで広く知られるようになった。翌年、ロンドンのタイムズ社はモリソンをバンコク駐在の通信員に任じ、インドシナ半島・雲南方面の取材を委任した。一八九七年、同社から北京駐在の極東通信員という要職を委任される。敏腕記者として日露戦争、三国干渉、義和団事変、西太后の新政、立憲・共和運動の顛末等々、中国をめぐる内外情勢の推移を本国に打電している。

中華民国の成立後、一九一七年までは、袁世凱《えんせいがい》・黎元洪《れいげんこう》の二代にわたり、中華民国総統府の外国人特別政治顧問団の筆頭を委嘱され、ヴェルサイユ条約にいたる新生中国の外交折衝、対外財政交渉などの面で大きな役割を果たした。彼は情報の蒐集とその体系づけにおいて常に徹底と周到を期することを本領とした。日記および多くの写真帖を残したほか[17]、広く交友のあった外交官、政治家、宣教師、学者、医者から受贈したパンフレット、抜き刷り、統計資料を、逐一メモを添えて分類整理していた（いわゆる「モリソンパンフレット」として彼の文庫に含まれた）。

ついでながら、一九世紀末から二〇世紀初頭の欧米における近現代東洋についての学術・知識の推進には、むしろこうした本業としては専門学者でない「アウトサイダー」の貢献に負うところが大きい[18]。極東アジアでの現地体験を経た東洋学者が育つようになったのは一九〇〇年、ハノイにフランス国立極東学院が生まれてからのことである。

モリソンについて注目すべきところは、このような実務・時事知識の集積をそれだけに終わらせることなく、東洋学の発祥とその後の発展を学術上の系譜のなかにきちんと位置づけ、自己の知識を深め、しかも公共の用にも役立てようとしたところにある。

こうして個人の蔵書楼である「アジア文庫 Asiatic Library」を北京の自宅内にて防火設備を施した書庫に収めた。蒐書は徹底・網羅を目指し、中国に焦点をおいて、東洋学の基本的な書誌学書を参照しつつ、ロンドンのクオーリッチ Quaritch、キーガン・ポール Kegan Paul、ハーグのナイホフ Nijhoff、パリのメゾヌウーヴ・フレール Maisonneuve Frère、ライプツィッヒのオットー・ハラソヴィッツ Otto Harrassowitz、日本の丸善などの著名な古書ディーラーの目録に目を通しつつ発注した。『東方見聞録』の古刊本を含む四七種版本を収めたのをはじめ、一五世紀から一七世紀に及ぶ「古活字本（書誌学用語のインキュナービュラ *incunabula* を含めた）」を、同一書であればその各種版本、あるいは西欧語の訳出書を含めて収めることに力を注いだ。その範囲は、西洋人やアラブ／ペルシア人の東方旅行記、地理書・地図帳、宣教師の報告、東洋全域あるいは中国およびその周辺についての論述にわたり、しかもその多くは挿絵・地図入りであるが、それとは別に地図、風景・風俗画、自筆本を多数蒐集した。
一九世紀の書籍・資料についていえば、逐次刊行物（serial）の各種セットの完備が目立つ。英国外務省の報告書、海関報（中国条約港の税関報告書）のほか、名のある欧文の学術機関誌一一二余のタイトルが、いずれもフルセットの形で収まっている。領事報告、条約条文の集成、切抜き帳なども丹念に集めており、西欧語と中国語の対訳辞書、華語方言辞書の類については比類のない網羅的な蒐集を残した。
モリソンの関心は歴史・時事にとどまらず、自然・環境・地理風土・民情、さらに産業・交通から考古・美術工芸・博物・宗教にも広く及んでいた。その一端は画像資料、挿絵本の蒐集に示される。考古・美術・動植物などの豪華図譜類、地理書・地図帳に加えて、風俗画（ウィリアム・アレグザンダー、ジョージ・チネリーの水彩画原画など）や約三〇〇枚におよぶ銅版画が含まれている。東アジアに関する当代資料のベスト・コレクションとしてのモリソンの「アジア文庫」の存在はすでに一九一〇年前後から世界中の研究者の間に知られていた。[19]
五年ごとに更新していた政治顧問の契約が三回目の終わりに近づいた一九一六年

頃、モリソンは退任を考え、愛蔵の文庫を譲渡売却する意思を持つようになった。個人の力では、増えてきたアジア関係書の網羅的蒐集が困難になってきたという事情もあったようである。東アジアについての本格的研究がようやく勃興しようとしていた米国では、いくつかの大学が入手に動いたし、中国でも「アジア文庫」を自国に留めたいという希望があった。

日本では、科学的で実証主義的な東洋学を創成するため、学会や研究所の設立、図書館の創設が熱心に模索されていた時期である。「アジア文庫」売却の報をいち早く伝えたのは、北京在住の横浜正金銀行中国各支店総取締役の小田切萬壽之助であった。小田切は元外交官で、上海総領事を務めたことがあり、モリソン、小田切の共通の親友であったウィリアム・ウッドヴィル・ロックヒル William Woodville Rockhill 前在北京米国領事（一八五四〜一九一四）[20]からの信書で、モリソンの意中の委細を知った。

モリソンは二〇年にわたり心血を注いだ「アジア文庫」を誇りに思い、またその拡充ならびに公開利用に供せられることを本旨としつつ、譲渡後に散逸することを嫌い、しかるべき機関に一括して移し、内容がさらに増補されることを願っていた。また、中国語文と欧米語の双方に通ずる機関に移るのでなければ同文庫の真価は生かされないとも考えていた。

一九一六年の秋、上田萬年は石田幹之助を伴って中国を偶然訪れていたが、石田に頼んで北京王府井大街《ワンフーチン》にあるモリソン邸に立ち寄らせ、蔵書の概略を見聞せしめ、その重要性を確認させた。

翌春、横浜正金銀行総裁の井上準之助は小田切の意見を徴して文庫の購求策を講じ、岩崎久彌にこれを懇請することとなる。久彌は快諾するとともに、井上を通じて上田萬年、白鳥庫吉両者にも諮問するように依頼した。

こうした経緯を経て、一九一七年八月二九日、モリソン邸において、久彌側代理の小田切とモリソンとの間で譲渡契約の調印が交わされ、上田・井上の両者が派遣した石田がモリソンの作成した目録に基づく蔵書の照合と、荷造り発送の任に当たった。

九月末日、天津から横浜に船で運ばれた二万四〇〇〇点の蔵書は東京向島の岩崎清澄別邸の倉庫へと丁重に運び込まれた。この送付に当たっては、横浜正金銀行の在北京総取締役の小田切に加えて、小田切の仁川領事館在勤当時の領事であった林権助中国駐剳特命全権公使（ともにのち東洋文庫理事）の尽力に負うところが大きかった。

1-3 上田萬年と白鳥庫吉――『東洋学報』の刊行

「モリソン文庫」が将来された折、井上準之助を介して岩崎久彌が行った諮問に応じた主要な学術関係者である上田萬年と白鳥庫吉について、ここに特記しておきたい。

上田萬年は、帝国大学文科大学における近代日本学・国語国文学の開基者である。博言学（言語学）のお雇い外国人教師で日本古典の研究と海外への紹介でも著名なバジル・ホール・チェンバレン（一八五〇～一九三五）に師事し、英語教授嘱託を経て独・仏に留学後、一八九四年に博言学教授、一八九九年に国語国文学科が誕生してからは国語国文学国史第三講座教授、一九一二～一九一九年には文科大学長（制度改正後、東京帝国大学文学部長）を務めた。このように、上田は日本における近代言語学・比較言語学・文献学（philology）の草分けであり、これがさらに分化して梵文学、国語国文学へと発展していく重要な過渡期における総帥であった。

「マックス・ミュラー文庫」の購求、「岩崎文庫」優品の覆刻および「モリソン文庫」の購求とその〈仮事務所〉における増補拡充について、文科大学長時代の上田は大所高所からの助言を惜しまなかった。文庫の増補拡充の事業において、「キリシタン版

（天草本）」、「日本耶蘇会士年報」類の《海外日本関係史料》図書を蒐集したほか、「モリソン文庫」においては蒐書が必ずしも周悉《しゅうしつ》ではなかった日本関係の書籍、たとえばケンペル、シーボルト、ティーチングなどの日本学分野の書、ラフカディオ・ハーンの書簡、アイヌ、北方・南方言語、樺太関係書が一躍充実をみたのは五人の相談役の一人であった上田の高見によるものである。東洋文庫設立後も逝去にいたるまで理事の任にあった。

一九三六年（昭和一一）、医学博士で日独文化協会理事の入沢《いりさわ》達吉《たつきち》（一八六五〜一九三八）がベルリン日本学会所蔵のシーボルト関係文書二五八冊を一時借り受けたとき、学会の許可を得て複写したロートグラフ全冊を東洋文庫に収めている。また同じ年に、原田積善会の助成、同会顧問上田萬年の斡旋、佐佐木信綱の尽力によって、ハーンとチェンバレンの自筆往復書簡を主体とする書簡資料七四通、さらに翌年にも同五一通をスイスより購入して収めることに成功した。他に、ハーンからチェンバレンに宛てた六六通を入手し、計一九一通となった。これらは直接間接に上田の配慮によったものである。

他方、白鳥庫吉はわが国の近代的な東洋学・東洋史学の開基者である。上田が博言学（言語学）からスタートして、その分化・専門化の道程において重要な役割を果たしたのと同様に、白鳥もわが国の近代史学の発祥時に帝国大学文科大学に入学し、東洋史学が分化する過程で主導者の役を担った。

帝国大学史学科の第一回生として在学し西洋史を学んだ白鳥は、お雇い外国人のリース教授、そして重野安繹教授が提唱して史学会が成ったとき、学生として設立委員に加わった。

西洋近代の科学的な歴史学を日本で根付かせるべく、リースが一五年にわたる在任期間（一八八七～一九〇二）を通じて力説した重要な点がある。（1）西洋で確立していた史学理論（史料学、史料批判、綜合）を移植して、歴史に一種の精密科学の地位をもたらす。（2）そのための学術組織として史学会（その機関誌『史学雑誌』）と国史学科を設立する（ともに一八八九年）。また、史料編纂所を大学に移管（一八八八年）して近代的な修史をすすめる。（3）歴史研究を旧態依然とした王朝史や一国中心主義に止まらせず、相対・比較の視点を養い、国際性を帯びた問題を扱うことを勧める。その実践例として東西交渉史研究の推進、歴史地理領域の開拓を行う。[21]

リースに学んだ史学科ならびに漢学科の出身者には、村上直次郎（南方史）、村川堅《むらかわけん》固《ご》（西洋史）、白鳥庫吉（東洋史）、幣原坦《しではらたいら》（南方史）、桑原騭蔵《くわばらじつぞう》（東洋史）、矢野仁一《やのじんいち》（東洋史）、中山《なかやま》久四郎《きゅうしろう》（東洋史）、箭内亙《やないわたり》（東洋史）、幸田成友（南方史）、内田銀蔵（国史）、喜田貞吉《きたさだきち》（国史・地理）、黒板勝美（国史）、坂口昂《さかぐちたかし》（西洋史）、原勝郎《はらかつろう》（西洋史）、辻善之助（国史）、阿部秀助（西洋史）らがいる。彼らはやがて学習院、慶應義塾、東京帝大、京都帝大などで講座を担当するようになった。

白鳥は一八九〇年（明治二三）から学習院に奉職し、一九〇一年から〇三年にかけてヨーロッパへ派遣された。すでに八〇年余も前から学術的に成立し、充実した歩みを辿っていたヨーロッパ・シナ学（sinology）の業績、さらには図書設備や学術誌の状況を目の当たりにして、東洋に位置するわが国として東洋学を興す必要性を痛感した。一九〇〇年当時は殷墟、敦煌などの遺跡の発見が相次ぎ、フランスはハノイに極東学院を設けて教授陣を配置し積極的な調査研究を始めたところだった。

一九〇四年（明治三七）、東京帝国大学文科大学の支那史学科の教授となった白鳥は、東洋学専門の学会を先ずは設立することを考え、「亜細亜学会」を興した。次いで、一九〇八年、桂太郎（一八四八〜一九一三）を会長とする「東洋協会」のなかに白鳥の助言を受けるかたちで平田東助《ひらたとうすけ》（一八四九〜一九二五）を部長とする「調査部」が設けられた。翌年、『東洋協会調査部学術報告』第一冊が刊行され、一九一一年、在パリ銀行家アルベール・カーンAlbert Kahn（一八六〇～一九四〇）の寄附を得て、この報告集録はわが国の東洋学初の代表的学術誌『東洋学報』と改まって定期刊行が実現し、いち早く海外にも知られるようになった。[22]

白鳥庫吉は上田萬年とともに主幹となって『東洋学報』の編集体制を組織し、自らを含む委員・会員の寄稿により同誌は順調な歩みをはじめた。同様に白鳥は南満洲鉄道株式会社（満鉄）総裁の後藤新平（一八五七～一九二九）に説いた結果、一九〇八年、満鉄東京支社仮事務所のなかに「歴史調査室」が置かれることとなり、それは一九一五年（大正四）まで継続した。同室研究員は満洲、朝鮮半島の歴史・考古・地理の調査・研究に従い、必要な史料・文献など約五〇〇〇冊を蒐集し、これは「白山黒水文庫」と呼ばれた。この間、一九一〇年（明治四三）、東京帝国大学では国史学科に遅れること二一年、西洋史学科に遅れること六年にしてようやく「東洋史学科」が創設された。京都帝国大学に遅れること三年であった。白鳥は市村《いちむら》瓚次郎《さんじろう》（一八六四～一九四七）とともに、新学科の講座教授になった。

上田がチェンバレンの衣鉢を継いで言語学、文献学の立場から創生期のわが東洋学の育成に尽力したように、白鳥の事業および研究はリースの衣鉢を直接に継ぐものであった。歴史研究における「一次史料、根本史料、本源史料」の探究、史料批判、総合客観判断の重要性を力説し、この立場から東洋史の叙述を旧態の王朝史、一国中心主義の歴史から解放し、より広いアジア規模、世界規模の歴史潮流、東西の歴史・文化の交流の文脈で捉え直すことを唱えた。また、こうしたスタンスと世界共通の史学の方法に立脚することで、はじめて学術の国際化ができることを身を以て実践した。

西は古代オリエント史から、中央アジア史、東北方の蒙古、満洲、朝鮮半島、日本の北辺と南辺、さらに東南アジア史（南方史）、比較言語・歴史地理にも意を注いだ。過去のアジアにおける歴史叙述の空白部分を新たに埋めることこそが、アジアの全体史を推進するために不可欠であると考えられたからである。白鳥はそのために東洋学を推進する学会、学術誌の確立に全力を投じた。

そのような折、「モリソン文庫」の購求が生じたのである。ヨーロッパ東洋学の足跡を周到に伝えるだけでなく、日本を含む東アジア関係の知識情報の宝庫でもあったモリソン文庫の来日を好機として、わが国における東洋学の創成に向けてなされてきた上田萬年の言語学に立つ言語・文献・文字の学、白鳥庫吉の歴史学・比較言語学に立つ史料学・文献学のねらいが、ここに一つに合わさったと考えてよいだろう。

1-4 モリソン文庫の増補と書誌分類の構築

「モリソン文庫仮事務所」の七年間、岩崎家庭事務所からモリソン文庫の購入諸経費（三・五万ポンド、時価三五〇万円相当）の一・五倍に達する資金が支出され、同文庫の二倍を超える五万四〇〇〇冊の規模で増補が行われた。このことは東洋文庫の設立前の時期にあたるため、実はあまりよく知られていない。この期につくられた目録分類法、書籍の受け入れ原簿に残る記録、関係者の懐旧談を総合すると、増補の概略とその特色を以下のように描くことができる[23]。

書誌的整理、分類と目録、配架システムの構築

この七年の間で蔵書の書誌的な整理が進み、分類と目録の作成、配架のシステムが案出された。そして、それは東洋文庫創立以降の受け入れと整理の基本線となった。

モリソン自身は入念な蔵書カードを作り、本人にとっては一目瞭然の目録も用意し

ていた。これに従い東洋文庫の開設日に *Catalogue of the Asiatic Library of Dr. G.E. Morrison, Now a Part of the Oriental Library, Tokyo, Japan.* 2 Vols., pp.802, 551, Tokyo: The Oriental Library, 1924. が刊行されている。しかし、これは欧文一二ヵ国語で一先ず分類した上で、各類を著者名のアルファベット順で排列したものに止まっていたため、増補のための目安とはなり得なかった。

ここに進められた新規の書誌整理と目録作成、配架システムの構築は、その後の増補と充実を見越しての基礎作業であり、将来の見取り図と構想もそのなかに自然と示されていたのである。上田・白鳥の総覧のもと、主事の石田幹之助が東京帝国大学図書館長の和田万吉（国文学・書誌学）、京都帝国大学図書館長の新村出（国語学・書誌学）の助言を受け、副主事の岩井《いわい》大慧《ひろさと》、司書の秋葉隆・高橋邦枝を率いて分類項目を作成した。和田万吉は東洋文庫の開設後、文庫部（図書館部）の顧問を委嘱され、新村出は一九四四年からその逝去の一九六七年まで評議員に任じられた。

ただし、和洋書ともにアジア関係の文献に対して分類整理を行うことは、日本ではこれまで前例がなかった。基本になる西欧の著名な東洋学の書誌学書のほか、学術書の文献情報を渉猟しながら新規に綱目を立てることが必要であり、石田幹之助の多言語能力と博識を以てはじめて出来る仕事であった。ここで細部はさておき、分類の大綱を挙げてみよう。

【洋書】はⅠ一般参考書、Ⅱアジア・極東・太平洋地域、Ⅲ中国本土、Ⅳ朝鮮半島、Ⅴ満洲・蒙古、Ⅵシベリア・沿海州、Ⅶチベット、Ⅷ中央アジア、Ⅸインドネシア、Ⅹフィリッピン、Ⅺインドシナ半島・マレー半島、Ⅻインド、XIIIイラン、XIVアラビア半島、XVバビロニア・アッシリア、XVI西アジア・エジプト、XVII日本、L大型本、F美術書、O古刊本（一九二四年より一〇〇年以上遡る書）、Pパンフレット、E古地図・図版類の二二部門（のち定期刊行物XVIII、中南米地域XIXを追加して二四）に分けられる。

各部門はおおむね総記、地理、人類・民族、地誌、自然、考古、歴史、伝記、哲学、宗教、美術工芸、文字文献、文学、社会風俗、政治、財政、法、教育、医療、経済、社会運動、移住、軍事（中国本土部門の例）に細分するものである。

洋書以外は【アジア諸言語の書】（漢語、朝鮮、日本、満洲、蒙古、チベット、ベトナム、タイ、インド諸語、中央アジア諸語、ペルシア、アラブ、等々）としてとらえた上で、《漢籍》は経・史・子・集の四部分類プラス叢書という区分、《和書》（日本漢籍、中国語文の書を含む）は、総載（書目の類）、神祇、宗教、哲学、教育、文学、言語、芸術、歴史、地誌、政治・法律、経済、財政、理工学、医学、兵事、産業のごとく、洋書の細分に対応する二次分類を施した。要するに非洋書はそれぞれの言語を目安に分けられた。

全体としてみれば、［洋書］、［漢籍］、和書を含めた［アジア諸言語書］という大区分があり、各区分をまたぐ古鈔本、古活字本、美術・図像資料など貴重書は［特別別置本］に、また韓籍や韓語の書は［朝鮮本］、ベトナム漢字の書は［越南本または安南本］、それ以外のアジア諸言語の書は［アジア諸言語書］の項目に繰り入れられ、それぞれに別置するという構図であり、この方式は現在に至っている。

日本学関係史料の蒐集

すでに述べたように、日本学（ジャパノロジー）については邦文書も少なくないが、ことにキリシタン版、日本耶蘇会士年報などの欧文の稀覯書を購求しつつ、大英博物館、オックスフォード大学ボードレアン図書館などの蔵する天草本についても、その複録が熱心に集められた。

一例を挙げると、モリソン文庫のなかで日本学関係の稀覯書についてはシーボルトの著作はわずか一点のみを数えるに過ぎなかったが、『ニッポン』、『日本動植物譜』、『出島蘭館蔵書考』、『新増字林玉篇』、『和漢音釈書言字考』など、各種版本、西欧語訳出本を合わせて約三〇部が、前述した「シーボルト関係文書」を含めて昭和一〇年代にかけてそろえられた。

また、歴史、文学、言語、宗教、美術工芸、自然地理、法・政治制度、外交条約、産業資源などの分野に関する書籍が、北海道、樺太、千島、沖縄、当時日本の領有した台湾、朝鮮を含めるかたちで収められた。上田萬年の示唆があったかと推測されるが、それだけに留まらない。帝国学士院が一九二二年のブリュッセルにおける万国学士院連合総会に対して、《在外日本関係史料》蒐集への協力を働きかけて決議を得たとき、日本から派遣された代表は白鳥庫吉であった。白鳥の論考にも日本を題材にしたものが少なからずある。すなわち、東洋文庫における「東洋」には、西側が常識として考える《東洋》（オリエント）と同じ用法であり、おのずから日本を包摂する含意があったといえよう。

辺外史料と実用史料——中国とその周辺への視点

日本学分野の基礎史料を充実させたことはモリソン文庫の不足部分を補う趣旨であったが、増補拡充においてなかんずく力が入れられた別の方面は、中国とその周辺（辺外）に関わるもので、しかも近代史学の目でみて「根本史料」とみなすべき史料を探し求めることであった。

手短にいえば、一方では「辺外史」の研究に資する言語・文献史料、また一方では中国本土関係史料のなかでも実用・実務の書の類、実態を反映する史料群の蒐集に力を注いだことである。

「辺外史」は換言すればアジア諸民族史の分野である。二〇世紀初頭における西欧の東洋学は、シルクロードに沿う敦煌・トルファンなどの遺跡考古調査と古文書・古言語類の新発見、ヒマラヤ、チベット方面の調査・探検によって華やかな昂揚期にあった。この流れのなかにあって、新興のわが東洋学がただちに貢献を見込める領域は、まず、ウラル・アルタイ語系、つまり言語系統が日本語と同系で、わが国の漢学知識の伝統も生かせる朝鮮・満洲・蒙古・トルコ系の諸民族についての歴史の復原であった。

リースが説いた「根本史料に歴史叙述を基づかせる」という観点に照らせば、「辺外史」の分野は伝統中国の史書や史家が重視せず、空白に近いともいえる領域であった。そのうち、朝鮮史料の組織的な採訪・研究は総督府の修史や一九二六年に設けられた京城帝大の事業に委ねられて行くが、満洲・蒙古のそれは、当時では主として満鉄の歴史調査室（前述）、京都帝大、東京帝大、東洋文庫によって推進されていた。

一九〇五年（明治三八）、内藤虎次郎（湖南）は清朝初期の都瀋陽（奉天）の故宮を調査し、太祖・太宗二代の「実録」（『満文老檔《まんぶんろうとう》』）と『五体清文鑑《ごたいしんぶんかん》』（満・蔵・蒙・回・漢の五語対訳の辞書）が遺存することを発見した。一九一二年（大正元）、内藤は羽田《はねだ》亨《とおる》とともに両書を写真乾板に複写し（五三〇〇枚と四三〇〇枚）、『老檔』の写真は京都帝大と満鉄の歴史調査室（白山黒水文庫）に入り、一九一九年（大正八）に両書の写真はともに東洋文庫にもたらされた。『五体清文鑑』は一九四三年に東洋文庫から複製が出版されている。

同様に、『御製西域同文志』（上・中・下・研究篇）も一九六一年から一九六四年にかけて東洋文庫から複製と研究書が出版された。ほかに、「仮事務所」期から昭和初年にかけては、満文では『老檔』の写真複製に続き、『鑲紅旗《じょうこうき》檔《とう》』文書二四〇二通（一九三六年）を中心とする満文の本源史料、一九三一年にはチベット大蔵経典（Derge版

Kanjur）一部一〇三套、蒙古の蔵外経典（Tson-Kha-paの法句集）一部二〇套、蒙古大蔵経典（Kanjur）一部一〇八套、一九三四年には蒙古文仏典（Tanjur）二二五套を購入、合わせて満・蒙・蔵・漢の対訳辞書、また欧・露語のこれら諸語対訳の辞書も、基本的に整えられるようになった。

　他方、漢籍の購入においては「仮事務所」期当初からの増補の方針のなかで、孤本・珍籍を集めることは、その必要を認めたとき以外では力を注がず、むしろ「根本史料」を新たに採訪し、充実させていくという方針をとり、実用を旨とした。まず、明、清、中華民国期に編まれた叢書類を極力揃えることにつとめた。また、漢籍の経・史・子・集の四部分類でいえば、史部（歴史）、集部（文集の類）、ついで子部（諸学専門家の書）の書を優先させ、経部（古典）は必要限度にとどめた。

　史部のなかでは、辺外における諸民族との交渉・武功・地理を記録した「方略《ほうりゃく》」（『平定準噶爾《ジュンガル》方略』漢文・満文の類）、対訳の辞書（火源潔・馬沙亦黒等撰『華夷訳語』洪武二二年〈一三八九〉劉三吾序の類）、地方地域の風土・人物・行政を詳述した各省・各府・州・県・鎮ごとの『地方志』、地理書と地図を購求した。さらに、一般に手薄な伝記類を補うものとして、中国ではふつう史書のなかに然るべく位置づけられていなかった地方大族の『族譜《ぞくふ》』(家系の記録)を積極的に集めた。これらが後年、東洋文庫における独自な蒐集史料として国内外で知られるようになった。

また、政書のなかでも、財務・外交関係、搢紳《しんしん》の『爵秩全覧《しやくちつぜんらん》』(官僚名簿)、『官箴《かんしん》』(一般行政の手引書)のような具体的・実務的な内容の史料が集められた。

子部では音韻書、農家、医家の書、天文の書に意が注がれた。こうした漢籍類の蒐集の指揮をとったのは、一九二一年から「仮事務所」の嘱託となった和田清《せい》であった。[24] 和田は在北京の書肆を介する蒐書のほか、終戦の直前まで知己であった順天時報社社員の松村太郎の尽力にも頼るところが大きかった。

1-5 所蔵品の展示

「仮事務所」期における史料蒐集のうち、漢籍の実用書や辺外関係書の類は別として、内外に誇り得る書籍の名品を新たに採訪したその成果は、文庫の開設直前と開設時の計二回の展覧会において公開された。

まず、一九二二年(大正一一)五月一四日、東京帝国大学構内山上《さんじよう》会議所で《スタイン・ペリオ両博士中亜発掘将来品写真其他展覧会》が催された。来会者は四五九名を数えた。展示品は以下である。

（イ）「中亜・蒙古・並に支那に於ける考古学的研究の業績を示す文籍」（主として報告書類）一八点

（ロ）「スタイン氏蒐集品」（ウイグル文書、突厥文書、敦煌・イリ文書、ソグド文書、アラム文書など）一七点

（ハ）「ペリオ氏蒐集品」（敦煌文書、ソグド文書を中心に）四四点

（ニ）「大英博物館・巴里《パリ》国民図書館並にオックスフォード・ボードレイ文庫蔵本」（顧愷之筆『女史箴之図』、刻本・鈔本『華夷訳語』ほか天草本）六点

展示に供された（イ）～（ニ）の複写物は羽田亨、新村出、植松安が、欧州を訪れて各図書館で撮影したもの、ほかの洋書類は白鳥庫吉、羽田亨が欧州で購入して「仮事務所」に送ったものである。[25]

一九二四年（大正一三）一一月二八日から三〇日にかけて、東洋文庫の開設を記念して、東洋文庫内で行われた展示は大規模なものであった。一九九点が出陳され、旧モリソン文庫蔵品とその増補から計一四〇点、岩崎文庫寄託品から五九点、いずれも

精選品を公開した。

前者（甲類）の内容は、第一部「マルコ・ポーロ東方紀行諸版本」として、一四八五年刊本から一六七二年刊本に至る同書の古活字本の稀本一二点が並べられた。

第二部「日本に関する古書」も洋書が中心で、**A**「日本志及び日本紀行類」として、メンデス・ピントの『極東遊記』（一六一四年）、リンスホーテン『航海記』（一五九六年）に始まり、ケンペル『日本誌』（一七七七〜一七七九年）、ティーチング『日本雑記』（一八二四年）、フィッセル『日本国志』（一八三三年）、シーボルト『ニッポン』（一八三二年）および『日本植物誌』（一八三五〜一八四四年）にいたる一四点が陳列された。**B**「日本耶蘇会刊行書類」では、天草本のロートグラフ『平家物語』、『伊曽保物語』、『日本文典』など八点、文庫蔵の『ドチリナ・キリシタン』ほか同書の異版本三点、文庫蔵『サクラメンタ提要』など計一二点、**C**「日本耶蘇教史類」では、ロドリゲス編『日本文典』（一六〇四年）、『日葡辞典』（一六〇三年）、グスマン『東方布教史』（一六〇一年）、クラッセー『日本教会史』（一七一五年）、デ・モルガ『フィリッピン諸島史』（一六〇九年）など一一点が出陳された。

第三部「中国に関する古書」では、**A**「耶蘇会士及び学者の著訳」において、メンドーサ『中華大帝国史』(一五八五年)の類からマルティーニ『中国新地図帳』(一六五五年)、ミュラー『景教碑考』(一六七二年)、ジェルビロン『満洲語初歩』(一六九六年)、ブーヴェ『康熙帝伝』(一六九七年)、フールモン『中国文典序論』(一七四二年)、アミオ『満仏辞書』(一七八八～一七八九年)など三九点が展示され、**B**「中国耶蘇会刊行書」においてアレニ『出像経解』(一六三七年)、フェルビースト『康熙十年二月十五日月食観測志』(一六七一年)、カストナー『聖ザヴィエル墓域誌』(一七〇〇年)など五点が展示された。

第四部「その他」では、一九世紀から二〇世紀初頭に刊行された中国ないしその辺外地域への紀行、探検、インド、チベット、ジャワ関係書、アジア各地の仏蹟、工芸、陶磁、動植物図譜、スタイン、ペリオ、グリュンヴェーデル、ルコック、シャヴァンヌの遺跡発掘報告から構成される全四八点の展示がなされた。このうち、豪華製本の動植物図譜、アジアの考古・建築・美術の図譜の類は、折に触れて国内古書店のコレクションの売り出しや欧文カタログから購求したものである。

ほかに「乙類」として、当時は寄託中であった「岩崎文庫」のなかから、古写本八点、名家自筆本八点、古刊本九点、挿図古刊本八点、元朝からの帰化人、兪良甫《ゆりようほ》版

の五山版六点、大内氏旧蔵古韓本附大内氏版本四点、慶長元和勅版六点、挿図古版地誌六点、雑（花押集、古幣鑑、青本絵外題集）三点の名品類を陳列した。

この一九二四年の二回目の展示は非常によく企画され準備されており、蔵書のなかの書誌的な優品の全容と特色を一望できるように工夫されていた。[26]

1-6 東洋文庫の使命

さて、一九二四年（大正一三）に開設を予定されていた東洋文庫は、その前々年、周辺の環境と防災を考えて本郷区上富士前の現在地に敷地を定め、三菱合資会社地所部の桜井小太郎（一八七〇～一九五三）の設計のもと、本館と書庫の建設がはじまっていた。

前年の一九二三年九月一日に関東大震災が襲ったとき、その工事はすでに九割近く完成していた。入念に設計されていたため、建物には何らの損害もなく、このときに下町で東京帝大の附属図書館など蔵書七〇万冊余、また、安田善次郎の松廼舎文庫などが所蔵する莫大な古典籍、貴重書が灰燼に帰してしまったことを思えば、無傷で保存されたことは特筆に値した。

「相談役」によって、法人の申請、開設後の事業内容と運営方針、名称が議されたのは、この建設の同時期である。事業方針としては、東洋学の専門図書館（文庫）として発足すべきか、むしろ研究所を主体として図書館を附設するかについて意見が交わされた後、第一義的に公開利用を旨とする図書館を目指すが、それは保存図書館（拡充無しの意味）ではなく、モリソンからの譲渡条件を承けて拡充発展と公開を目指すものであるから、専門的立場から蒐書しつつ蔵書の研究・普及を進めるために研究部門を附設するという最終合意が完成した。名称については、「アジア文庫」とすべきか「東洋文庫」とすべきかが議された末に、現在の称である「東洋文庫」、英語名をOriental Libraryと呼ぶことに決した。[27]

財団発足時に掲げられた諸規程のうち、冒頭の「財団法人東洋文庫寄附行為」には名称として、第一条「本財団法人ハ財団法人東洋文庫ト称ス」とあり、続く第二条には「本財団法人ハ東洋ニ関スル図書ヲ蒐集シ東洋学ノ研究及其ノ普及ヲ図ルヲ以テ目的トス」とある。[28] 今日の東洋文庫を支える主たる活動である「図書」・「研究」・「普及」の三本柱が発足当時からその使命として掲げられていたことは注目に値しよう。

2　東洋文庫の創立から終戦まで

東洋文庫の創立（一九二四年）以降から全面建て替え工事の着工（二〇〇七年）以前の歴史については、『東洋文庫十五年史』（一九三九年刊）および『東洋文庫八十年史』（二〇〇七年刊）があるので、以下の叙述は簡略を旨とし、概略のみの沿革をたどりたい。すなわち、東洋文庫創立時に整えられた組織と運営のあらまし、終戦時にいたるまでの学術書の出版、摂政の宮はじめ皇族、あるいは外国貴賓の台臨、主要な展覧会の状況を摘記する。

2-1　東洋文庫の創立と組織運営

財団法人として東洋文庫が発足することが本決まりとなると、岩崎久彌から以下の寄附がなされた。まず財団の敷地として本郷区駒込上富士前町二六番地（一九三二年六月、地番改正により一四七番地に変更）の旧岩崎邸跡地約一四〇〇坪（翌年までに約五二九坪が加えられて約一九二九坪に）が、次に建物の本館・書庫として建坪約一九二坪、延坪約六八八坪（一九一八年一〇月起工、一九二四年一〇月竣工）が、更に財団の基本金として二〇〇万円が、最後に「仮事務所」に収められていたモリソン文庫とこれを拡充した書籍・資料など約八万冊が、挙げて新設の東洋文庫へ寄附された。「寄附行為」全二五条の制定と、評議員・理事監事役員が定められ、文部省より一九二四年（大正一三）一一月一九日付を以て財団法人の認可を得られた。

役員は、岩崎久彌より評議員一〇名の委嘱がなされた。古在由直《こざいよしなお》（東京帝国大学総長）、荒木寅三郎（京都帝国大学総長）、高田早苗（早稲田大学総長）、鎌田栄吉（慶應義塾塾長）、穂積陳重《ほづみのぶしげ》（帝国学士院長）、井上準之助（貴族院議員）、小田切萬壽之助（外務省対支文化事業調査会委員）、桐島像一（三菱合資会社管事）、木内重四郎（前朝鮮総督府農商工部長官、前京都府知事、彌太郎女婿）、上田萬年（東京帝国大学教授）、白鳥庫吉（同）が評議員に就いた。

評議員の推薦により、井上、小田切、桐島、木内、上田、白鳥が理事に選出され、理事の互選によって井上が初代の理事長、小田切が監事に就任した。設立を記念する展示会と並行して、一一月二九日に東洋文庫で開館式が行われた。理事長の井上は懇親会の席上、「文庫をして世界の東洋学のメッカにしたい」と理想とするところを語ったという。

文庫の業務体制は当初、文庫部（図書館部）と研究部の二本立てであった。文庫部は「仮事務所」時期の体制をほぼ引き継いだもので、図書業務と庶務会計を合わせた組織であった。主任（一九三二年から主事）は石田幹之助であり、書誌学者の和田万吉に岩崎文庫担当の顧問（〜一九三四）を委嘱した。石田の次席（一九三二年から副主事）には、かねて一九一九年（大正八）に、東京帝大史学科副手から「仮事務所」の副主任を委嘱されていた岩井（旧姓圀下《くにした》）大慧が担当した。

「仮事務所」期の司書のうち、美添鉉二《よしぞえげんじ》と秋葉隆は転出し、高橋邦枝は逝去したため、新たに萩原栄七、東海三郎、樋口慶千代、石黒弥致《みち》の四名が任じられた。他に、出納掛一名、製本掛二名、筆耕一名が就任した。

庶務会計では庶務会計掛二名、庶務一名、タイピスト一名、電話交換手一名、受付一名、ボイラー係一名、用務員三名であった。石田主任は庶務会計も統括しており、今日でいえば総務部長の地位に就いていた。

ときに一九三四年度（昭和九年度）を目処として一〇周年史の企画があって、事務量も増えていたようであり、司書八名（東海、樋口、藪中静雄、久野昇一、五十嵐梅三郎、笠松単伝、前田勝太郎、石田正憲）のほか嘱託（藤岡信一郎）一名の増員となった。一九三二年には、深井三男が庶務会計の嘱託となり、事務区分を文庫部と研究部の並列とし、「文庫部」はこのときに「総務課」と「図書課」に分けられ、深井の手で業務上の諸規定の細目が整えられた。

一九三四年（昭和九）に石田主事が退職した後、しばらくは白鳥研究部長が主事の職を兼ね、岩井、深井の両副主事を率いる形となり、図書館業務と会計庶務業務がそれぞれに独立する発端となった。[29]

この間、研究部は当初から白鳥理事が部長に就き、基本的事業を着々と推進していた。先に述べた「東洋協会」とその機関誌『東洋学報』の定期刊行、満鉄の「歴史調査室」とその学術報告『満鮮地理歴史研究報告』がすでに先行しており、構想の上でも経験の上でも先鞭がつけられていた。

東洋文庫の研究事業の推進役であったのは一九二六年六月に置かれた八名の「研究員」であった。事の起こりは「仮事務所」時期の一九二一年、翌年東京帝大講師となる和田清が委嘱され、拡充のために購入される中国書の収書について研究面の相談にあずかったことにある。和田は一九二五年から二六年にかけて欧州等に留学するが、この間に最初の研究員となり、補佐する研究員庶務一名（出石誠彦《いずしよしひこ》、神話学）を率いて研究員制度の準備に当たった。

当初の研究員の顔ぶれは、和田清（清朝史・満蒙史、東大）、池内宏（朝鮮史、東大）、津田左右吉《つだそうきち》（中国古代史、早大）、加藤繁《かとうしげし》（中国経済史、東大）、羽田亨（蒙古史、京大）、濱田耕作（考古学、京大）、原田淑人《はらだよしと》（考古学、東大）、橋本増吉《はしもとますきち》（中国古代史、慶大）であり、そのほとんどが文学博士である。濱田は一九三八年に逝去し、代わって梅原末治《うめはらすえじ》（考古学、京大）が就任した。

研究員は無給であって、本務校ないしは在住地方の東洋学研究と東洋文庫を連絡する役目を帯びた。他に、研究部長の白鳥が主幹する欧文の *Memoirs of the Research Department of The Toyo Bunko* あるいは『東洋学報』の編集委員となって、掲載論文を推薦したり査読したり、自らも寄稿することを依頼された。

このほか、若手研究者の養成が考えられて、一九三四年、桐島理事が私財三〇〇〇円を寄附して、研究生一名に向こう三年間給費することが始まり、岩佐精一郎（西域史）が採用され、岩佐の急逝後に矢沢利彦《やざわとしひこ》（中国キリスト教史）が任じられた。ついで、白鳥理事が篤志家の寄附を得て、一九三七年より研究生一名、委託研究生一名に給費することになった。後年、理事長に就いた中央アジア史の榎一雄が研究生となり、高木菊松が後者に採用された[30]。

研究員制度ができた一九二六年(昭和元)から、研究部が企画し、運営する春秋二回の公開講座である「東洋学講座」が始まった。研究事業を社会に向けて普及させる目的の恒例行事となって今日に至っている。当初は白鳥部長ほか、津田、原田、羽田、濱田、加藤、和田らの研究員、主事の石田、ほかに金田一京助、会津八一《あいづやいち》などが講師を務めた。五~六回から一〇回前後の連続した概論を柱に、日本を含む東洋の歴史・考古・民俗・経済・言語・思想・宗教など多彩な話題を大学生ほか一般聴衆に分かりやすいように講演した。そのうち海外から来訪する東洋学者の記念講演を組み入れ、共通の話題を設けて数人の講師が一連の講話をするなどの工夫が積み重ねられていった。

他方、文庫内部においても研究の交流をはかるべく、「研究員会」および「談話会」が定期に開かれるようになった。前者は一九二八年から年一回開かれ、後者は世代や職務・分野の壁を除いて疎通をさせるために開かれた。これは「仮事務所」期の一九二〇年から、白鳥、和田、石田、岩井ら研究者と稲葉、高橋、美添ら司書が折に触れて行っていたものに始まる。その後、昭和一〇年代に復活され、土曜日を選んで白鳥部長ほか、研究員の和田、加藤、副主事の岩井、研究生の岩佐、矢沢、榎、研究員庶務の出石、司書の樋口、高山定雄、久野、近角文常、高木久美子、五十嵐、百瀬弘らが、年に四〜六回のペースで、毎回二名が談話を提供した。[31]

研究部事業の成果を学界に発信するために欧文・和文の紀要の定期刊行、および学術書・覆刻書が発行された。これらは蔵書の声価と相まって東洋文庫の存在を国内・海外に周知させ、評価を高めるために重要であった。

欧文紀要のＭＴＢ（*Memoirs of The Research Department of The Toyo Bunko*）は、白鳥がその海外経験にもとづいて創出した先見性に満ちた事業であり、広くわが東洋学の学術成果を海外に発信する機関誌として著名となり、一九二六年刊行の第一号から、戦時中の中断を除いて、連綿と継続し、諸外国の東洋学者の間では広く知られるようになった。創刊号から一九九八年の五六号までを見ると、総計で二四七の欧文論文が載り、分野別の占有比率でいえば、その約二五パーセントは中国各王朝の歴史、二五パーセントが満洲、蒙古、チベット、中央アジアなどの辺外の諸民族史、五パーセントが朝鮮半島史、八パーセントが西アジア・インドの関係、六パーセントは言語関係、残りの約三〇パーセントのうち約三分の二は日本史、約三分の一が東南アジア史と関わる宗教・地理・文化交渉の論文である。

和文紀要の『東洋学報』はさきにも述べたように、もともとは東洋協会調査部の学術機関誌として一九一一年に始まり、一〇七名の会員をもち、評議員として平田東助部長以下、特別委員に白鳥庫吉と上田萬年、委員には多彩な分野から坪井《つぼい》九馬三《くめぞう》、高楠順次郎、三上参次、市村瓚次郎、宮崎道三郎、伊東忠太、松村任三、小藤文次郎、三宅米吉、建部《たけべ》遯吾《とんご》、戸水《とみず》寛人《ひろんど》、幣原坦、金沢庄三郎、渡瀬庄三郎が任じられ、補助委員に池内宏、堀竹雄、後藤朝太郎、大谷勝真、和田清、有高巌、白鳥清が加わり、計二七名で構成された[32]。

一九一三年から東洋協会学術調査部と名を改め、編集は白鳥特別委員が総覧し、池内宏が主任を務めた。一九三五年からは和田清が主任となった。戦時中も定期刊行を続け、戦後になると、実質的に東洋文庫において発行する機関誌となり一九四七年刊の第三一号から発行者の名称は東洋文庫内の東洋学術協会調査部（のちに東洋学術協会）となった。ちなみに、一九七六年の第五七巻以降は名称も『東洋文庫和文紀要・東洋学報』と改められ今日に至っている。

2-2 学術書・目録類の刊行

MTB、『東洋学報』の経緯は先述の如くであるが、学術書の刊行として東洋文庫創設の当初に類別されていたものは、A東洋文庫論叢（和文）、BMTB（欧文、既述）、C東洋文庫叢刊（和・欧文稀覯書の覆刻）、D東洋文庫論叢（欧文）、E東洋文庫諸目録の五項目であった。《A東洋文庫論叢》は刊行事業の中枢をなす重厚で格調の高い大冊であって、終戦までに限ればその第一から第三〇を、一年に一・五冊のペースで刊行した。書名は次の通りである。[33]

「東洋文庫論叢」刊行書目（第1～第30）

（1）石山福治	『攷定中原音韻』	1925年	511頁
（2）前間恭作	『龍歌故語箋』	1924年	145頁
（3）同右	『鶏林類事麗言攷』	1925年	134頁
（4）原田淑人	『西域発見の絵画に見えたる服飾の研究』	1925年	78頁、図41点
（5）飯島忠夫	『支那古代史論』	1925年	541頁

(6)加藤繁	『唐宋時代に於ける金銀の研究』(Ⅰ) 同(Ⅱ)	1925年 1926年	379頁 366頁
(7)円仁著 石田幹之助編	『入唐求法巡礼行記』	1926年	帙入
(8)津田左右吉	『道家の思想と其展開』	1927年	654頁
(9)橋本進吉	『文禄元年天草版吉利支丹教義の研究 ——附篇影印ドチリナ・キリシタン』	1928年	362頁、 122頁
(10)岡田正之	『近江奈良朝の漢文学』	1929年	349頁
(11)石田茂作	『写経より見たる奈良朝仏教の研究』	1930年	624頁
(12)上田穣	『石氏星経の研究』	1930年	191頁
(13)常盤大定	『支那に於ける仏教と儒教道教』	1930年	818頁
(14)金田一京助	『アイヌ叙事詩ユーカラの研究』	1931年	(Ⅰ)448頁 (Ⅱ)1044頁
(15)池内宏	『元寇の新研究』	1931年	(Ⅰ)466頁 (Ⅱ)図57点
(16)池田澄達	『根本中論疏無畏論訳註』	1932年	192頁
(17)会津八一	『法隆寺、法起寺、法輪寺、建立年代の研究及附録』	1933年	(Ⅰ)277頁 (Ⅱ)177点
(18)花山信勝	『法華義疏の研究及附表』	1933年	503頁、 表46頁
(19)岡井慎吾	『玉篇の研究』	1933年	620頁

(20) 足立喜六	『長安史蹟の研究及附図』	1933年	(I)292頁 (II)図170点
(21) 逸見梅栄	『印度に於ける礼拝像の形式研究』	1935年	400頁、図280点
(22) 津田左右吉	『左伝の思想史的研究』	1935年	776頁
(23) 原田淑人	『漢六朝の服飾』	1938年	183頁
(24) 吉田澄夫	『天草版金句集の研究』	1938年	398頁
(25) 池内宏	『文禄慶長の役——別篇第1』	1936年	468頁
(26) 小倉進平	『朝鮮語に於ける謙譲法・尊敬法の助動詞』	1938年	225頁
(27) 梅原末治	『蒙古ノイン・ウラ発見の遺物』	1960年	130頁、図80点
(28) 宇野円空	『マライシヤに於ける稲米儀礼』	1941年	748頁
(29) 橋本増吉	『支那古代暦法史研究』	1943年	632頁
(30) 林屋友次郎	『異訳経類の研究』	1945年	607頁

これらの刊行は理事会の決定事項であって、研究部庶務が編集ないし出版のための作業に当たった。これらのうち、(5)・(6)・(8)・(9)・(12)・(14)・(17)・(19)・(21)・(23)・(28)はみな博士学位論文であり、うち(6)・(14)は博士学位論文であるとともに日本学士院の恩賜賞を受賞し、(18)も同じく恩賜賞の受賞作であって当該分野の

最高水準の労作であった。
また全体として、地域的には日本、中国、インド、東南アジア、朝鮮半島、満蒙を包摂し、分野別では言語、哲学、宗教、文学、考古、歴史、民俗、建築、文献学、切支丹版にわたっている。要するに、日本の「東洋学」の成果として内外の学界に確実に貢献するが、当時ではその専門性または頁数の浩瀚さのために、通常の機関や出版社の手にあまる業績を東洋文庫が刊行するもので、選定の範囲は広く国内を見渡して行った。

各書ともたいていは巻末に欧文のレジュメをつけて海外の読者の便宜にそなえ、初版は三〇〇部から一〇〇〇部を刷り、国内・海外の大学、図書館、研究所、学会はじめ、一定範囲の専門学者に無料で寄贈し、一部を実費で譲渡する原則であった。(1)から(30)までの著作のなかでは、東洋文庫の直接の部内者の著作は九件であり、その他は推薦などによった。

これに対して、蔵書のなかから天下の孤本稀書をえらんで覆刻し、文庫員ほかの専門学者が解説を草して限定出版する書、あるいは書誌学の書を刊行する部類の《C 東洋文庫叢刊》シリーズは、東洋文庫のような専門図書館に対して、学界ならびに広く世間から期待される刊行物であった。

「仮事務所」の時期に三種の「岩崎文庫」貴重本が覆刻されたが（前述）、文庫開設から終戦に至る二十余年は、この「覆刻本」の公刊がピークに達した。すなわち以下の一一点である。

「東洋文庫叢刊」刊行書目

（1）	『影印永楽大典（站赤の条）』	1930年	帙入
羽田亨著	『附篇・元朝駅伝雑考』	1930年	108頁、図4点
（2）宮良當壮著	『八重山語彙』	1930年	653頁
（3）	『影印秘府本蒙古襲来絵詞』	1932年	2巻、巻子本
石田幹之助	『附　解説』	1932年	
（4）石黒弥致注	『清浄道論　上』	1936年	649頁
（5）	『影印古文尚書巻六』	1939年	1巻、巻子本
倉石武四郎	『附　解説』	1939年	17頁
（6）エドゥアルド・デ・サンデ	『影印天正年間遣欧使節見聞対話録（De Missione Legatorum Japonensium）』	1940年	440頁
泉井久之助ほか訳	『附篇　邦訳』	1942年	781頁

(7) 成尋撰	『影印東福寺本参天台五台山記』	1937年	帙入
(8) 白鳥庫吉著	『音訳蒙文元朝秘史』	1943年	642頁
(9)	『影印五体清文鑑』	1943年	和装帙入
(10) ジョン・セーリス著	『影印セーリス航海日記』	1940年	121頁
大塚高信著	*The first Voyage of the English to Japan by John Saris*	1941年	289頁（東洋文庫欧文論叢3）
(11) 前間恭作著	『古鮮冊譜』I	1944年	636頁
同	II	1956年	619頁
同	III	1957年	714頁

以上のうち、(1)・(6)・(8)・(9)・(10)は「仮事務所」期以降の増補拡充事業において購求ないし複製した稀本の影印と解説文ないし邦訳である。(3)は池内宏『元寇の新研究』東洋文庫論叢15の刊行時、皇室御物の「蒙古襲来絵詞」二巻（大矢野本）を同書の附図として影印複製することを宮内省へ願い出て許されたものであり、石田幹之助が解説を附した。(5)は「岩崎本」の覆刻の継続である。

最後に、蔵書・受贈書の内容を広く公開するための《蔵書目録》の刊行については、東洋文庫は一貫して、諸大家が愛蔵した大部の文庫を受け入れたときに、なるべく速やかにその目録を作成し刊行することに努めてきた。目録の先鞭をなすものが、「仮事務所」期に出版された和田維四郎（在世中）蔵書の「雲村文庫目録 甲・乙」（一九二〇年）、および財団法人としての東洋文庫の創設時に刊行されたモリソン文庫の内容を編纂した *Catalogue of the Asiatic Library of Dr. G.E. Morrison, Now a of the Oriental Library, Tokyo, Japan*, 2 vols., in-8, Tokyo, The Oriental Library, 1924. である（第一冊は英文の書八〇二頁、第二冊は英語以外の西欧一一ヵ国語の書の分五五一頁と、Sir John Mandeville及びMarco Poloの目録、パンフレット・銅版画の目録を含む）。

東洋文庫創設後には、藤田豊八寄贈の旧蔵書につき、『藤田文庫目録』（一九三〇年）が出され、一九三四年に予定されていた一〇周年記念事業にちなんでいくつかの目録が計画され、実際には『岩崎文庫和漢書目録』（一九三四年）、『東洋文庫地方志目録――支那・満洲・台湾』（一九三五年）、『小田切文庫目録』（一九三八年）、『東洋文庫朝鮮本分類目録――附安南本目録』（一九三九年）、さらに漢籍の部類別目録作成の嚆矢として『東洋文庫漢籍叢書分類目録』（一九四五年）、「モリソン文庫」とその後の増補された洋書を合わせ、綱目分類・著者名索引を備えた、洋書総合目録の第一冊として

A Classified Catalogue of Books in Foreign Languages in the Toyo Bunko, Vol. I. Sec. I. *General Reference Works*, Sec. II. *Asia and the Pacific.*（*1917-36*）（一九四四年）が、相次いで出版された。

2-3 展覧会

蔵書の展覧会は蒐集資料を一般に公開し、事業の内容を広く社会に普及するための重要な活動である。「仮事務所」期から一九四五年までの三〇年弱の間、研究部と文庫部の協力のもとに二六回の展覧会が開催された。そのうち主要な展覧会について主題別に摘録すれば、以下のようになる[34]。

貴賓の来臨と特別展示

一九二五年五月一八日、秩父宮と高松宮が御来臨になり、書庫内を含め、展示された稀覯書類を御参観なされた。翌一九二六年五月二〇日、久邇宮殿下・同妃殿下が御来臨になり、楽浪郡跡の発掘品のほか、蔵書の中の考古学関係書籍を御参観された。

同年六月二九日、当時の摂政宮（後の昭和天皇）の御来臨を賜り、第一室で楽浪郡跡の発掘品、第二室で蔵書のうち、『日本書紀』、『文選集注』、『永楽大典』、『清聖祖皇帝実録』、『欽定四庫全書』、『準回両部平定得勝図』、ドギーニュ『漢字西訳』、ブッシェル『陶説』、グールド『アジア鳥類図譜』、マルコ・ポーロ『東方見聞録』（一四八五年版）、『ドチリナ・キリシタン』、ロドリゲス『日本文典』（写）、同『日葡事典』（写）、『平家物語』（写）、ジョン・セーリス『航海日誌』ほか「岩崎文庫」の数点を御参観ののち書庫内を一巡された。

同年九月一四日、スウェーデンのグスタフ・アドルフ皇太子・同妃殿下の御一行が御来臨となり、摂政宮御台臨時の展示品のほか、アドルフ皇太子の御関心の深い中国の金石、考古、古器物、殷墟発掘関係書四四点を展示した。同年一〇月二一日、タイ国王皇弟ダーニー殿下、皇妹シップハン妃殿下が御来臨の折は、タイの歴史関係の欧文古版本一七点、江戸期から以降の日暹《にっせん》関係史の和書・欧文書二一点を展示した。

特定テーマに向けた展示

一九二五年四月一二日、日本図書館協会の大会に協賛した展示は図書館関係者、愛書家、古書ディーラーからなる書籍専門家を対象とするものであった。したがって、書誌的観点から選ばれた優品が展示された。「モリソン文庫」、「岩崎文庫」における名品の概略、また「仮事務所」期に行われた増補拡充の成果もこの陳列品によってわかるので、参考のために全ての出陳品約六〇点をここに列記したい。

第一部　和漢書では、『日本書紀』（広橋本）、『論語集解』（一三一五年写）、曽槃『魚譜』、小野蘭山『衆鳥図』、増山雪斎『草花写生図』、『南巡盛典』、『首楞厳義疏注経』（五山版）、『月江和尚語録』（旧元人兪良甫版の五山版）、釈源信『往生要集』、『古仮名暦』（元弘二年）、『同』（永正一一年）、『勧学文』（慶長勅版）、『古文孝経』（同）、『皇朝事實類苑』（元和勅版）、『標題句解孔子家語』（伏見版）、『群書治要』（古活字版）、『帝鑑図説』（同）、『江戸名所記』（寛文二年）、『吉野山独案内』（寛文一一年）、『有馬私雨』（寛文一二年）、『南都名所集』（延宝三年）、『蘆分船』（同年）、菱川師宣『江戸雀』（同五年）、浅井了意『京雀』（寛文五年）、水雲子『難波雀』（延宝七年）、申用漑『続三綱行實図』（韓籍、明正徳九年）、『緇林寶訓』（同）、宋姚鉉『唐賢文粋』（宋宝元二年）、宋李昌齢『楽善録』（宋紹定二年）、『至大重修宣和博古図録』（嘉

靖七年)、『朱文公校昌黎先生集』(元刊本)、『魁本大字諸儒箋解古文真実』(元刊本)

第二部 洋書では、『英船ライオン号航海日誌』(写本、一七九四年)、アレグザンダー『中国風俗画帖』(自筆、一七九四年)、同『中国風俗志』(一七九二年)、チネリー『中国風景画帖』(一八三六年)、ドギーニュ『漢字西訳』(一八一三年)、デ・デュエモナ『漢拉字典』(写本)、セラノ『漢拉字典』(写本、一七二四年)、メーグロー『漢拉字典』(写本、一七四八年)、プトレマイウス『世界地誌』(一六一八年)、デ・カモエンス著、ファンショウ訳『ルシアダス英訳本』(一六五五年)、グアルチェリ『大友・有馬・大村三侯欧州遣使記』(一五八六年)、ソテロ『伊達政宗派遣訪欧使節関係記事』(一六一六年)、撰者不詳『同』(一六一四年)、アマチ『伊達政宗欧州遣使記』(一六一七年)、『日本在住耶蘇会士書簡集』(一五七〇年)、カルディム『日本殉教者列伝』(一六四六年)、モラン『日本ドミニコ派殉教者列伝』(一八六七年)、アルカラ『日本殉教徒サン・マルチノ伝』(一七三九年)、ヘルナンド『細川ガラシャ伝』(一九〇六年)、リグオリ『日本耶蘇教徒迫害史』(一八四一年)、デ・グヴェア『朝鮮殉教者伝』(一八〇一年)、アルヴァラド『日本宗教史』(一七四〇年)、モンターヌス『日本誌』(独訳本、一六六九年)、『同』(英訳本、一六七〇年）、『同』（仏訳本、一六八〇年）、アボット『中国と英国人』（一八三六年）、コープランド『中国児童の絵および短詩』、撰者不詳『中国と英国――一八八〇〜一八九八』

物故東洋学者を偲ぶ展示

一九二八年一月二九日、フランス東洋学の碩学、故エドゥアール・シャヴァンヌ Édouard Chavannes 博士（一八六五〜一九一八）の没後一〇年を記念した展覧会を開催した。博士の著作のほとんどは、すでに文庫の所蔵品に収まっていたので、これを出陳している。

同年六月一〇日には、東京帝大教授で文庫研究員であった故箭内亙博士（一八七五〜一九二六）を追悼して、遺稿および著書・論文のほか、《元史に関する史書》と題して、（1）東方に伝世する元代史料および中国人の著述一七七点、（2）西方に伝世する元代史料および欧米人の撰述七二点を展覧した。

一九三〇年一二月六日には、故台北帝大教授藤田豊八博士（一八六九〜一九二九）の旧蔵の漢籍一七〇〇部余、二万一六〇〇冊が遺族から寄贈された事を記念し、藤田博士の著作・稿本・手校本のほか、「藤田文庫」（後述）のなかの稀覯書一八部を文庫既収の漢籍・洋書とともに展観に供した。

このほか、一九三八年にはその前年に受贈した故小田切萬壽之助監事の旧蔵書「小田切文庫」の展示を行った。一九四二年七月一二日には、同年三月に逝去した故白鳥庫吉理事の業績を偲んで「白鳥博士記念展覧会」を催している。その第一部では白鳥博士の原稿ほか著書・論文・監修書・日常参考文献七三点、第二部では東洋文庫の蔵書のなかから和漢の古写本、古刊本など四九点、第三部では日本、仏印、タイ、南太平洋関係の洋書四七点、第四部では西蔵書・梵書一三点を選び、展示した（博士が晩年に南アジア学会の会長であったことに因んで）。

来訪の海外学者への展示

一九二五年五月一八日には第五回展示として、極東熱帯病理学会大会に協賛し、その代表一行を文庫に招いて、江戸時代の動植物図譜など自然科学関係の貴重書五六点を展示した。また、一九二六年一一月八日には第一二回展示として、パン・パシフィック学術会議に際し、太平洋問題および東洋の自然科学をテーマとして特別展を開いた。一九二八年一〇月一三日開催の第二〇回展示は、ブラジルから来日中の医学者で同科学アカデミー会長モレイラ博士一行のために日本・ポルトガル交流史にかかわる蔵書を展示した。

一九三五年六月一五日の第二五回展示は、フランス東洋学の泰斗でコレージュ・ド・フランス教授のポール・ペリオPaul Pelliot博士（一八七八〜一九四五）一行の来庫に際し、新収の中国北辺の地志・地図・軍事史の書籍のほか、「モリソン文庫」の名品、「岩崎文庫」の『日本書紀』、『古文尚書』などの稀覯書三二部を出陳した。

特定学術分野の展示

一九二八年一二月二日、大蔵会《だいぞうえ》（仏教に関する典籍の展観を中心とする仏教行事）の第一四回大会に協賛し、東洋文庫が所蔵する欧米人の校刊ないし撰述した仏教関係の図書を中心として三八六点を選び展示に供した。「1 パーリ仏典」、「2 サンスクリット仏典」、「3 チベット仏教（附蒙古仏教）」、「4 中国仏教」、「5 日本仏教」、「6 西域仏教」、「7 仏教美術」の七項目に分けて、文庫部司書の東海三郎、石黒弥致の両名が展示に尽力した。

一九三三年一〇月三〇日には、日本漢学会および斯文《しぶん》会の会員のために、漢籍二二部、洋書二八部を出陳した。漢籍では「経書」の類を、洋書では欧米人が訳出して、ヨーロッパで出版された中国の哲学書、経典、文学書、史書のうち代表的なものを展示した。

2-4　一九一七〜一九四五年の東洋文庫の推移とその回顧

「モリソン文庫」の購求から終戦直前まで、東洋文庫の蔵書の形成と研究事業は創立および事業運営に携わった先人の計り知れぬ努力によって順調にその軌道に乗ることができた。

「財団法人東洋文庫　寄附行為」では、まず、財団法人東洋文庫の拠って立つ「寄附行為」の「目的及事業」項目には「本財団法人ハ東洋ニ関スル図書ヲ蒐集シ東洋学ノ研究及其ノ普及ヲ図ルヲ以テ目的トス」(第二条)と明示されている。

次に、「本財団法人ハ前条ノ目的ヲ達スル為左ノ事業ヲ行フ。一、文庫ノ設置経営、二、研究部ノ設置経営、三、講演会講習会展覧会ノ開催、四、有益ナル図書ノ出版、

五、其ノ他評議員会ノ決議ニ依リ必要ト認メタル事項」（第三条）と掲げられている。

活動目標については、逐次年を追って充実をとげ、東洋学の専門研究図書館として国内はもとより、海外においても広くその存在を知られるようになった。この間、文庫部（図書館部）は当初の増補・拡充が一九三五年（昭和一〇）前後に一段落をみせ、展示と並んで蔵書内容を公開し、利用に供するための目録の完備に向けても歩みを進めていた。研究部もまた、当初に計画された欧文・和文の学術機関誌の定期刊行、各種項目の学術書の出版や覆刻、講演会による普及活動を着実に拡充していた。

こうした輝かしい発展の軌跡を継承し、さらに発展させる時期に入るに当たり、時勢の推移をうけて、東洋文庫もはからずも重大な試練に直面するにいたる。それはなかんずく、一九三七年（昭和一二）以降の日華事変、これに続く太平洋戦争の影響であった。

すなわち、海外との交渉がほぼ途絶し、図書の蒐集はもとより、国際的な学術交流も年を追って狭まった。また、研究員、図書部員のなかで頻繁に応召者、あるいは戦没者が生じ、一九四四年（昭和一九）以降になると図書館としての機能も、機関誌の発行も全く停止した。

さらに一九四五年（昭和二〇）二月から四月にかけ、空襲そして数次の被爆を被るにさえ至った。しかし、その災禍は、当時文庫部主任であった岩井大慧が少数の職員を率いて対処したため、不幸中にもほぼ事なきを得た[35]。

続く蔵書全体の疎開という難事業については同年五月の緊急理事会において和漢書は宮城県下へ、満蒙語・蔵経などは新潟県下に移送することに決し、宮城県分四三万五〇〇〇冊、一八トン貨車延べ一五両は宮城県小野田・中新田に疎開し、一方、新潟県分は準備中に終戦となり疎開を中止した。宮城県への疎開実現については同地を郷里とする星《ほし》斌《あや》夫《お》（中国社会経済史）の尽力があった。戦後の一九四九年、国立国会図書館の支部として国の支援を得ることによってようやくこれらを回収し公開に備えることとなった。

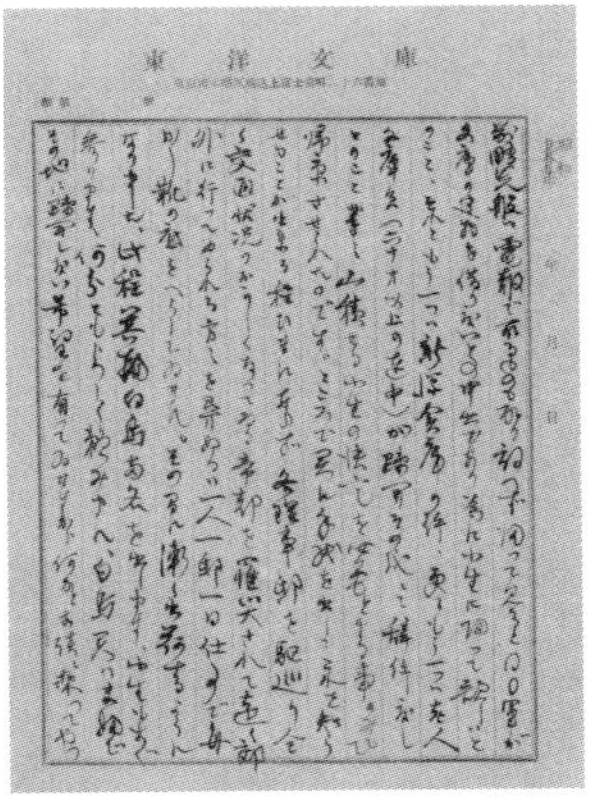
蔵書の疎開手続きに関する星斌夫の書簡

時勢の推移に関連し、なお二つのことを付け加えておきたい。その一つは、創立当初の役員が就任時にほぼ同年齢であったため、同時期に物故者が相次いだことである。[36] その名を没年順に挙げると、木内重四郎理事（一九二五年一月没）、穂積陳重評議員（翌年四月没）、井上準之助理事長（一九三二年二月没、血盟団員の凶弾により急逝）、新渡戸稲造評議員（一九三三年一〇月没）、小田切萬壽之助監事（一九三四年九月没）、鎌田栄吉評議員（同年二月没）、古在由直評議員（同年六月没）、和田万吉図書部顧問（同年一一月没）、桐島像一前理事長（一九三七年一二月没）、上田萬年理事（同年一〇月没）、濱田耕作研究員（一九三八年七月没、梅原末治が後任研究員に）、高田早苗評議員（同年一二月没）、林権助理事長（一九三九年六月没）、長與《ながよ》又郎《またお》評議員（一九四一年八月没）、荒木寅三郎理事（一九四二年一月没）、白鳥庫吉理事（同年三月没）、平賀《ひらが》譲《ゆずる》評議員（一九四三年二月没）である。

交代の人事を記せば、理事長の職は井上準之助の急逝後、桐島像一（一九三二年二月就任、同年五月退任）から林権助（同年五月就任、一九三九年六月逝去）へ、ついで白鳥庫吉（同年七月就任、同年一一月退任し理事へ復帰）、清水澄《とおる》（前理事、憲法学者・枢密顧問官、同年一一月就任、一九四七年九月逝去）へと受け継がれた。

評議員の異動のうち、役職指定の四大学総長をみると、東京帝大は古在由直総長から長與又郎総長、平賀譲総長、ついで内田祥三総長、南原《なんばら》繁《しげる》総長へと交代した。慶應義塾では鎌田栄吉塾長から小泉信三塾長へと交代し、小泉は塾長を辞任した一九四七年以後も引き続き評議員職に留まり、逝去の一九六六年五月まで在任した。早稲田大学では高田早苗総長逝去後、田中穂積総長が就任した（一九四二年二月）。

役職指定以外の評議員では、一九三四年一月に政財官界から四名が選出されている。池田成彬《いけだしげあき》（三井合名会社営業部長、のち日銀総裁、大蔵・商務大臣、一九五〇年一〇月逝去まで）、一木喜徳郎《いちききとくろう》（法学者、枢密院議長、宮内大臣、一九四四年一二月逝去まで）、小倉正恒《おぐらまさつね》（住友合資総理事、一九三五年一月に東洋文庫理事、のち大蔵大臣、一九六一年逝去まで）、幣原喜重郎（貴族院議員、前外務大臣、一九三九年一二月理事に就任）である。

学術界の方面では、上田萬年の逝去直後、旧熊本藩主の直系にあたる細川護立《ほそかわもりたつ》侯爵が一九三七年一二月に就任し（一九四四年四月に理事に就任）、一九三八年一二月には当時研究員であり『東洋学報』の編集主任でもあった和田清が就任した。また一九三七年七月に白鳥庫吉が理事長へ就任後、同年一一月に理事へ復帰した際、当時研究員で

細川護立（1883〜1970）東洋文庫第7代理事長（永青文庫『美の探究者 細川護立』、2020年、238頁より一部抜粋）

あった羽田亨が評議員に就任した。

監事については小田切萬壽之助逝去後、桐島像一が一九三四年一一月から一九三七年一二月の逝去まで在任し、ついで坂本正治《さかもとまさはる》（東山農事株式会社社長）が一九四七年一〇月に理事に転ずるまで在任した。この間、評議員から理事に選任されたのは、清水澄（一九三二年一一月就任、一九三九年に理事長就任）、小倉正恒（一九三五年一月就任、一九四九年九月一旦退任、一九五二年から一九六一年の逝去まで再度理事に在任）、幣原喜重郎（一九三五年一二月就任、一九四七年一〇月理事長就任まで）であった。このほか、「モリソン文庫」の渡来以降、東洋文庫文庫部の創成に貢献してきた石田幹之助主任が、一九三四年二月に退任するに至り、岩井大慧が主任として図書業務を総帥したことも挙げねばならない。

学問の進化が必然的に伴う現象として、東洋学領域においても、この期に研究分野の細分・専門分化の進行が生じたことは否めない。東洋学全般の進展に奉仕する研究図書館として機能するという基本線は広く内外から理解され堅持されていた。しかし、たとえば国史学、国語国文学、梵文学などの分野ではすでに時を追っていくつかの専門化した学会・機関誌を創成させ、それぞれの専門性に応える図書館施設が各大学に育ちつつあった。これらの分野から生じる関心は、次第に特定部分の特定の蔵書に限られるようになってきた。

たとえば、『東洋学報』の発行母体である「東洋学術協会」の会員名簿上の異動にもこれが認められる。発足時、部長を除き一六名であった役員のうち、大正・昭和初期までに七人が退会し、補助委員も七名から四名となり、当初会員一〇七名のうち四八名が退会ないし物故により退いた。昭和初期は役員や関係者の大きな世代交代の時期であったとともに、会員の構成上の比重が次第に、東洋史家・東洋言語学者・東亜考古学者・東西交渉史の専門家集団に移り、そのなかでさらに細分化し専門化していく様子が表れている。

「東洋」という公分母を共有しながら発展してきた東洋文庫は、研究の細分化・専門化という趨勢のなかで（たとえば東洋史、日本史のそれ、東洋学のなかの東アジア、東北アジア、南アジア、中央アジア、西アジアの別）、長期的にみてその蔵書構成をどう対応させていくべきかという課題を次第に抱えるようになった。

3 終戦から全面建て替え前まで

太平洋戦争の終戦に続く、連合国軍総司令部GHQによる財閥解体を受けて、岩崎家・三菱からの支援を得られなくなった東洋文庫はいばらの道を歩むこととなった。財団法人としての自立を模索するも財政面で立ち行かず、図書部門を国立国会図書館の支部とすることでようやく命脈を保つことができた。研究活動についてはロックフェラー財団やハーバード・イエンチン財団、ユネスコなど海外からの助成金や文部省（現在の文部科学省）の特定奨励費を得られてどうにか継続することができた。

3-1 終戦から再建の端緒へ――国立国会図書館支部として

戦前の東洋文庫は創立以来の二一年間、岩崎家から手厚い支援を受け、その後も建物の増設や土地の追加、重要な書籍・史料の購入をはじめとする諸経費、運営資金など諸般にわたり折に触れて支援を受けて運営を続けられた。しかし、戦後は突如の財閥解体をうけて存亡を問われる試練の渦中に立たされることとなった。

一九四六年、金融緊急措置令、会社配当などの禁止制限令、金融機関経理応急措置令が相次いで発せられた。日本経済の劇的変化と相まって、東洋文庫も財政面で致命的な打撃を被った。有価証券として保有していた基金が全く無価値となり、その果実によって運営されていた財団が仮死状態に陥ったのである。文庫の一切の機能は事実上停止した。

戦時中に宮城県に疎開されていた蔵書を回収する資金もなく、図書業務は一九四五年から一九四九年までの間、閉鎖を余儀なくされた。清水澄理事長が熱海の海岸に身を投じて自ら命を絶ったのは一九四七年九月、再開の方策が模索されていたさなかのことである。連合国の極東理事会においては、東洋文庫の蔵書を賠償品として接収するという提案さえ取りざたされていたようである。

一九四七年一〇月、幣原喜重郎元首相が理事長に就任した。当時、文部省から和田清理事を通じて、新設準備中の国立国会図書館の一部として国に全面寄附できるか否かの打診があった。しかし、理事会は熟考の末、これを辞退することにし、東大の南原繁総長から建議された東大への全面併合案の審議も結論がでるに至らなかった。

一九四八年、幣原理事長と金森徳次郎《かなもりとくじろう》国立国会図書館長との間で折衝が行われ、八月一日付で契約を交わし、蔵書は文庫の所有と認定する一方、閲覧業務と図書の整理業務の遂行については、担当職員の文庫長以下五名（後に八名）を国会職員として任用することとなった。閲覧・整理業務は国立国会図書館東洋文庫支部として、支部文庫長を通じて国会図書館が運営することが決まり、図書館部の運営については新たな出発の道が開けるようになった。

ちなみに、この契約と同時日に財団法人静嘉堂文庫も国会図書館とほぼ同内容の契約を交わしている。一九五〇年一〇月一日には財団法人大倉山文化科学研究所（のちの大倉精神文化研究所）も同様の支部契約に加わった。この三機関の図書館はともに、上野図書館などの国会図書館傘下の支部グループのなかに位置づけられた[37]。

この国会図書館との合意のもとで東洋文庫はその文化財的価値を有する蔵書の数々を散逸と流出のおそれから保全することができた。また、整理・閲覧という図書館の持つ重要な本来業務を国会図書館側の全面的支援の下で遂行し、閲覧希望者に公開する体制を速やかに立て直す一歩を踏み出せたのである。

再建のきざしがようやく見えてきたのは一九四九年からである。この年の五月までに疎開蔵書の回収が完了した。同年三月には保有銀行株式（三菱銀行、住友銀行、日本興業銀行、横浜正金銀行）について、金融機関等再建整備法による損金処理を実施し、評価損を約一六〇万円計上して簿価を切り下げた。一〇月一日には念願の図書の閲覧も再開されることとなり、これ以降は着実な再生が図られていく。

一九四七年のこの存亡を賭けた時期に理事長に就いた幣原喜重郎は衆議院議長という枢要・繁忙な職にありながらも、東洋文庫の理事会・評議員会には出席し、山積する案件の処理に強いリーダーシップを発揮した。

まず、一九四八年四月、「寄附行為」の改訂に伴って評議員メンバーの増強がはかられ、磯野長蔵《いそのちょうぞう》（麒麟麦酒社長・明治屋本店社長）が新たに着任した。同年九月には小倉正恒（住友合資会社総理事、元大蔵大臣）の一時退任の後をうけて有光次郎（元文部事務次官）、一萬田尚登《いちまだひさと》（日銀総裁）、潮田江次《うしおだこうじ》（慶應義塾塾長）、島田孝一（早稲田大学総長）、鳥養利三郎《とりがいりさぶろう》（京都大学総長）、渋沢敬三（元大蔵大臣）、南原繁（東京大学総長）、俣野健輔《またのけんすけ》（飯野海運社長）が、すでに評議員であった池田成彬、小泉信三、新村出、羽田亨に加わった。

他方、理事では坂本正治、細川護立、和田清の現理事に加えて、一九五〇年三月に評議員のなかから有光次郎を新たに迎えた。

これに関連して職制にも改善が加えられた。一九四九年四月、理事のなかから坂本正治が新たに設けられた「専務理事（兼総務部長事務取扱）」に就任したほか、三部長制が発足して、図書関係は参事の岩井大慧が図書部長に、研究関係は理事の和田清が一九四二年より在職中であった研究部長にあらためて任じられた。

幣原理事長は役員全員に対して、文庫の窮状を打開すべく各方面に働きかけることを要請した。磯野長蔵評議員から五〇万円、俣野健輔評議員からも五〇万円の寄附金が寄せられたのはこの時期である。これらは緊急の経費（例えば疎開図書の回収費用など）の支弁に充てられたようである。

一九四八年一一月をもって「国会図書館東洋文庫支部」の職員に移行した人々といえば、旧文庫部主事の岩井が国立国会図書館参事・支部東洋文庫長となり、図書部長を兼ねた。さらに、旧副主事の守田《もりた》亶《ゆたか》と旧文庫員石黒弥致が国立国会図書館主事に、旧文庫員守衛（兼製本）の箕輪友吉と旧文庫傭人熊田信次郎（製本）が国立国会図書館用人に、旧文庫庶務部助手中川みやこが国立国会図書館主事補になった。その後、人員の出入があり、文庫長を含む八名が定員化した。その後、田川孝三（旧朝鮮総督府修史官）が漢籍の目録係に就任し、森岡康子が和漢書目録室勤務に採用された。宇都木章、園田一亀も司書に採用され、いずれもまもなく国会図書館東洋文庫支部の職員になった。

国立国会図書館から文庫長以下の司書スタッフの配置および業務における支援を得たことは深く銘記されるべきである。それだけでなく、国会図書館に準じた入念な書誌整理を経た蔵書目録の刊行が組織できるようになり、公開と利用に向けての機能が格段に改善されたことは特筆せねばならない。

なかんずく前進を遂げたのは洋書の分類目録である。これについては、終戦直前に *A Classified Catalogue of Books of Foreign Languages in the Toyo Bunko*, Vol. 1（東洋文庫洋書分類目録　第一巻 第一部門　*General Reference Works*、第二部門　*Asia, East Asia and the Pacific* 1917-36）が一九四四年に刊行されていた。しかし、支部となってすぐに同洋書目録シリーズのVol.4. *India*が一九五〇年に、Vol.6. *Japan*が一九五七年に刊行された。さらに、*A Catalogue of the Periodicals in Foreign languages in the Toyo Bunko*が一九六七年に、*A Classified Catalogue of Pamphlets in Foreign Languages in the Toyo Bunko*が一九七二年に刊行され、Vol.2. *China*が一九八〇年に刊行された。洋書関係はその目的が達成され、これに並行して漢籍の四部分類の各目録とアジア諸言語ごとの蔵書分類目録が次々に刊行されるようになった。こうした目録類の整備の進捗が、のちに一九九四年から始まったデジタル化の作業にとって貴重な条件となった。

研究部においても、この時期に大幅な改組が行われた。まず当時現員六名であった研究員（池内宏、羽田亨、橋本増吉、原田淑人、津田左右吉、和田清）に加えて、四名（梅原末治、村田治郎、山本達郎、辻直四郎）を委嘱し、その地位名称を「研究顧問」と改めた。「研究生」（矢沢利彦）、「研究部事務」（白鳥芳郎）の制度も一旦止めて、新規の「研究員」として岩生成一、河野六郎、前田直典、関野雄、小堀巌、榎一雄を委嘱した（山根幸夫、田中正俊、松村潤がのちに加わる）。こうして一九六〇年前後から始まる研究分野別・地域区分別の新しい研究体制へのシフトが動き出すこととなった。

幣原理事長は惜しくもこの再建事業のさなか、在任四年目の一九五一年三月、病を得て逝去された。同三月、細川護立理事（文化財保護委員）が新理事長に就任された。細川理事長は一九七〇年一一月のご逝去に至るまでの実に一九年もの間、前途に難問の山積する東洋文庫を率いて、再興の軌道に向かわせるべく全力を傾注されていたことをここであらためて強調しておきたい。

一九四一年から休刊していた東洋文庫の欧文紀要 *Memoirs of The Research Department*

of The Toyo Bunkoは一九五一年に復刊し、一九四四年から休刊していた『東洋学報』も東洋文庫にその発行組織を移し、組織の名称も東洋協会学術調査部から東洋学術協会へと改め、一九四七年から通年四号を刊行する機関誌に成長して復刊した。

細川理事長の就任の当初における役員の異動としては、専務理事の坂本正治が一九五二年二月に逝去された後、そのポストは九年間空席となった。理事は現員の有光次郎、和田清、徳川宗敬《とくがわむねよし》（一九五一年六月就任、一橋徳川家当主、林学者、元参議院議員、神宮大宮司）に加えて、小倉正恒（一九五二年一一月再任）のほか、評議員であった渋沢敬三（一九五三年一一月就任）、羽田亨（同年一一月就任、一九五五年四月逝去まで）、山本達郎（一九五五年六月就任）が新たに理事となった。評議員では石黒俊夫（三菱地所会社会頭、一九五二年一一月就任、一九六二年理事へ）、梅原末治（一九五五年六月就任）、矢内原忠雄（南原繁総長と交代、一九五二年一一月就任））、監事では深井三男が一九五二年一一月に退任し、岡東浩（東山農事常務取締役）が代わって就任した。

3-2 内外からの支援と研究・出版等事業の復調

財団法人としての東洋文庫が拠って立つ「寄附行為」に掲げた研究・図書・普及事業の三本柱は内外からの支援のもとに着実に復調した。文部省（現在の文部科学省）からの補助金が交付され始めたのは一九四七年のことである。交付額は以後逓増し、一九五五年からは刊行助成と図書充実費も加えられるようになった。これによって機関誌の発行、春秋の東洋学講座の再開、東洋文庫論叢を筆頭とする学術刊行物の出版が軌道に乗り出した。

この前後、羽田亨（元京都大学総長）は東洋文庫を代弁してその窮状を文部省当局に説明し理解を求めた。この期における研究事業および成果の公開についての国からの支援の漸増に尽力した理事の一人である。

一九五三年、文部省から東洋文庫に対して特別補助金（機関研究）の支援を考慮する意向があり、東洋文庫側においても財政自立のための七年計画を練り、募金計画、東洋文庫賛助会（仮称）の策定に取り組みつつ研究事業の再建に臨むようになった。この年、特別補助金として向こう三ヵ年間、「スタイン敦煌文書整理研究助成金」が交付され、英・仏などが所蔵する敦煌文書のマイクロフィルムによる複録のプロジェクトが始まった。

文部省の助成と同時期に、海外からも支援がもたらされた。和田清理事、山本達郎理事の努力によって、まず一九五三年に米国ハーバード・イエンチン研究所より、一九五三年七五〇〇ドル、一九五四年五五〇〇ドル、一九五五年七五〇〇ドルの寄附金を得られ、この寄附金を基に「東方学研究日本委員会」が発足した。

さらにロックフェラー財団から、「近代中国研究委員会」の設立準備に三二万四〇〇〇円、一九五四年と一九五五年の二ヵ年計画に一万六九一〇ドルの寄附金がもたらされた。この寄附金に基づいて、一九五四年に市古《いちこ》宙三《ちゅうぞう》研究員の主宰する「近代中国研究委員会」が発足している。

一九五六年にはのちに駐日米国大使となるハーバード・イエンチン研究所のライシャワーEdwin Reischauer（一九一〇〜一九九〇）新所長を迎え、同年にはロックフェラー財団による「近代中国研究委員会」への補助金交付が決定された（三年間で二万六八六五ドル）。ちなみに、この補助の交付においては、旧時代についての歴史研究というよりは、むしろ近現代の諸変化に力を注ぐという了解があったことも記録に留めたい。

近代中国研究委員会が掲げた目標は二点に帰する。（1）学際分野の研究者を集め、政治的偏見を離れて客観的な実証研究をすすめる。このため二五人の研究員を新たに委嘱し、各自のテーマに即して研究に従い、月二回の定例研究会で意見を交わし、成果を『近代中国研究』誌上に発表する。（2）委員会は日本における研究の実情を欧米諸国に紹介するとともに、欧米諸国における近代中国研究の実情を学ぶ。このため研究員は毎年一名、欧米に派遣される。すなわち欧米ですでに先行していた学際プロジェクト研究に範をとった近代中国研究を推進するという含意である。

ここに東洋文庫の研究事業において、各種委員会のプロジェクトが中心となって推進され、その成果を刊行するという、かつての東洋文庫にはなかった新規の転換が起こった。また、これに連動して委嘱される研究員・研究協力者の数は必然的に漸増に向かった。このシフトチェンジの兆しはすでに一九四四年に河口慧海師からチベット大蔵経の寄贈をうけ、五年契約で『蔵和大辞典』を編纂するというプロジェクトを組織し、これに必要な研究員を委嘱した時から始まっていた。敦煌文書を復録する機関研究を契機とした文部省科学研究費「スタイン将来敦煌文献の調査研究」の交付（前述）もあり、このプロジェクトの受け皿として「敦煌文献研究連絡委員会」が一九五七年度より発足した。

山本達郎理事の斡旋により、パリのコレージュ・ド・フランスを本拠とする国際協力事業「宋史計画Sung Project」に関して、その推進者のバラーシュEtienne Balazs（一九〇五～一九六三）教授より日本人研究者の参加要請がなされた。日本学術会議が間に立ち、東京地区、京都地区を軸としてほぼ全国的規模で学際的な宋史計画への協力委員会が一九六一年から結成され、文部省科学研究費の交付を仰ぎながら、『宋代研究文献提要』（日本人の宋史研究著書・論文のダイジェストの選集）をはじめとする数種類の刊行物や国際的な分担執筆が行われ、これを統括するための研究員数名の委嘱がなされた。

ほかに、東洋文庫の創立期から蒐集されてきた清初の満文の古文書に対する研究・訳注事業も、一九五三年から科学研究費を交付されて研究チームが組織され、同年、「清代史研究委員会」と名を改め、その成果である訳注『満文老檔』Ⅰ（一九三五年）、Ⅱ（一九三六年）、Ⅲ（一九三八年）、Ⅳ（一九五九年）、Ⅴ（一九六一年）、Ⅵ（一九六二年）、Ⅶ（一九六三年）を完結させ、その第Ⅰ巻と第Ⅱ巻は一九五七年に学士院賞を受賞した。

前述の「蔵和辞典編集委員会」は、その前提としての基礎語彙と文法形態の選定に重点を移し、北村甫《はじめ》、山口瑞鳳《ずいほう》、金子良太、川崎信定《しんじょう》らの研究員を中心に運営された。一九五九年に生じたチベットのダライ・ラマのインドへの亡命を機に、一九六一年にロックフェラー財団の援助のもと、ユネスコが世界の七ヵ国にチベット高僧ら知識人の受け入れを要請した折、日本もそのひとつに挙げられ、東洋文庫「蔵和辞典編纂委員会＝チベット研究室」はケツン師、ソナムギャムツォ師らを迎えて共同の研究事業を行った。

さらに、一九六八年の大型科学研究費「アジア地域の社会・経済構造」における一七の分担研究課題の一環として、東洋文庫内に「アジア地域総合研究施設」が発足し、分担課題「イスラム諸国の社会構造の研究」を取り上げることになり、「イスラム研究委員会」が設けられることになった。

たまたまこの時期、在パリのユネスコ本部が、「東西文化価値相互理解事業一〇ヵ年計画」を策定し、そのうち東アジア地域研究センターの候補地が日本の東京に選定され、東洋文庫内にユネスコ国内委員会を置くことが議され、一九六一年、「東洋文庫附置ユネスコ東アジア文化研究センター」が発足した。当初の五ヵ年計画のテーマは「西洋文明の受容における東アジア諸国の歴史的背景に関する国際協力調査研究」

と決定された。

こうした事情のもと、東洋文庫が文部省から交付を受ける研究助成は文庫内の各種委員会が運営の受け皿となって推進し、研究員・研究分担者の協力を得ながら逐次その成果を刊行公表する方向となった。換言すれば東洋学図書の蒐集事業と東洋学研究の事業が、主として文部省の助成金を仰いで運営されるという方向付けになり、各種プロジェクトの組成と運営がその柱となった。

プロジェクトは本来五年ないし一〇年をもって当初目的を完了するものである。こうした新規の事業運営体制に入ってから、各種プロジェクトの計画・目標と東洋文庫全体の蔵書の構成計画とをどう架橋し相即させるかという長期かつ潜在的な課題が随伴することになった。

この再建に向けての節目を迎えたとき、一九四二年以来一五年にわたって研究部長として活躍し、一九五七年六月から専務理事に就任した和田清に代わり、榎一雄が研究部長に就任し、評議員に就いた。和田が専務理事を一九六〇年一二月に退任して理事に復すると、今度は榎が専務理事を継いだ（和田理事は一九六三年六月逝去）。

ハーバード・イエンチン研究所、ロックフェラー財団という、まさしく世界を代表する研究所や財団からの助成は東洋文庫が日本国内のみならず、広く世界で高く評価されている証左ともなり、「世界の東洋文庫」としての活動を広めていく契機となった。

一九五六年には、長らく途絶えていた東洋学講座も再開され、いよいよ再興も軌道に乗って来た感がある。同年刊行の『東洋文庫年報』にも「これらの国内・国外の援助により東洋文庫は文字通り蘇生した……」との記載がみられる。終戦後から現在まで、東洋文庫の成果出版の活動は、それ以前をむしろ凌ぐ勢いとなった。ここでは「東洋文庫論叢」シリーズのみを挙げてその一斑を例示したい。

東洋文庫の成果出版活動（「東洋文庫論叢」シリーズ）

林屋友次郎	『異訳経類の研究』	1945年
園田一亀	『明代建州女直史研究』Ⅰ、Ⅱ	1948年、53年
田保橋潔	『日清戦役外交史の研究』	1951年
辻直四郎	『ブラーフマナとシュラウタ・スートラとの関係』	1952年
加藤繁	『支那経済史考証』上、下	1952年、53年
末松保和	『新羅史の諸問題』	1954年
和田清	『東亜史研究（満洲篇）』	1955年
岩井大慧	『日支仏教史論攷』	1957年

和田清編	『明史食貨志訳註』	１９５７年
松本雅明	『詩経諸篇の成立に関する研究』	１９５８年
和田清	『東亜史研究（蒙古篇）』	１９５９年
和田清編	『宋史食貨志訳註』（１）	１９６０年
多賀秋五郎	『宗譜の研究（資料篇）』	１９６０年
田坂興道	『中国における回教の伝来とその弘通』上、下	１９６４年
田川孝三	『李朝貢納制の研究』	１９６４年
中村拓	『鎖国前に南蛮人の作れる日本地図』１・２・３	１９６６年、６７年
原田淑人	『増補　漢六朝の服飾』	１９６７年
周藤吉之	『宋代史研究』	１９６９年
原田淑人	『唐代の服飾』	１９７０年
辻直四郎	『現存ヤジュル・ヴェーダ文献』	１９７０年
三根谷徹	『越南漢字音の研究』	１９７２年
石田幹之助	『東亜文化史叢考』	１９７３年
山田忠雄	『節用集天正十八年本類の研究』	１９７４年
加藤繁	『中国貨幣史研究』	１９９１年
中嶋敏編	『宋史選挙志訳註』（１）、（２）	１９９２年、９６年
中嶋敏編	『宋史食貨志訳註』（２）、（３）	１９９９年
中嶋敏編	『宋史選挙志訳註』（３）	２０００年
中嶋敏編	『宋史食貨志訳註』（４）、（５）	２００２年、０４年

昭和三〇年代、東洋文庫の再興に伴い蔵書拡充の面でも、いくつかの貴重な大部の蔵書の寄贈を受けている。代表的な事例としては、

【近代中国関係図書】

先述した近代中国研究委員会がロックフェラー財団等の助成金で蒐集した近代中国研究関係資料約八万冊の書籍があり、プロジェクト終了後に書庫に移管された。

【藤井文庫】

一九五七年には東京医科大の藤井尚久教授が集めた江戸期および明治期の西洋医学系の日本医学史書籍一八〇〇部、計六〇〇〇冊の寄贈を受けた。

【開国百年記念文化事業会旧蔵書】

一九五九年、当初は羽田亨を、その逝去後は大久保利謙を代表者とする「開国百年記念文化事業会」蒐集の近代日本関係和書四〇〇〇部、七〇〇〇冊が加えられた。

【梅原文庫】

一九六四年に京都大学名誉教授・東洋文庫研究員の梅原末冶がその半生の心血を注いで蒐集した日本・朝鮮半島・満洲・蒙古・中国東北部に分布する考古資料数万点(一件ごとに遺蹟や遺物たとえば古鏡などの実測図や写真にメモを附した記録)と和漢洋書

二五〇〇冊を譲り受けた。

【松田嘉久氏寄贈タイ語書籍】

　一九六五年に在バンコクの実業家松田嘉久の寄贈したタイ語書籍一〇〇〇冊。

【河口文庫】

　蘭学者河口信広旧蔵の和本蘭方医書が遺族より寄贈された。

が挙げられる。

　このほかにも、この時期には幾つかの重要な事業が行われた。一九五三年には、海外の著名図書館からマイクロフィルム撮影で入手した敦煌文献の焼き付けと製本も行われ、写真室を置き、技師を任用した。

　一九五八年には、国内の東洋学者との情報交流と意見交換を目的に「東洋学連絡委員会」が設置され、年に二回の定例の会議を催すようになった（東大・京大・東北大・広島大・慶應大・早大その他の教授陣を中心に構成）。発足時の委員は岩井大慧、梅原末治、金倉円照《かなくらえんしょう》、杉本直治郎、塚本善隆、辻直四郎、津田左右吉、仁井田陞《にいだのぼる》、原田淑人、福井康順《こうじゅん》、藤田亮策、松本信廣、宮崎市定、村田治郎、山本達郎、和田清の一六名である。

また、同年には、仏・米・独・スウェーデン・英・伊における東洋学界の泰斗七人（ドミエヴィルPaul Demiéville、エリセイエフSergei Eliseev、フックスWalter Fuchs、カールグレンBernhard Karlgren、ライシャワー、ジーモンErnst Julius Walter Simon、トウッチGiuseppe Tucci）に東洋文庫の名誉研究員を委嘱している。

翌一九五九年には、東洋文庫の運営資金強化の目的で、三菱系各社によって東洋文庫維持会が組織された。さらに、一九六〇年には研究部五部門一二研究委員会の新しい研究体制への移行が完了した。一九六一年には前述のごとくユネスコ「東アジア文化研究センター」が文庫内に設置されることとなり、初代所長に辻直四郎が、副所長に榎一雄がそれぞれ就任し所員一〇名にて発足した。

3-3 財政問題と書庫・本館の増築

昭和二〇年代から三〇年代を通じて、東洋文庫は戦後期の再興を遂げてきた訳であるが、設立時の基本金等は戦中・戦後の混乱で価値を失い、収益事業を行っていないため、その運営資金は全額を寄附金により賄わざるを得ない状況であった。

この運営資金の確保に向けて文庫のスタッフはなみなみならぬ努力を重ねることになる。文庫の基本インフラである建物は設立時一九二四年の本館と書庫のみであり、書庫だけは一九三三年に一部増築された。戦災をくぐり抜けて来たこれらの建物は老朽化が進み、図書は増加する一方であったため、早晩増築と建て替えが不可欠の時期に至った。

しかし、毎年の運営資金繰りに奔走しているさなか、桁数の異なる増築と建て替え資金を手当てすることは非常に難しい課題であった。昭和四〇年代から五〇年代を通じて（前述のように）、図書の閲覧と研究活動という文庫本来の業務は充実したが、増改築のための種々の検討と対策はなかなか進捗しなかったのが実情である。

増改築事業の第一弾として一九六六年に文庫の増築計画が策定され、その増築資金を集めるべく、「募金委員会」が設置された。これに基づき、一九六七年には特別書庫の新築工事が始まった（設計：三菱地所、施工：大林組）。翌一九六八年三月には、その特別書庫が無事竣工となった（総費用六一〇〇万円）。さらに、同年一〇月には本館の増築（新館設置）が着工されている（設計：三菱地所、施工：大林組）。総工費は当初予定一億九〇〇〇万円であったが、募金難渋のため講堂設置等の建設は断念となり、計画が見直された結果、変更後の総工費は一億二〇〇〇万円と縮小された。増築された本館は翌一九六九年の竣工となった。

こうして取りあえずの課題に対応する増築は実施されたが、それに伴う募金活動は思うように進まなかった。一九七一年には、約二〇〇〇万円の累積欠損が発生し、保有株式の売却によってそれを補塡している。この財政赤字対策として、文部省に対する人件費補助の陳情がなされ、折衝の過程で東洋文庫の国営化についても再度是非が検討されたという。

その後も文庫の資金繰りは改善せず、一九七二年には三菱金曜会の関係各社より臨時寄附金三五〇〇万円を受領し、一九七六年にも三菱金曜会へ当該年度の不足額の支援（一六〇〇万円）を要請することとなった。その後も数年にわたり三菱金曜会には運営資金の支援を仰いでいる。

そうこうする内に設立当初からの本館・書庫は築六〇年にならんとし、もはや建替えが不可避な状況となった。一九七五年には本館の屋根の雨漏りが生じ、補修工事は国立国会図書館の全額負担によって実施された。抜本的な対策が必要なことはすでに明白ではあったが、毎年の運営資金の手当てに窮している状況のなかで、本体の建て替え資金の手当ては望むべくもなかった。

苦肉の策として資産の売却が行われることとなった。こうして、一九八二年に敷地の一部を売却し（一四億九三〇〇万円。三菱地所）、処分代金の一部充当による建物の改築が決定され（八億八〇〇〇万円。竹中工務店）、翌一九八三年に新書庫および事務棟が竣工した（地上六階、内書庫スペース約九七四平方メートル増加）。竣工時までに約半年間、閲覧は停止された。

このようにして改築はなんとか完了したが、毎年の運営資金の問題は依然として残っていた。文庫として自立した運営を確保すべく、基本金の充実が不可欠との判断が示され、遺憾ながら幾つかの資産を売却せざるを得ないこととなった。まず一九八四年に広橋家文書の一部九五〇点を国立歴史民俗博物館へ譲渡・売却した（一二億一七〇〇万円）。先の敷地代金の残金三億七五〇〇万円と、本文書の譲渡代金一億円をもって基本金は四億七五〇〇万円増加した。

また、翌一九八五年には、国宝二点と重要文化財三点を売却した（七億九〇〇〇万円）。しかし、この蔵書売却の件は一九四八年に成った国立国会図書館との契約の趣旨に照らして同館に事前に相談しその了承を得ておくべき筋合いの案件であった。一九八六年、東洋文庫の関係者が広橋家旧蔵書売却に関連して国立国会図書館に赴いて釈明を行っており、資産売却に関わる若干の混乱が見受けられたことは否めない。いずれにせよ、これらの財政再建策により基本金が拡充され、運用益も増加したため、一九八八年度の決算は五六〇〇万円の余剰金を出すに至った。

このように、この一九七〇年代から八〇年代にかけての時期の東洋文庫は財政問題と書庫・本館の増改築問題に忙殺された感がある。しかし、その間も研究活動は着実に進捗していた。増改築により研究スペースの余裕が出来、研究者により良い研究環境を提供出来るようになるとともに事業の拡大に比例して研究員の数も増加していった。

一九七六年には三菱財団の援助を得て、リスボンのアジューダ宮図書館所蔵の「アジアにおけるイエズス会士」文書六二冊（六万五九六ページ）のマイクロフィルム撮影も行っている。蔵書についても、一九七七年にソ連科学アカデミー世界史研究所副所長アフメドヴィッチの来日を機会に同アカデミーより蔵書五四八冊の寄贈を受けた。

さらに、一九七九年には辻直四郎元理事長愛蔵のインド語学・文学書籍一万二〇〇〇冊の寄贈を受け、この分野の蔵書資料が質・量ともに格段に充実した（【辻文庫】）。また同年はイラン革命下のテヘランで志茂《しも》碩敏《ひろとし》研究員が亡佚の危機にあったペルシア語文献の購入と日本への搬送にあたった。

他にも特記すべき幾つかの催事があった。一九六七年にはモリソン文庫渡来五〇周年記念展が開催され（東急百貨店日本橋店）、当時の皇太子殿下の御臨席を賜った。一九七五年には、財団設立五〇周年記念行事を行い、Kazuo Enoki, "Dr. G. E. Morrison and the Toyo Bunko, in Celebration of the Fiftieth Anniversary of the Transfer of Dr. G. E. Morrison Library to Baron Hisaya Iwasaki（1917-1967）", *Memoirs of The Research Department of The Toyo Bunko*, vol.25が刊行された。この年、東洋文庫はその永年の国際交流貢献を評価され、「国際交流基金賞」を受賞している。

一九七七年には「モリソン文庫渡来六〇周年記念展示会」を国立国会図書館にて開催し、『東洋文庫の六〇年』（榎一雄著、東洋文庫刊）を刊行した。

また、一九八一年には浩宮徳仁親王の御来臨を賜り、同年には田中龍夫文部大臣にもご来庫いただいた。さらに一九八五年には榎一雄理事長が天皇陛下に御進講も行っている。

3-4 安定を迎えた一九九〇年代から二〇〇〇年代

激動の昭和が終わり、平成の世に入ると、東洋文庫は比較的安定した運営を続けることができるようになった。

蔵書の面では一九八九年（平成元）、東洋文庫の初代研究部長を務めた白鳥庫吉の孫で、上智大学の白鳥芳郎《しらとりよしろう》教授が保管していたフィリピン宣教師ベラルデ家の蒐集した広範囲のフィリピン史関係の貴重文献四七六冊の受贈を受けた（【ベラルデ文庫】）。

同年には、モリソンの次男夫妻Hedda & Alastair Morrisonが集めた東南アジア関係の洋書三三二九部を本人の申し出により購入（約二四〇〇万円）した（【モリソン二世文庫】）。また、イスラム史研究家の岩見隆よりペルシア語文献二四〇〇冊の受贈を受けている（【岩見文庫】）。

さらに、一九九一年には、故榎一雄理事長が集めた中央アジアを軸とした広範な分野の欧文書・和漢書二万八〇〇〇冊を遺族より寄附金一億円とともに受贈した（【榎文庫】）。また、一九九七年には、故護雅夫理事の遺族より、トルコ語文献を中心にした愛蔵書一五〇〇冊を受贈した（【護文庫】）。一九九九年には善隣協会から旧満洲建国大学資料五二〇冊を受贈している。

二〇〇一年一月二四日には、一九五五年の理事就任以来の長きにわたり戦後の東洋文庫の復興と発展に多大な貢献のあった山本達郎博士が逝去された。ご遺族（山本和・福田容子・山本幸子のお三方）からは東南アジアを中心とした広くアジア史に関わる博士と澄子《すみこ》夫人の所蔵された欧文の貴重書、安南本、和漢書一万八〇〇〇冊を寄附金五〇〇〇万円とともに受贈した（【山本博士旧蔵書】）。

これら日本の東洋学界を代表する泰斗達が生涯をかけて集積した愛蔵書が、東洋文庫の蔵書の価値をますます高く、そして豊かにすることはいうまでもない。

なお、二〇〇二年には、二二年にわたり理事を務め一時は図書部長を兼務した田中正俊元理事（中国近代史）と、三八年にわたり東洋学連絡委員を務めた江上波夫委員（ユーラシア考古学・北方民族史）が相次ぎ逝去した。翌二〇〇三年には一一年にわたり理事長を務めた北村甫元理事長（チベット学）、四四年にわたって評議員・理事・東洋学連絡委員等を歴任した神田信夫研究員（中国近代史）が逝去した。なお神田理事と東大東洋史の同期で東洋文庫でも半世紀を超えてともに研究に邁進した山根《やまね》幸夫《ゆきお》研究員（明代史）も二〇〇五年に逝去している。

この時期の特筆すべき事項としては、一九九四年において東洋文庫内にフランス国立極東学院が東京支部を設置したことが挙げられる。一九〇〇年に設立された極東学院は、百余年の歴史をもつフランスの世界的なアジア研究の拠点である。東洋文庫と極東学院は一九九九年、正式な学術協力協定を締結した。

また、一九九五年にはロシア科学アカデミー東洋写本研究所との間で五ヵ年間の相互援助協力協定が締結され、同研究所が蔵する敦煌文献等の研究およびこれをマイクロフィルム化するプロジェクトを各種の助成によって推進し、ほぼ所期の成果を挙げた。二〇〇六年には台湾における学術の中枢である中央研究院の歴史語言研究所との間で学術交流協定の締結が成り、以後も今日まで互恵的な研究者の交流、史料の交換が進行中である。

一方、一九六一年より四十余年間継続してきたユネスコ東アジア文化研究センターは二〇〇三年に至り、当初の目的が達せられ、合わせてユネスコ本部において新規の事業が興されることとなったため、開設以来同センター事業の支援をしてきた文部科学省の補助金が打ち切りとなり、その活動の幕を閉じた。

ユネスコ東アジア文化研究センターの廃止をうけ、二〇〇三年には研究部事業の思い切った見直しが実施された。すなわち、五部門一一研究班から成る新しい研究体制への移行が、斯波義信理事長と佐藤次高《さとうつぎたか》研究部長（一九四二～二〇一一）の主導で上首尾に果たされた。

この改組の眼目は以下の四項目からなる。

（1）研究員全体の若返りをはかる。

（2）事業の重点として激変過程にある現代アジアを対象とする学際的な研究プロジェクトを「超域アジア研究：現代中国研究、及び現代イスラーム研究」の二班という構成の下に推進し資料を組織的に蒐集する。そのうえでこの大プロジェクトの比重を従来から行ってきたアジア各地域に対する歴史的・文化的な総合的研究全体のそれと相半ばさせる。

（3）国内の研究機関だけでなく、海外の機関との連携をいっそう深め、その一環として欧文による発信・受信に力を注ぐ。

（4）蔵書の公開活用の徹底に向け、デジタル化をいっそう推進する。

二〇〇三年にはこの方策が認められ、文部科学省からの補助金が倍額以上の増額となり年一億一〇〇〇万円となった。

他方、この時期には蔵書の公開促進を目的として、二つの大きな展覧会が開催された。一九九四年に、東洋文庫の創立七〇周年記念を兼ね、東京都江戸東京博物館を会場とする特別記念展「世界のなかの江戸・日本」および関連のシンポジウムを開催した（東洋文庫からの出陳は二三〇点余）。

二〇〇三年には、江戸開府四〇〇年記念事業（千代田区）の一環として、新しく改築されたばかりの丸ビルを会場として、「東洋文庫名品展」（東洋文庫八〇周年記念展）を開催し、会期中に二万二八〇〇人の来場者を得るなど大いに好評を博した（東洋文庫からは岩崎文庫の浮世絵を中心に約八〇点を出陳）。

また、社会全般のIT化の始動と加速の動きに一致すべく、東洋文庫においても一九九四年に「電算化委員会」が発足した。データベース化およびその発信・受信は毎年飛躍的に増え続け、二〇〇二年には田中一成《たなかいっせい》図書部長を統括者とする「データベース小委員会」があらためて発足した。この小委員会が以後は研究・情報資料のデータベース化、図書・書誌情報のオンライン化、学術情報公開促進に関わる補助金の申請と運用などの案件に対応するようになった。同年は「ホームページ小委員会」も発足しており、ホームページを通じての東洋文庫の活動全体に関する情報の公開、更新は同委員会が対処することとなった。

4 全面建て替えとミュージアムのオープン

東洋文庫にはその創立以来、財団法人としての「寄附行為」の掲げる「図書」「研究」「普及」という三つの基本指針があり、それを遵守してきたことはすでに幾度かご紹介してきた通りである。

しかるに、創立当初から「図書」と「研究」はそれぞれに「図書部」、「研究部」としての独立した運営がなされ連綿たる活動が続いてきたのに対し、「普及」に関しては時々の展覧会の実施と東洋学講座を通しての公開講演会にとどまり、普及活動に特化した部門は長らく存在していなかった。

二〇〇九年に満を持して「普及展示部」が発足し、二〇一一年の全面建て替え完了後に開館した「東洋文庫ミュージアム」が、新世紀を迎えた東洋文庫に変革の機運を

槇原稔（1930～2020）
東洋文庫第12代理事長

もたらした。

この創立以来となる大改革に少なからぬ貢献を果たしたのが、槇原稔《まきはらみのる》理事長（二〇〇一年評議員、二〇〇五年理事、二〇〇七年六月から二〇二〇年逝去まで理事長）と、斯波義信文庫長（二〇〇一年から二〇〇七年六月まで理事長、二〇〇七年から特別顧問、二〇〇九年から文庫長）である。また、槇原理事長と斯波文庫長を支えて現場で指揮を執った三菱商事出身の山川尚義《やまかわなおよし》専務理事（二〇〇六年に総務部長・専務理事就任、二〇一七年退任）の活躍も特記せねばならない。

4-1 普及展示部の発足と「東洋文庫ミュージアム」の開館

二〇〇八年一一月、文庫内に従来からあった横断組織の「企画広報委員会」が発展的に改組され、「普及展示委員会」が新たに発足した。[38] 翌二〇〇九年六月の理事会において特定資産「展示開設準備資産」が創設され、同年七月に研究部・図書部・総務部の兼任者からなる「普及展示部」が正式に発足した。

斯波文庫長が普及展示部長を兼ね、山川専務理事が同部長代行を兼ねた。同年九月に同部専任の学芸員として国立公文書館アジア歴史資料センターから牧野元紀研究員が着任し、翌二〇一〇年八月に新たに専任者四人からなる新体制が確立した。[39] 東洋文庫創立から八十有余年を経てようやく「普及」を専門的に担う部署が成立したことになる。

普及展示部の当面の責務は全面建て替えの完了後に開館が予定された「東洋文庫ミュージアム」の設立準備であった。各学芸員は和漢籍や洋古書を展示主体とする国内・海外の先行事例から学びを得るべく類似展示施設の視察や研修を重ねた。[40] いずれの機関においても「東洋文庫」の名はつとに知られており歓待を受けた。訪問先の学芸員や司書などの専門スタッフによる丁寧な案内・解説を通じて図書展示の実例から得られた豊富な知識は、「モリソン書庫」をはじめとする東洋文庫ミュージアムの特色ある展示空間の構築に大きく資するものとなった。

二〇一〇年秋、開館まもない丸の内の三菱一号館美術館の「三菱が夢見た美術館展」へ国宝・重文・浮世絵などの名品を多数出陳したこと、一般向けの展示図録である『時

オリエント・カフェ

空をこえる本の旅50選』（斯波義信監修・牧野元紀編）を刊行したことは翌年にグランドオープンをひかえる東洋文庫ミュージアムの丁度良い地ならしとなった。

二〇一一年一〇月二〇日、東洋文庫ミュージアムがついにグランドオープンした。それに先立つ九月のオープニングセレモニーには多数の要人と東洋文庫ゆかりの方々の臨席を得た。開館後の評判は上々で、東洋文庫が創立時より掲げた一般を対象とする普及活動がようやく実体をともなって本格的に始動したことになる。ミュージアムに附属するレストランで小岩井農場が運営する「オリエント・カフェ」も開店当初から新鮮で上質な食材ときめ細かなサービスを提供することで口コミが広がり、今日まで多くのリピーターを得ている。

開館初年度は第一回企画展「時空をこえる本の旅展」（二〇一一年一〇月二〇日〜二〇一二年二月二六日）、第二回企画展「東インド会社とアジアの海賊展」（二〇一二年三月七日〜同六月二四日）が開催された。

以後、年三回のペースでさまざまなテーマの企画展が開催され、今日に至っている。企画展は東洋文庫が創立以来蒐集してきた蔵書の多様さを内外に示す絶好のショーウィンドウとなっている。毎回の展覧会の開催ごとに刊行されるハンディタイプのミニ図録（時空をこえる本の旅シリーズ）は廉価で読みやすく、入手を楽しみにしているファンも多い。

4-2 国立国会図書館支部契約の終了

二〇〇五年、国立国会図書館から東洋文庫との間の支部契約を解除する方向で協議したいとの申し出があった。半世紀以上の長きにわたって継続してきた同館との関係を根本から揺るがす事態であったが、双方よんどころない事情をくみとり、二〇〇七年五月に合意書が調印され、二〇〇九年三月末をもって契約を解除することで話がまとまった。この決定を受けて国会図書館からの派遣人員は毎年徐々に減員されるようになった。

支部契約解消後の図書の閲覧・目録整理などは、私立図書館としての東洋文庫独自で行うこととなり、コストの大幅な増加が見込まれた。否が応でも自活の必要性を迫られる変化であった。現場での対応に追われた田中一成図書部長のご苦労は察するに余りある。

しかし、山川専務理事の尽力で幸いにも部員の補充がなされ、二〇〇八年四月に會《あい》谷《たに》佳光《よしみつ》研究員が新規で着任し（二〇〇九年一月に主幹研究員として管理職）、総務部の橘伸子参事が異動で着任した。二〇〇九年四月一日付で図書部内に資料整理課と閲覧複写課が設置され、いずれも會谷研究員が課長となった。

国会図書館との協力関係は支部契約の解除後もしばらくの間継続し、二〇〇九年度も二名の実務研修員が派遣されたが、二〇一二年三月末をもって六十余年に及んだ国会図書館からの人員派遣は終了した。

支部契約協定は解消されたものの、これまでの両者の浅からぬ関係に鑑み、二〇一二年四月には具体的協力を目指す新たな覚書が交わされた。東洋文庫の図書保存と修復については国会図書館側が協力し、東洋文庫からは国会図書館側の必要に応じて所属研究員の便宜供与を行うことが主な内容である。

4-3 全面建て替えの経緯

書庫のスペース不足と建物全般の老朽化をいかに解決するか。これは前世紀から持ち越された難題であった。特に書庫のキャパシティについては二〇〇〇年代初頭の斯波文庫長（当時は図書部長）による以下の証言が残っている。

書庫の飽和状態はいよいよ進行し、最早出納に支障を来す状況にあり、一刻も早く改善策を打ち出し、それを実施する段階にきていると思われる。毎年提案しているところであるが、資料の大胆な選択受け入れ、大量別置、処分等を真剣に検討すべきであろう。[41]

建て替えあるいは移築の両案で具体的検討が進められていた。しかし、当然のことながらそれには相当額の資金が必要であり、自己資産で到底賄えるものではなかった。高金利時代に購入した債権も順次満期を迎えている状況で、基本財産である有価証券の利息収入は逓減するのみで、年間収支不足額を過去の内部留保ならびに維持会寄附金の取崩で賄っているのが実情であった。

かような苦境におかれるなか、二〇〇四年に天恵が訪れた。三菱金曜会に支援を打診したところ、内部委員会として「東洋文庫建設準備委員会」が立ち上げられることになったのである。これには当時、三菱金曜会の世話人代表を務めていた槇原稔評議員（二〇〇五年から理事）の力が大きかった。

槇原評議員は配偶者の喜久子《きくこ》夫人を通じて岩崎久彌の孫にあたる家系であり、自身も幼少期より岩崎家との関係を有していた。東洋文庫の再建こそが「祖父」である久彌の宿願との思いは人一倍強かった。[42]

また、岩崎家の関係でいえば、当時の理事会のメンバーで久彌の実の孫にあたる三菱銀行元取締役・東山農事社長の岩崎寛彌《いわさきひろや》理事（一九三〇〜二〇〇八）の存在も大きかった。岩崎宗家の嫡子として東洋文庫の復興に力添えを惜しまなかった。斯波義信文庫長とは学習院初等科の同級生という縁もあった。[43]

二〇〇六年八月、金曜会幹部に向けての特別展示会が開催され、国宝・重要文化財を含む約六〇点の貴重書が出陳された。続けて、三菱広報委員会、三菱月曜会などを対象として数回にわたる展示会が実施され、東洋文庫の存立意義について三菱関係者に対していま一度理解を深めるための一助とした。

これらの取り組みを経て、金曜会からは約三〇億円の資金支援が決定され、旧岩崎邸や三菱経済研究所・三菱史料館に至近となる湯島総合体育館跡地への移築を前提とする決定が下された。しかし、この当初の移転計画は文京区の一部において反対運動が起こったため、結局は駒込の現地での建て替えが実施されることとなった。

二〇〇六年度は公益法人としての新会計基準の移行期にあたり、山川専務理事兼総務部長のもとで全面建て替えに向けての一連の財務改革が行われた。[44] さらに翌二〇〇七年度は金曜会各社からの寄附金の増額と金曜会からの臨時寄附金を得られたことで収支赤字を相当程度改善できた。二〇〇八年度に至っては年間収支が戦後初めて黒字となり、運営調整積立資産を積み増しすることさえ可能となった。

二〇〇八年三月、建て替えに向けての具体的工事が始まった。埋蔵文化財の調査[45]、植栽の伐採・移植、周辺構築物の撤去等の作業が着手された。新本館ならびに附属棟の設計と監理を担ったのが株式会社三菱地所設計で、施工を請け負ったのが戸田建設株式会社であった。同年一一月には附属棟が早くも竣工し、現職員の執務場所としての仮事務所への移転がひとまず完了した。さらに二〇〇九年前半には旧事務所の解体工事が完了し、六月には新本館の工事が始まった。工程はおしなべて順調に進み、二〇一〇年一二月末に新本館が完成、職員は二〇一一年一月中旬から同館での勤務を開始した。

旧書庫ならびに三菱史料館預かりの図書の移動も三月までにほぼ完了したが、同月一一日に突如発生した東日本大震災により、配架済の図書が多数落下し、一部が破損するなどの被害を受けた。そのため閲覧の開始は当初の予定より延びて六月一日となった。

二〇一一年九月、新本館の正式引渡しが行われ、グランドオープンのセレモニーには国立国会図書館長、文京区長、文部科学省事務次官、三菱金曜会各社の幹部など多数の要人が列席した[46]。そして一〇月二〇日、念願となるミュージアムが開館した。

4-4 研究部における改革

石井米雄研究顧問と佐藤次高研究部長などの働きかけがあり、東洋文庫には二〇〇四年に発足したばかりの大学共同利用機関法人人間文化研究機構の共同拠点が置かれることとなった。

二〇〇六年一〇月にイスラーム地域研究の資料拠点として「イスラーム地域研究資料室」が発足し（室長に三浦徹研究員）、同機構から柳谷あゆみ研究員が出向着任した。また、翌二〇〇七年四月には現代中国研究資料室が発足し（室長に高田幸男研究員）、同機構から大澤肇研究員が同じく出向着任した。

人間文化研究機構によるこの二つのプログラムはともに一〇年間継続し、柳谷研究員の後任は徳《とく》原《はら》靖浩《やすひろ》研究員が、大澤研究員の後任は相原佳之研究員が務め、それぞれの任期を全うし所期の目的を達成した。すなわち、東洋文庫の蔵書蒐集の幅を現代世界へと拡大し、特に中国と中近東を扱う地域研究のコアとしての東洋文庫の学界における更なるステイタス向上に貢献した。

二〇一〇年、槇原理事長の周旋により、ハーバード・イエンチン研究所および同図書館との協力協定が締結された。ハーバード・イエンチン研究所からはVisiting Scholar奨学金プログラムの機関指定を受け、東大・京大とならんで東洋文庫からは応募者を毎年推薦することが可能となった[47]。

二〇一一年の新本館竣工とミュージアムのグランドオープンに関連し、同年秋の東洋学講座も記念講座となった。ハーバード・イエンチン研究所のエリザベス・ペリーElizabeth Perry所長による「Anyuan: Mining China's Revolutionary Tradition」、姜尚中東大名誉教授による「東洋学の現在」、中国人初の芥川賞作家楊逸《ヤンイー》による「楊逸と楽しむ東洋の妖怪ミラクルワールド」が開催されそれぞれ好評を博した。

二〇一二年、研究事業の社会へのさらなる還元を図るべく、従来の東洋学講座とは異なる一般向けの有料制の市民講座「東洋文庫アカデミア」が発足した。前年ご逝去の佐藤研究部長の後任となる濱下武志研究部長がリーダーとなり、職員の間にタスクフォースが立ち上がり開設の準備が進められた。

開設の目的は、厳しい就職環境下におかれる若手研究者に少しでも多くの教育者としての経験を積んでもらうこと、他方で大学等をリタイアしたベテラン研究者に長年の研究成果を社会に発信してもらうことであった。二〇一三年度から講座が無事にスタートし、翌二〇一四年度には計二六講座が開設、一八七名の受講があった。
東洋文庫アカデミアは「新生東洋文庫」においてミュージアムに続く、一般向けの新たな普及事業である。

5 新時代の東洋学、未来に向けて

5-1 東洋文庫ミュージアムの展開

二〇一三年四月、東洋文庫は財団法人から公益財団法人となった。公益財団法人に認定されると税制上の様々な優遇措置を受けられるが、そのためにも活動の公益性を一層明確に示す必要がある。東洋文庫の場合、ミュージアムを通した東洋学の普及が格好の事例となることは誰の目から見ても明らかであった。

この年、ミュージアムではキリスト教史、東洋学史、仏教史に関する企画展が相次いで開催され幸いにも好評を博した。年末には日英交流四〇〇周年を記念しての「ザ・ブリティッシュ・デイ」が開催され、重要文化財の『ジョン・セーリス航海日誌』が公開され、平野健一郎普及展示部長とポール・スノードン杏林大学副学長の記念講演が実施された[48]。

平野普及展示部長は二〇一〇年にご逝去の石井米雄研究顧問から研究顧問を引き継ぎ[49]、二〇一二年に（普及展示部長を兼職されていた）斯波義信文庫長から普及展示部長を引き継いだ。また、二〇一七年二月からは普及展示部長をミュージアム館長と呼称することが決まり、平野普及展示部長は対外的には「東洋文庫ミュージアム館長」となった。

二〇一四年、普及展示部には学芸課と運営課が設置され、人員が増えることで普及活動にさらなる力が注がれることとなった。また、三菱商事と三菱重工の株主優待の一環として東洋文庫ミュージアムの無料招待券が配布されることとなり、数千人の入場者増加がみられた[50]。

同じ年の四月九日には天皇皇后両陛下（現在の上皇上皇后両陛下）の行幸啓を有難くも賜り、槇原理事長、斯波文庫長、中根千枝理事らが奉迎にあたった。その後もキャロライン・ケネディ駐日米国大使、福田康夫元首相、オックスフォード大学ボドリアン図書館長ほか多数の要人訪問を受けるなど、東洋文庫ミュージアムの知名度は日に日に高まった。

二〇一六年度にはミュージアムの企画・運営を一層向上させるべく、「東洋文庫ミュージアム諮問委員会」が発足した。委員長は福田康夫元首相、委員は彬子女王、ドナルド・キーン、青柳正規、山本寛斎、亀山郁夫、姜尚中、西本智実、元良信彦が務め、コロナ禍の中断をはさんだものの現在まで年一〜二回のペースで開催が続いている。

二〇一六年一二月、「ロマノフ王朝展――日本人の見たロシア、ロシア人の見た日本」（二〇一七年一月七日〜四月九日）の開催を間近に控えた年の瀬に富士ゼロックス社の協力を得て『戸田浦における露国軍艦建造図鑑』（通称『プチャーチン来航図』）の精密複写絵巻が制作された。これは一二月一五日に来日したロシアのプーチン大統領に安倍首相から贈呈された。外務省との連絡を取りつつ、牧野元紀・岡崎礼奈の普及展示部両名が首脳会談の場となる山口県長門市の大谷山荘で設営を行った。

年三回の企画展サイクルにあわせて、大学生や大学院生向けにはインターン生や博物館学芸員資格取得のための実習生の受け入れを行っている。また、小中学生や高校生の校外学習も積極的に受け入れている。

5-2　一〇〇周年を迎えて、開かれた新たな一ページ

二〇一七年六月の理事改選により一連の大改革の前線にあった山川専務理事が自らの申し出により退任し、新たに杉浦康之《すぎうらやすゆき》理事がその後任となった。両者は槇原社長時代の三菱商事における先輩・後輩の信頼できる間柄であり、業務の引継ぎも全く問題なく円滑に進んだ。それどころか改革の火は消えることなく、さらなる勢いを増したともいえよう[51]。

折しもこの二〇一七年はモリソン文庫の渡来から一〇〇年の記念の年にあたった。ミュージアムで読売新聞との共催により『東方見聞録展――モリソン文庫の至宝』が開催されたほか、一〇月三日には記念のレセプションがオリエントカフェで、一二月には研究部主導で国際シンポジウムが講演室にて相次ぎ開催された。

一一月には、斯波義信文庫長に文化勲章が授けられた。宋代商業史や華僑史における卓越した業績もさることながら、東洋文庫での活動を通した日本の東洋学の底上げと国際化も高く評価されてのことである。斯波文庫長は翌二〇一八年六月にも台湾のノーベル賞といわれる唐奨Tang Prizeを受賞している。その褒賞金をもとに「斯波研

究奨励基金」が創設され、三〇〇〇〇万円の寄附金とともに、東洋文庫における若手研究者の育成に向けてさらなる基盤づくりがなされた[52]。

二〇一九年、東洋文庫の第七代理事長を務めた故細川護立侯が戦前パリで購入したフランス人東洋学者アンリ・コルディエ Henri Cordier(一八四九〜一九二五)の蔵書約五〇〇〇冊について、その嫡孫にあたる細川《ほそかわ》護熙《もりひろ》永青文庫理事長(元首相)より寄託を受けた。東洋文庫としてはモリソン文庫以来となるまとまった洋古書の大コレクションである。

また、石田幹之助博士の旧蔵書と関係資料についてもご遺族より寄贈の申し出があり、一〇〇周年を前にして石田博士ゆかりの書籍や文書が東洋文庫に収められることとなった。コルディエ文庫とともに研究会の開催と文献解題の作成に向けての準備が現在進行している。

二〇二〇年は新型コロナウイルスの感染被害が世界規模で深刻化したことをうけて、感染拡大防止の観点から共同研究室の閉鎖、ミュージアムの休館、閲覧室の利用休止となった。職員もオンラインでの在宅勤務となったが、業務が停滞したわけではなく、むしろこの間にＩＴ化が一挙に進んだ側面もある。

なかんずく、京都大学名誉教授で同大人文科学研究所在任中に長らく同所の電子化事業に携わった高田時雄理事が図書顧問から図書部長へ就任となったことは東洋文庫の心臓部ともいえる図書部に一大変化をもたらした。東洋文庫の蔵書検索は従来極めて特殊な方法に拠っていたが、高田部長の決断によりＯＰＡＣの導入に大きく舵を切ることとなった。目下作業が進行中で、東洋文庫一〇〇周年事業の目玉となっている。

この年の一二月一三日、二〇〇七年から理事長を務め、全面建て替えとミュージアムの開館を含めての東洋文庫創立以来の改革に多大な貢献を果たした槇原理事長が心不全のため逝去された。[53] 三菱商事の社長・会長、経団連副会長を歴任し、わが国きっての国際派として知られた槇原理事長は、日本人が自国やアジアの文化に根差したルーツを理解し大切にすることが、グローバル化の礎であるという強い信念を持っていた。

それゆえに東洋文庫が国際社会に果たす役割の重要性を深く理解し、ハーバード・イエンチンを筆頭に国内外の学術機関との連携や、子どもから大人までを対象とする幅広い普及活動と情報の発信を心がけておられた。翌年、ご遺族より二〇〇〇万円の寄附をいただき、これを以て「槇原研究奨励基金」が設立された。

おわりに

　二〇二一年の臨時理事会において、三菱UFJ銀行特別顧問の畔柳信雄《くろやなぎのぶお》理事が槇原前理事長の後任として第一三代の理事長に選任された。畔柳信雄理事長、斯波義信文庫長、杉浦康之専務理事、濱下武志研究部長、高田時雄図書部長、平野健一郎普及展示部長の新体制で創立一〇〇周年を迎え、三菱金曜会各社からは新たに寄附金を頂戴することになった。

　いくつかの記念プロジェクトはすでに上首尾に完了あるいは進行中であるが、いずれにおいてもデジタル化とサステナビリティがキーワードとなっている。[54] それはつまるところ、研究者、一般の方々、老若男女を問わないユーザー側の視点に立った研究図書館の再構築であり、異文化理解を通じた国際親善という普遍的価値を追求する不断の努力に他ならない。

畔柳信雄（1941〜）東洋文庫第13代理事長

　創立者岩崎久彌をはじめとする一〇〇年前の先人たちの思いは一〇〇年を迎えた今日ようやく具現化

されつつある。東洋文庫は創立以来、実にさまざまな方面からの善意によって支えられてきた。国内外の研究者、三菱の財界関係者あるいは国会図書館をはじめとする官界関係者、施設の管理や運営に携わってくれている業者の方々、そして日頃からミュージアムに親しんでいただき、レストランや閲覧室などもご利用いただいている市井の方々にはこの場をかりてあらためて深く感謝申し上げたい。
皆様の支えあっての東洋文庫である。次なる一〇〇年に向けて、文庫員一同さらなる高みを目指すべく、世界に冠たる理想の図書館づくりに一層の情熱を傾けてゆきたい。

本稿は斯波義信「財団法人東洋文庫の八十年」(財団法人東洋文庫・斯波義信編『東洋文庫八十年史I——沿革と名品』東洋文庫、二〇〇七年)を編者が加筆・改編したものである。

注

[1] 研究図書館とは国・公・私立の総合図書館ないし一般図書館と違って、特定分野の専門図書・資料を蒐集し、主として研究者の学術研究に供する蔵書施設を指す。東洋学においてはハーバード・イエンチン図書館、大英図書館およびフランス国立図書館の東洋部門、サンクトペテルブルクのロシア科学アカデミー東洋写本研究所が東洋文庫とならぶ世界五大東洋学図書館とされている。

[2] モリソンとそのアジア図書館Asiatic Libraryについては、Kazuo Enoki, *Dr. George Ernest Morrison and the Toyo Bunko*, The Toyo Bunko, 1967.が最も詳しい。モリソン文庫の購求とその整理・増補については、石田幹之助「東洋文庫の生れるまで」『石田幹之助著作集Ⅳ——東洋文庫の生れるまで』（六興出版、一九八六年）、反町茂雄『一古書肆の思い出1——修業時代』（平凡社、一九八六年）、『同2——賈（かいひと）を待つ者』（平凡社、一九八六年）も参考になる。

[3] 岩崎久彌傳編纂委員会編『岩崎久彌傳』（同委員会発行、一九六一年）、岩崎彌太郎・彌之助傳記編纂会編『岩崎彌太郎傳』上下巻（同会発行、一九六七年）、三菱経済研究所編『岩崎東山先生傳記』（同所発行、二〇〇四年）、岩崎彌太郎・彌之助傳記編纂会編『岩崎彌之助傳』（同会発行、一九七一年）に詳しい。

[4] 奥州郡山出身、幕末の著名な朱子学者である。海防・外国事情にも通じていた。一八五〇年から江戸湯島の昌平黌の教官となる。また長府と徳山の毛利家、今治の久松家、大聖寺の前田家、大多喜の大河内家にも招かれた。門人は二三〇〇人ほどにおよび、薩摩の重野安繹、肥後の安場《やすば》保和《やすかず》、周防の吉田松陰や宍戸《ししど》璣《たまき》、土佐の岩崎彌太郎、その親戚で塾頭の岩崎馬之助、間崎哲馬、近藤長次郎、江戸の栗本鋤雲《くりもとじょうん》、中村正直、木村《きむら》芥舟《かいしゅう》、仙台の岡鹿門《おかろくもん》ら幕末・明治期の俊秀、憂国の多士済々を育成した。彌太郎は学ぶこと一年半にして父彌次郎の冤罪を晴らすべく帰郷のため塾生を辞した。その才を愛していた艮齋は極力帰塾を促したという。その塾や居宅は湯島の岩崎家の近くにあった。官舎は昌平黌内にあり、見山楼は淡路坂上、富士を望むお茶の

水橋通りにあった。のちの彌之助邸はこの近くにあった（石井研堂『安積艮齋詳伝』東京堂、一九一六年、村山吉広「安積艮齋の生涯と学績」『斯文』第一〇九号、二〇〇一年）。

［5］重野安繹は薩摩出身の歴史学者で、学風は漢学・国学・洋学を兼ね修める幅広いものであった。修史の方法として漢学・国学における考証の伝統を尊重しながらも西洋近代の科学的な歴史理論・方法によって歴史を編纂することを唱えた。一八七一年、上京して政府の修史局に入って編修長を務めるとともに、帝国大学文科大学教授（在職一八八八〜一九〇一）を兼任、東京学士会院（帝国学士院）会員（在会一八七九〜一九一〇）でもあった。一八八七年、同大学に史学科が設けられるに至った時、その外国人教師（お雇い外国人）として招かれたドイツの歴史学者リースとともに、近代的かつ科学的な歴史学の創建をめざして史学会を組織して会長となった。星《ほし》野《の》恒《ひさし》、久米《くめ》邦武《くにたけ》とともに創設された国史学の初代教授に任じられたほか、大学に附置されるようになった史料編纂所を率いて国史編纂事業に従った。

［6］前掲『岩崎彌之助傳』巻上とくに三七〜四七頁の〈重野成齋〉、四〇四〜四一五頁の〈彌之助の学殖〉〈静嘉堂文庫〉の項目を参照。「岩崎文庫」について一九〇八年一一月一日に催された「説文会臨時大会出品略目」を見ると、「岩崎文庫」より稀覯書五二点が出陳されていて、これらは静嘉堂文庫の蒐蔵品である。同年三月二五日、彌之助が逝去したことを考えると、このころ「岩崎文庫」の称は彌之助の蔵書に付されていたのではないかと思われる。

［7］和田維四郎の伝記については田賀井篤平編『和田鉱物標本』（東京大学総合研究博物館発行〈東京大学コレクションⅪ〉二〇〇一年）、小浜市立図書館編『和田維四郎――日本鉱山学の先駆者』（若狭人物叢書8、一九八〇年）がある。和田が旧鈔本、古写本、古刊本、古活字本を採訪するにあたって、いかなる判断をもっていたかについては、和田維四郎『訪書余録――本文篇、図録篇』（私刊本、一九一八年。反町茂雄重刊訂正本、弘文荘刊、一九三三年。その複製版、臨川書店刊、一九七八年）があり、自序に高楠順次郎、内藤虎次郎、和田万吉、黒板勝美、吉

沢義則らの意見を徴したことが述べられている。

[8] 江戸大久保の尾張藩士の家に生まれ、大学予備門をへて帝国大学和漢文学科に入り、一八九四年に博言学（言語学）教授、一八九九年、国語国文学科が成ると国語国文学国史第三講座教授となった。一九一二〜一九一九年の間、文科大学長となり、その間、文部省の局長、調査委員をも務めた。モリソン文庫の将来はこの学長時代である。上田は日本学者バジル・ホール・チェンバレンBasil Hall Chamberlain（一八五〇〜一九三五）の高弟で、philologyの原義に沿った言語学を祖述して、わが国の言語学・国語学の開祖となった。門下には高楠順次郎、新村出、橋本進吉、石田幹之助、吉沢義則、和田万吉、金田一京助らが見えることから分かるように、文献学者、書誌学者、アジア諸言語学者も育成した。「モリソン文庫仮事務所」期には「相談役」の一人となり、東洋文庫開設とともに理事に就任し、逝去にいたった。没後、遺族から旧蔵書の一五九冊が東洋文庫に寄贈され、そのなかには『樺太実測図』やチェンバレン著『古事記』などがある。

[9] 鷹谷俊之『高楠順次郎先生伝』（武蔵野女子学院刊、一九五七年）の二八、六二、二一七頁にも記すが、『岩崎久彌傳』の二八〇〜二八五頁がむしろ詳しい。

[10] 岩崎久彌による「モリソン文庫」の購求の顛末については、前掲石田幹之助「東洋文庫の生れるまで」、榎一雄『東洋文庫の六十年』（財団法人東洋文庫刊、一九七七年）に詳しい。これとは別にEnoki Kazuo,"Dr. G. E. Morrison and The Toyo Bunko. In Celebration of the Fiftieth Anniversary of the Transfer of Dr. G.E. Morrison Library to Baron Hisaya Iwasaki（1917-1967）", *Memoirs of The Research Department of The Toyo Bunko.* The Oriental Library, No. 25. 1967. pp. 1-57. において、榎一雄がモリソンと岩崎久彌の略伝、モリソン文庫の内容と渡来、岩崎文庫ほか主要な文庫のコレクションについて、典拠記事を周到に挙げながら述べている。

[11] 土佐の人。一八八〇年、旧藩主に抜擢されて上京、岩崎家の家塾雛鳳館に入り、久彌の学友の一人となった。一八八九年、帝国大学法科大学を卒業して三菱社、ついで三菱合資会社に入り、銀行部支配人、地所部長な

どを経て管事の最高職に就いた。モリソン文庫の購入時、岩崎家庭事務所長に任じられ、「相談役」の一人として、その補修・整理・増補の事業の財務・庶務を指揮した。文庫の設立時に理事となり、井上理事長の急逝を承けて理事長を継いだ。しかし、まもなくこれを林権助《はやしごんすけ》に委ねて監事兼理事となり、一九三七年に逝去した（岩井大慧編『東洋文庫十五年史』財団法人東洋文庫刊、一九三九年、三九四〜三九六頁）。

[12] 豊後日田の人。一九一一年、日本銀行ニューヨーク代理店監督から横浜正金銀行に入り、一九一三年に頭取となった。大戦期の国際金融問題で活躍し、一九一九年に日銀総裁、一九二三年に第二次山本権兵衛内閣の大蔵大臣、一九二九〜一九三一年に浜口内閣ついで第二次若槻内閣の大蔵大臣を務めた。この間、一九二九年には日銀総裁に任じられたが、一九三二年、血盟団員の手で暗殺された。東洋文庫ではモリソン文庫の購求に貢献し、「相談役」の一人となり、一九二四年の設立から三二年の急逝まで理事長の任にあった。井上準之助論叢編纂会編『井上準之助伝』（同会刊、一九三五年）、杉山伸也「金解禁論争――井上準之助と世界経済」岩波講座『「帝国」日本の学知』第二巻、（岩波書店、二〇〇六年）。

[13] 米沢出身の外交官。一九九〇年、京城公使の林権助のもとで働き、杭州領事をへて一九〇二〜一九〇四年には上海総領事、一九〇五年から横浜正金銀行の取締役、在清国支店の監理を務めた。一九〇七年、林権助清国公使に請われて同銀行の北京駐在総取締役となり、対清国借款、外交条約の締結でも活躍した。モリソン文庫を日本に将来するとき、岩崎久彌の代理人となり、井上準之助と同様に「相談役」の一人となり、文庫開設後は逝去の一九三四年まで監事を務めた。父は米沢藩の儒者で自らも漢籍を多数収蔵し、詩文もよくした。没後、遺族より旧蔵書約二万冊が寄贈された。前掲『東洋文庫十五年史』三九七〜四〇一頁。

[14] 千葉出身。千葉中学在学時、木内重四《きうちじゅうし》郎《ろう》（久彌の妹磯路と結婚、のち東洋文庫理事）とともに東洋史の先達、那《な》珂《か》通世《みちよ》の教えを受けた。大学予備門（一高）をへて、帝国大学文科大学の史学科で西洋史を学び、一八九〇年、卒業とともに学習院教授・歴史地理課長となる。同僚の市村瓚次《いちむらさんじ》郎《ろう》が中国を、白鳥は日本および東洋諸国の

歴史を担当するようになった。朝鮮半島の歴史からはじめ、満洲、蒙古、トルコ系諸民族の歴史、その相互交渉を研究して、中央アジアの諸民族史に及んだ。諸民族の言語研究について西欧学者の業績を参照したことから、西欧の東洋学の貢献に着目する一方、一八九九年、独文で論文を草して国際東洋学集会に公表した。翌年これがロシア東洋学会誌に載って広く名声を博し、博士号を授与された。一九〇一～一九〇三年、学習院から派遣されてドイツ、ハンガリー、トルコ、フランスに留学、ヨーロッパの東洋学の現状を学んだ。一九〇四年、東京帝国大学史学科教授を兼任、一九一〇年、同大学に「東洋史」二講座が設立されると、市村とともに教授に就任し、一九二五年に退官した。この間、一九二二～一九二三年に再度留学して米、仏、英、独、蘭、墺を視察した。あたかもモリソン文庫の拡充時期であり、遊歴のかたわら数千冊におよぶ書籍を購求して「仮事務所」に送った。一九二四年の東洋文庫の設立とともに理事・研究部長となり、一九三九年、林権助理事長の逝去のあと理事長に就任するが、病を得て同年逝去（津田左右吉「白鳥博士小伝」『東洋学報』第二九巻三・四号、一九四四年。『白鳥庫吉全集』第一〇巻、岩波書店、一九七一年。東方学会編「白鳥庫吉博士」『東方学回想』Ｉ先学を語る（1）、刀水書房、二〇〇〇年。石田幹之助「白鳥庫吉先生小伝」「白鳥先生の追憶」前掲『石田幹之助著作集Ⅳ』）。詳細は第Ⅱ部参照。

〔15〕

帝国大学文科大学史学科で白鳥に東洋史を学び、ほかに西洋史、地理学を修めた。一高からの学友に芥川龍之介、菊池寛、久米正雄らがいた。成績優秀のため恩賜の銀時計を受けた。史学科副手になるが、このとき「モリソン文庫」の渡来にかかわることとなる。その後、「岩崎家庭事務所」の委嘱をうけて、同文庫を増補拡充する業務の主任となり、財団法人東洋文庫が設立されると、図書部（文庫部）主任として図書と庶務・会計の用務を兼務した。一九三四年二月に文庫を退職してからは国際文化協会に所属し、日本大学と國學院大学で教授職を務めた。文化財審議会委員も務めている。和漢文のほか欧米の多言語に精通し、また博覧強記でも聞こえ、日本における東洋学の書誌学を開拓した。著書に『欧米に於ける支那研究』（創元社、一九四二年）、

『南海に関する支那史料』(生活社、一九四五年)、『石田幹之助著作集I〜IV』(六興出版、一九八五〜一九八六年)など。詳細は第II部参照。

[16] 石塚晴通「岩崎文庫貴重書誌解題稿(一)」(『東洋文庫書報』一六号、一九八四年)、「同(二)」(同一七号、一九八五年)、「同(三)」(同一八号、一九八六年)、「岩崎本古文尚書・毛詩の訓点」(同一五号、一九八三年)。反町茂雄「日米の大コレクターと、その蒐集——モルガン=ライブラリーと、岩崎・三井・安田・久原諸氏の文庫と」『日本の古典籍　その面白さその尊さ』八木書店、一九八四年。

[17] 日記および写真類は主としてオーストラリアのニュー・サウス・ウェールズ州立ミッチェル図書館、米国のハーバード・イエンチン図書館が所蔵している。中国の福建教育出版社は写真を三冊に編集し、沈嘉蔚撰『*Old China Through G.E. Morrison's Eyes: Eyewitness of the Reformation, Morrison of Peking, Catastrophe at the Turn of the Century* 莫理循眼里的近代中国——目撃変革、北京的莫理循、世紀之交的戦乱』(二〇〇五年九月)を刊行した。

[18] ヨーロッパの主要各国におけるシノロジーの発達史を討議する「ヨーロッパ・シナ学史についての国際会議」が一九九一年に台北で催され、その冒頭の報告でドイツのフランケ教授が、沿革と重要な特色を述べた。一七、一八世紀におけるキリスト教宣教師による「中国への傾倒」で特徴づけられるシナ学は一九世紀に仏・独・英などでそれぞれに特色ある学術に成長したが、二〇世紀初めのシナ学の発展については、いわゆるアウトサイダーである外交官・自然科学者・医者・ジャーナリスト・地理学者らの貢献に負うところが大きく、やがて各大学に東洋学のポストが出来るようになって、ようやく専門化した学問になったとしている。会議の成果については、Ming Wilson & John Cayley, eds., *Europe Studies China*, 1995, Han-shan-Tang Books, London, 斯波義信「ヨーロッパ・シナ学史についての国際会議」『東洋文庫書報』二四号、一九九二年四月を参照。

[19] モリソンの「アジア文庫」が中国関係の欧文書のコレクションとして当時最高の質量を誇るものであったことは、モリソン自身が米国の議会図書館の関係蔵書カードと比べて、価値と網羅性においてその一二倍に当た

ると述べている。また、フランス東洋学の泰斗ペリオもモリソンのコレクションがコルディエ著『中国書誌 *Bibliotheca Sinica*』(一八八一～一八八五年)に掲載されない中国関係書を多数収めていることに言及している。慶應義塾大学の仏文学者、後藤末雄《ごとうすえお》(一八八六～一九六七)は『中国思想のフランス西漸』を著したが、その参考文献のほとんどを東洋文庫で見つけた。彼は一九二八年に脱稿し渡仏したが、パリで新たに見出した必要な資料はほんの二～三であったという(Enoki Kazuo, *Dr. G.E. Morrison and The Toyo Bunko*, pp. 24-25)。

〔20〕米国の外交官、東洋学者としても著名である。国務長官ジョン・ヘイJohn Hayを補佐し、極東問題に関する米国の「門戸開放宣言」を立案起草した。義和団事変のときは、モリソンとともに北京の外交官区域に籠城した。鎮定後、全権委員として議定書の調印に加わっている。中国語、チベット語に通じ、『諸蕃志』の訳注、蒙古・チベットへの調査旅行の報告などが知られる。袁世凱の政治顧問に招かれて赴任する途中、ハワイで客死した。東洋文庫には彼と小田切、モリソンとの交信書簡がある。本書所収、岡本隆司コラム参照。

〔21〕金井圓「ルートウィヒ・リースと日本関係海外史料」『史学雑誌』八七編一〇号、一九七八年、同『お雇い外国人17――人文科学』(鹿島出版会、一九七六年)。

〔22〕東京大学名誉教授で東洋史学科の主任教授でもあった故西嶋定生《にしじまさだお》博士の手許には『東洋学報』の設立期における「東洋協会」の一九一一年度の役員・会員名簿のほか、関連資料が保存されていた。これらは二〇〇三年、恒子令夫人より東洋文庫に寄贈された。この一九一一年度の名簿には、当時の役員・会員名が記され、更にその後の退会・入会などの異動が逐一朱筆で追記されており、初期の『東洋学報』の運営状況を回顧する上で大変貴重である。

〔23〕増補の方針、具体的作業、分類整理・目録化の枠組みについては、前掲の『石田幹之助著作集IV』および同『著作集』の他巻に編入される石田の記述が詳しい。前掲『東洋文庫十五年史』には一九一七年から一九二四年までの「仮事務所」において逐年購入した書籍の受け入れ原簿が掲載されており細部を知ることができる。

[24] 東洋文庫の設立前後における書籍の購求において、漢籍方面についての計画と選書の実情については、和田清の回顧録「学究生活の想出」(和田清『東亜史研究(満州篇)』東洋文庫、一九五五年)が詳しい。和田清(一八九〇〜一九六三)は、第一高等学校一部甲類(英語法律科政治科)を卒業後、東京帝国大学文科大学史学科東洋史学に入学するという異色のコースをたどった。石田幹之助の一年上級で、市村瓚次郎、箭内亙、池内宏に学び、明・清の満蒙史を専攻した。後年の東洋文庫との関わりは、一九一九年に白鳥・上田が主幹する『東洋学報』の編集委員となり、一九二一年、「モリソン文庫仮事務所」の嘱託となって同文庫のために漢籍の蒐集の采配を任せられた。翌年に東京帝大の講師に任じて、一九二五年から一九二六年にかけて欧州・中国等に在外出張し、帰途北京に滞在して松村太郎に方針を指示して文庫の漢籍蒐集のために尽力した。一九二六年に発足した東洋文庫の「研究員」に加わり、研究部長の白鳥を補佐して研究事業をリードした。一九三三年に東京帝大の教授となり、白鳥の晩年に『東洋学報』の編輯主幹を任され、一九三八年に文庫評議員、一九四二年、白鳥逝去のあとの研究部長、一九四四年に理事に就いた。終戦前後から昭和三〇年代初期にかけて、危急存亡の淵にあった東洋文庫のために力を尽くした。一九五一年、東大を定年退官。一九五七年、坂本正治逝去(一九五二年)後に空席であった専務理事に就き、研究部長ポストは榎一雄に代わった。一九五九年、病を得て逝去し、専務理事職は榎一雄に引き継がれた。和田は専門とする明末・清初の満蒙史のほか、早くから中国の経済・法制に関心をもち、京大の内田銀蔵、慶應の福田徳三ら経済史家の知遇を得て、帝国学士院の支援も獲得した。東洋文庫内では同僚の研究員であった加藤繁とともに「歴代正史食貨志訳註」の事業をおこし、終生この事業の育成に当たった。

[25] 『スタイン・ペリオ両博士中亜発掘将来品写真其他展覧会目録』(一九二二年五月一四日)。

[26] 『東洋文庫展観書目　甲・乙』(一九二四年一一月二九・三〇日、東洋文庫)。

〔27〕前掲『石田幹之助著作集IV　東洋文庫の生れるまで』六〜一〇八頁。

〔28〕前掲『東洋文庫十五年史』二九頁。

〔29〕『東洋文庫十五年史』三六〜四二頁。

〔30〕『東洋文庫十五年史』三八、三一八〜三一九頁。

〔31〕『東洋文庫十五年史』三〇〇〜三一四頁。『財団法人東洋文庫年報——昭和三〇年度』(一九五七年)一一〜一二頁。

〔32〕前出の東洋協会役員・会員名簿(一九一一年)および関連資料より。

〔33〕『東洋文庫十五年史』一九七〜二〇九頁および前掲『財団法人東洋文庫年報——昭和三〇年度』二四〜二八頁。

〔34〕この部分の記述は『東洋文庫十五年史』二一〇〜二九九頁および以下の展示目録を参照している。『台覧図書目録』(東洋文庫、一九二六年)、*A Catalogue of Books exhibited in The Toyo Bunko (Oriental Library) for the American Party of Journalists making a tour of Japan under the auspices of the Carnegie Endowment for International Peace*, (Toyo Bunko, 1929)、『故シャヴァンヌ博士記念展観書目』(東洋文庫、一九二八年)、『箭内博士追悼展覧会列品目録』(東洋文庫、一九二八年)、『第十四回大蔵会展観書目』(大蔵会、一九二八年)、『白鳥博士記念展覧会陳列図書目録』(東洋文庫、一九四二年)。

〔35〕戦争中の事情、米軍の爆撃に際しての消火、昭和二〇年における蔵書の疎開とその回収については、『財団法人東洋文庫要覧——昭和三〇年度』の冒頭に載る岩井大慧「戦中・戦後の沿革略」が詳しい。岩井大慧(一八九一〜一九七一)は東京出身。旧姓は圀下、一高から帝国大学文科大学史学科に入学し、石田幹之助の一年後輩にあたる。白鳥庫吉に師事し北アジアの民族史を研究した。大学卒業後、副手となり、「モリソン文庫仮事務所」の嘱託(副主任)、東洋文庫の開設とともに文庫部副主事に就いた。石田主事の退任後、一九三九年から主事となり、『東洋文庫十五年史』を刊行した。戦中は空襲を受けた文庫建物を防護し、蔵書の疎開と回収の大任を果たした。一九四八年、国立国会図書館と東洋文庫との契約締結後、同館参事支部東洋文庫長に就任し

一九六五年まで務めた。この間、東洋文庫評議員、理事に任じられた。主著に『日支仏教史論攷』（東洋文庫論叢39、一九五七年）がある。

[36] 以下の役員の異動については『財団法人東洋文庫略史』（東洋文庫、一九五七年）一三〜一六頁ほか議事録類によった。

[37] 『国立国会図書館三十年史——資料編』（同館、一九八〇年）六〇〜六二頁。

[38] その前年の二〇〇七年、一般の方々に東洋文庫への関心をもってもらうべく「友の会」が発足し、初年度だけで約七〇名の会員を得られた。

[39] 牧野主幹研究員・学芸員、岡崎礼奈研究員・学芸員、藤代和卓参事・学芸員、長谷川茂広参事。

[40] 国内の主なところでは静嘉堂文庫美術館、三菱一号館美術館、永青文庫美術館、印刷博物館、出光美術館、板橋区立美術館、古代オリエント博物館、国立民族学博物館、トヨタ博物館、西尾市岩瀬文庫などを訪れた。海外ではハーバード・イエンチン図書館、ボストン美術館、イエール大学東アジア図書館・同バイネキ図書館、メトロポリタン美術館、モルガン図書館、アメリカ国立公文書館、アメリカ議会図書館、フリーア美術館、大英図書館、大英博物館、チェスター・ビーティ図書館、フランス国立図書館、極東学院、ギメ美術館、アレクサンドリア図書館などの訪問の機会を得た。

[41] 『財団法人東洋文庫年報——平成一二年度』（東洋文庫、二〇〇一年）一〇頁。

[42] ハーバード大学留学から帰国し、三菱商事に入社した直後、同大のライシャワー教授から「東洋文庫のことをよろしく頼む」という内容の手紙が届いたとのことである（槇原稔『私の履歴書——さまざまな出会い』日本経済新聞社・日経事業出版センター、二〇一〇年、一四四頁）。

[43] 本書「座談会」参照。

[44] 具体的には、監査法人トーマツの起用、建物・設備の過年度分を含む減価償却、備品の棚卸と過年度分を含

む減価償却、図書台帳の作成、頒布用図書の棚卸、維持会特別会計の廃止、特定会計の廃止などが実施された。文庫が過去に刊行した寄贈用・頒布用図書約七万冊の棚卸がなされた結果、継続保存は寄贈用約九〇〇〇冊、頒布用約六〇〇〇冊の計一万五〇〇〇冊のみが残され、他は図書館・研究所・研究者に寄贈された。

[45] 文京区教育委員会および大成エンジニアリング株式会社による調査研究の結果、縄文時代から弥生時代にかけての集落の存在を示す土器の一部や、江戸時代の武家藩邸で使用されたとみられる陶片などが発見された。

[46] オープニングセレモニーには東京藝術大学関係者による演奏も花を添えた。同大とは庭園シーボルト・ガルテンへの毎年度の同大彫刻科学生による彫像の設置（「東洋文庫賞」）など協力関係を深めていたが、二〇一二年一二月に両者間で正式な協力協定が結ばれ、宮田亮平学長と槇原理事長の間で調印式が行われた。

[47] 東洋文庫からは牧野元紀主幹研究員が初採用となり、二〇一三年八月より一〇ヵ月間現地に滞在し、専門のベトナム近代史研究に従事したほか、ハーバード大学、イエール大学、ボストン美術館等にて東洋文庫とこれらの研究機関との間での将来的な研究交流の活発化に向けて情報意見交換を行った。

[48] イギリスとの関係からすると、この年はロンドン大学東洋アフリカ研究学院（SOAS）図書館との協力協定も締結されている。

[49] 平野普及展示部長は前職が国立公文書館アジア歴史資料センター長である。これはやはり初代同センター長を務めた石井米雄研究顧問の後を継ぐ人事であった。歴史学者であり公文書行政・アーカイブズ学にも深い見識を有した二人をこの時期に迎えていたことは東洋文庫にとっても僥倖であったといえる。

[50] 二〇一七年度からは三菱総合研究所も株主優待の指定先に加わった。

[51] この間、職員の間でも異動があり、二〇一五年に瀧下彩子《たきしたさえこ》研究部主幹と原山隆広研究部研究員がともに図書部へ移り、図書部の會谷佳光課長と山村義照研究員が研究部へ移った（山村研究員は二〇一八年に図書部復帰）。二〇一八年一月に相原佳之研究員が研究部嘱託職員となり（二〇二〇年四月より同部正職員）、牧野普及展示部

主幹研究員は大学教員との兼職のため二〇一八年三月に一旦退職し、同年四月から非常勤の文庫長特別補佐に任ぜられた。その後も今日まで各部において専門人材の拡充が続いている。

[52] 斯波文庫長には二〇二二年にもフランス学士院より優れた中国学者に贈られるレオン・ヴァンデルメールシュ賞が授与されている。

[53] 同年七月に山本寛斎ミュージアム諮問委員が、一二月に有馬《ありま》朗人《あきと》評議員が相次ぎ逝去したことも付言しておきたい。お二人からは変革期の東洋文庫に有益なご助言を頂いた。また、翌二〇二一年には二九年間にわたって理事を務めた中根千枝理事が九四歳で、一四年間にわたり理事と監事を務めた原實《はらみのる》理事が九一歳でご逝去となった。いずれも業界を代表する偉人でおられたが気さくな方々で、槇原理事長と同じように親しみを抱く文庫の職員は多かった。ここに謹んでご冥福をお祈りしたい。

[54] 各プロジェクトは「東洋文庫OPAC」、「貴重書デジタル化」、「記念出版」、「国際シンポジウム」、「一〇〇周年記念展示」、「ホームページ」、「バリアフリー化」、「サステナビリティ」、「資料修復・保存」からなる。ミュージアムは二〇二五年中に改修工事を行い、二〇二六年にリニューアルオープンする。

東洋文庫、私の一冊

東洋文庫ならではの醍醐味

岡本隆司

「東洋文庫、私の一冊」――難しいお題である。「私の」といえば所有格なので、どうしても架蔵の書物を思い浮かべがち。所蔵していれば、東洋文庫に行かなくてもよいので、あげるに及ばない。

そして東洋文庫に行けば、稀覯の蔵書が目白押し、あれこれ目移り、時間は限られているから、同時に何冊も閲覧する。とても「一冊」ではすまない。しかも何十年と通っていては、お目当ての書物もジャンルが変わってくる。「私の一冊」を選ぶのは、いよいよ難しい。

それでも、あえて選ぶとすれば、やはり若年時の専門、そして東洋文庫ならでは、のモリソン文庫・「パンフレット」類。数多ある著名な古書のなかから目立たない「一冊」をとりあげるのが、やはり「私」らしい。

若いころは、ほんとうに物知らず。まだよく理解できなかった当時の清韓関係、何とか理解の端緒を、と思って、関係する論著を手当たり次第に漁っていた。目にとまったカタログの題名から読んでみようと思ってみたのが、次頁書影の書物。

ロクヒルが単行出版した小冊子の表紙

ロクヒルはアメリカの外交官である。義和団事変にも関わって寓目した名前だったので、承知していた。しかし当時は、およそ聞いたことがある程度、それ以上に関心を覚えたわけではない。

だから全くの偶然だった。東洋文庫のカタログで閲覧図書の請求準備をしているときに、ロクヒルその人が書いた朝鮮論が目にとまり、やや驚き、また表題がピタリと関心・課題にあてはまったのである。勇躍、請求して閲覧した。

ロクヒルとのつきあいは、それが初めて。そこから芋づる式。かれが朝鮮にも赴任した外交官であると同時に、仏教学者・東洋学者であること、モリソンとの関係も。「一冊」との出会いで、世界が一挙にひろがった。

本書はロクヒルが一八八七年に執筆した"Korea in its Relations with China"という雑誌論文、および一八九一年に公にした"Notes on Some of the Laws, Customs, and Superstitions of Korea"という、やはり雑誌論文をあわせて単行出版した、六〇頁の小冊子である。

前半四五ページ分の叙述は、明朝との朝貢関係から説き起こし、一六三七《ママ》年の清朝の侵攻、そこで建立された三田渡碑《さんでんとひ》の通釈もふくむ中韓関係の沿革で、一九世紀半ばまでの時期に及んでいる。

残り一五ページは朝鮮の慣例・習俗・信仰を、とりわけ清朝との対比で論じた文章。開明的な精神をも見いだそうとした論述で、のちのチベット仏教研究との関連もうかがわせる内容にもみえる。

歴史的な資料価値でいえば、もちろん原載のほうにある。前半は臨時代理公使としてソウルに駐在していたロクヒルが、帰国後すぐにその経験を交えて書き下ろした文章で、しかも当時のソウルの地図、碑文の漢文翻刻もついていた。二〇年近くのちの小冊子のほうは、文献の調査にもとづく記事の補訂はありながらも、地図・翻刻の省略もふくめ、臨場感が希薄になっている。

また後半一五ページ分の文章は再録にあたって、記述の整理・写真の増補を施したものながら、やはり一九世紀、日清戦争前の時点における記述という意味で、原載論文のほうが貴重ではあろう。

それでも検索の難しい雑誌論文ばかりである。このパンフレットにめぐりあわなかったら、およそ読むことのできなかった文章だった。当時の西洋人が朝鮮半島をどう見ていたか、よくわかると同時に、それが現実の清韓関係にも影響を与えている。

そしてもちろん自身の研究にも、きわめて有益だった。外交官で当事者だったロクヒル自身、現在の清韓関係は「けっきょく、わが西洋のものさしで判断する（finally judged by our Western rules）ことはできない」と結論づけている。深く納得したこのテーゼが、「私の」研究でも無上の指針になった。あらためて関連史料の読解をすすめて、「私の」所説を作り上げることができたのである。

上述のロクヒルの論著は、このご時世はグローバル化・オンライン万能だから、検索入手だけなら、もはや東洋文庫・モリソン文庫に頼ることもない。しかし予備知識に乏しい学徒にして、果たして発見がありうるのか、めざす史料にまでたどりつけるのか。

思いがけない史料との出会い。これこそ東洋文庫という場における、モリソンコレクション渉猟の醍醐味。四半世紀以前の昔を振り返って、つくづく実感するところである。

本書の書誌情報

Rockhill, William Woodville. *China's Intercourse with Korea from the XVth Century to 1895*, London: Luzac & Co., 1905. 60pp.

東洋文庫、私の一冊

南京条約の交渉人、張喜の『撫夷日記』

岸本美緒

「私の一冊」というと、東洋文庫の蔵書のなかで自分こそが長年研究し自家薬籠中の物としているという自信の一冊を皆さん紹介されると思うが、ここで取り上げる『撫夷《ぶい》日記』という本は、私にとって自家薬籠中の物ではなく、謎も残る書物である。本書の作者張喜《ちょうき》は、アヘン戦争後の南京条約締結の際に英国側と交渉した人物として中英双方の史料に登場するが、彼自身は正式の清朝官僚ではなく、条約締結の際の清側代表の一人である伊里布《イリブ》の「家人」(従者、下僕)であった。伊里布は、かつてアヘン戦争中、浙江省定海での英国軍との交渉の際に張喜がその胆力と弁舌で能力を発揮したことから、南京条約交渉についてもその力を借りようと、当時天津にいた張喜を南京に呼び寄せたのである。張喜の目から見たその交渉過程を日記形式で記したのが本書である。

本書の内容はアヘン戦争を扱う研究者にはよく知られており、一九三六年に北京の文殿閣《ぶんでんかく》書荘から出版された活字本に基づき、『中国近代史資料叢刊 鴉片戦争』(上海、一九五五年)、『近代中国史料叢刊』(台北、一九六九年)等の史料集に収録された繁体字版が多く利用されてきた。また二〇一八年、南京出版社から簡体字版も出版されている。本書は英語圏でもよく知られ、すでに一九四四年に鄧嗣《とうし》禹《う》が、文殿閣版の大部分を英訳して英国側史料とつきあわせ詳細な訳注を付した書物（*Chang Hsi and the Treaty of Nanking 1842, Universityof Chicago Press*）を出版している。

鄧嗣禹が周到に論証する通り、本書の内容は同時代の中文・英文史料とよく符合し、その信憑性は広く認められているといえよう。しかし一つの問題は、文殿閣版の底本が明らかでないということであった。ここで私が『撫夷日記』を取り上げる理由はまさに、東洋文庫所蔵の本書こそがその底本であろう、ということにある。

文殿閣書荘版には「拠旧鈔本重印」とあるのみで、それ以上の記載はない。鄧嗣禹は、本書の真正性如何という観点から底本について調査を行い、文殿閣関係者から大略次のような情報を得たという。その底本は、日本人の松村太郎氏所蔵の抄本であったが、松村氏は文殿閣版出版後に日本に帰国して連絡を取ることができないので、その行方はわからない、と。この松村太郎という人は、民国期の北京で文殿閣書荘の影印・翻刻本の出版事業に携わるとともに、東洋文庫の図書収集の取次を行うなど東洋文庫とも深い関係があり、その蔵書は彼の晩年に東洋文庫に寄贈されている。詳細は今のところ不明だが、松村太郎所蔵の『撫夷日記』が何らかの経緯で東洋文庫に所蔵されるようになった蓋然性は高いだろう。

さて、本書を開くとその中表紙の中央には「撫夷日記」と大書され、その左右に八種の朱印が捺《お》されている。その印文は「感事憂国空餘悲」「読聖賢書行忠義事」など、従僕という微賤の身ながら国運を担った著者の自負と憂憤を窺わせるものである。さらに頁を開いてまず驚かされることは、本書中に、張喜が伊里布をはじめ有名無名の関係者から受け取った各種書簡・詩稿の類が直接貼り付けてあることである。貼付された信箋や筆跡の多様さは、張喜の人間関係の一端をリアルに示す。むろん偽造の可能性を完全に否定はできないが、作為と考えるには雑然としすぎており、本物であることに間違いはないだろう。

本書の成立に関わるもう一つの問題は、本書は誰がいつ作成したのか、ということである。本書に貼り付けられた書簡の最も新しい日付は咸豊二年（一八五二）秋であり、張喜が南京条約の交渉を終えて天津に帰った約十年後である。書簡の内容からしてこの頃、張喜は五十歳前後で存命であった。本書の本文は全書一貫してそろった字で書かれているが、ところどころ誤字・脱字があり、修正されている。詳しい考証は後日を期したいが、張喜の原稿を写字生に筆写さ

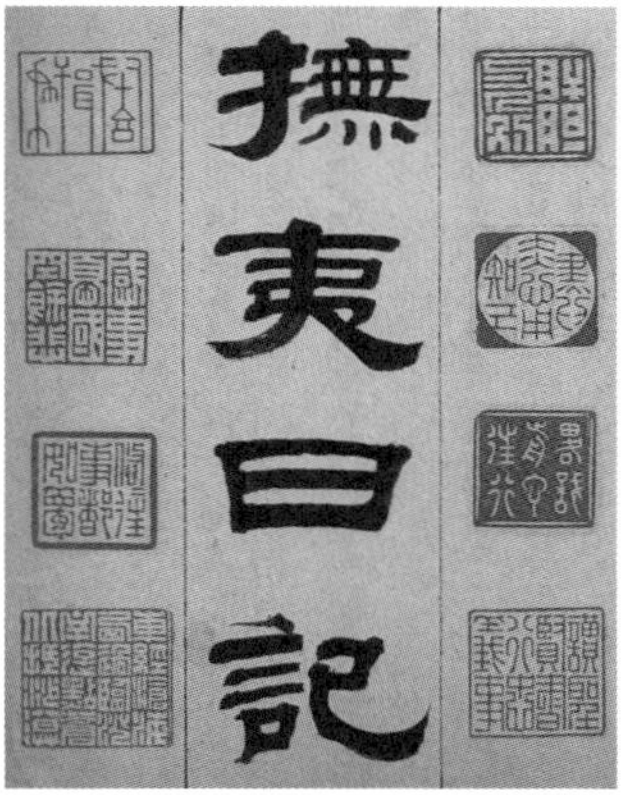

『撫夷日記』

せ、それを張喜自身か他の誰かがチェックしたと見るのが自然かと思われる。また『撫夷日記』の写本としてもう一点、東京大学東洋文化研究所に所蔵されているものと比べると、東文研本の内容は東洋文庫本の本文とほぼ同様だが、省略が多い。その反面、東文研本には東洋文庫本にない情報も含まれており、両者の関係も興味深いところである。

『撫夷日記』は、著者の個性が生々しく感じられるその内容のみならず、書物としての成立とその伝来といった面でも、興味の尽きない書物といえよう。

本書の書誌情報

張喜『撫夷日記』鈔本

東洋文庫、私の一冊

孤高のトルキスタン史

小松久男

私が選んだのは、ゼキ・ヴェリディ・トガン（一八九〇～一九七〇年）のトルコ語の著作『現代のトルキスタンとその近代史』（イスタンブル、一九四二～四七年）である。私がこの本に初めて触れたのは東洋文庫の閲覧室で、ちょうど修士論文を書いていた一九七〇年代半ばのことだった。当時日本で手に入る中央アジア近代史の史料はごくわずかであり、同時代の中央アジアを生きた人物による著作となればさらに乏しかった。こうしたなかで、中央アジア近代史を活写するトガンの七〇〇頁近い大著は、私にとっては貴重な一次史料に等しかった。

著者の人生は波乱に富んでいる。ロシア帝国の領内、ウラル山脈の南西麓に暮らすバシコルト人の父母の間に生まれた彼は、幼年時から教養のある父母や親族からアラビア語やペルシア語を学んだ（ロシア語姓はヴァリドフ）。さらにロシア軍で兵役経験のある父は、ロシア語を知らないために苦労したことから、息子には早くからロシア語を習得させたという。やがてヴォルガ中流域の中心都市カザンのイスラーム高等学院に進んだ彼は、かつて中央ユーラシアに雄飛したテュルクの歴史研究を志すことになる。一九一二年に刊行した『テュルクとタタールの歴史』はV・V・バルトリドらロシアの東洋学者からも高い評価を受け、彼はテュルク・ムスリム出身の新進気鋭の東洋学者として頭角を現した。ロシア領トルキスタンや保護国のブハラで行った学術調査では多数の貴重な写本を発見している。

初版冒頭の著者肖像と略歴

　しかし、一九一七年のロシア革命で帝政が倒れると彼の人生は一変する。彼はバシコルト人やトルキスタン人の自治運動を指導し、激しい内戦のなかで一時はレーニンやスターリンのソビエト政権と手を結ぶ。しかし、民族問題をめぐってレーニンらと対立した結果、一九二〇年の夏、彼はソビエト政権と絶縁して内戦下のトルキスタンに潜行し、反ソビエト武装抵抗運動の組織化をはかった。しかし、この運動が赤軍の攻勢によって行き詰まると、一九二三年イランを経由してヨーロッパに亡命する。そこでトルキスタン独立運動を展開するが、まもなく学究生活に戻る。そして一九二五年新生トルコのイスタンブル大学教授に迎えられ、テュルク民族史研究の泰斗として生涯を終えた。まさに革命の時代を生きた東洋学者といえる。

本書は、トルキスタンの歴史地理的な概説に続いて一六世紀以降の歴史を詳説しているが、中心をなすのはロシアによる征服以後の近現代史である。これはまさしく現地のムスリム知識人の目から見た歴史であり、ときおり挿入される口承の叙事詩の一節や現地語史料からの引用は、著者の博覧強記を印象づけている。激烈な革命の前後を生きた著者の筆は生彩に富んでおり、バルトリドの有名な『トルキスタン文化史』（一九二七年）の欠を補って余りある。

内容に劣らず興味深いのは、本書の成立の経緯である。初版の前書きによれば、原稿はロシア革命後の内戦中に書かれ、国外で刊行するべくいったんは一九二一年潜行中のブハラで完成をみたものの、ソビエト政権の政治警察によって奪われ、手元に残った原稿をもとに書き直したという。こうしてみると、赤軍との戦闘中に珍しい碑文を見つけたトガンが敵弾を顧みずこれを解読していたという僚友の言葉も真実味を帯びてくる。第二稿は亡命先のベルリンで一九二四年に完成したが、亡命者の身で出版費用を工面するのはむずかしく、

護雅夫に贈られたトガンの写真。右下に「親愛なる友へ思い出の縁に、1959年6月5日」とある。

寄付や借金で少しずつ印刷を進めたという。初版の出版年が一九二九〜三九年と表記されているのはそのためである。

初版にはもう一つ、アラビア文字で刊行されたという特徴がある。トルコでは一九二八年アラビア文字が廃止され、ラテン文字が採用された。しかし、これではアジア各地に散居する亡命トルキスタン人には読めないと判断した著者は、カイロの印刷所でアラビア文字による出版を決意したという。ここで想起されるのは、彼が本来の読者と想定していたトルキスタンの知識人の多くは、スターリン時代の粛清によってすでに命を絶たれていたという事実である。ちなみに著者は前書きの末尾で、これから誰が中央アジア史研究を担ってくれるのか、と憂慮を示し、「本書の印刷を終えて世に問うにあたり、これを結びの言葉とする」と記している。この初版に増補改訂を加えた現代トルコ語版が本書であり、その後版を重ねたほか、二〇一五年にはバシコルト語への翻訳も刊行されている。

本書の書誌情報

A. Zeki Velidî Togan, *Bügünkü Türkili* (*Türkistan*) ve *Yakın Tarihi*, İstanbul, 1942-47.

第Ⅱ部

東洋文庫の人と学問

ポール・ペリオ博士来庫記念（1935年6月15日）

1――岩崎久彌

牧野元紀

人となり

岩崎久彌《いわさきひさや》（一八六五〜一九五五）は一八六五年（慶應元）、土佐の国（高知県）、安芸郡井の口村に彌太郎《やたろう》・喜勢《きせ》夫妻の長男として産声をあげ、九〇年後の一九五五年（昭和三〇）、隠棲先の末廣農場（千葉県成田）にて子や孫にみまもられつつ安らかに息を引き取った。明治の維新から第二次大戦の終結にいたる激動の世をつぶさに見つめながら、近代日本における実業界の頂点を極めた稀有の人である。

しかしながら、久彌は三菱財閥創業の礎を築いた初代の父彌太郎、あるいは終戦直後にＧＨＱの命令で財閥解体の難事に直面した第四代の従弟小彌太《こやた》に比べると、その名があまり知られてはいない。

このことについて、久彌没後の七回忌の折に刊行された『岩崎久彌傳』編纂委員会の序文には以下の記載がみられる。

> 三菱に於ける守成の大業は斯の人によつて完成せられたといつても過言ではない。ただ天性謙抑にして寡黙、自ら陣頭に立つて叱咜《ママ》することもなく、声聞の世に伝はることを極度に嫌つた為でもあらう、世上斯の人を知る者は比較的に少ない。これは誠に遺憾のことである[1]

岩崎久彌

また、アメリカ留学時代（一八八六～一八九一年）の学友であったロイド・グリスコム（一九〇三～一九〇五年、駐日公使）も当時の久彌の性格について次のように評している。

> わたくしは控え目で冷静沈着な日本人イワサキ・ヒサヤと親交を結んだ。

彼はつねに超然たる態度を持し、自己を主張したり、自己について語ることはなく、また人の為すことにも極めて無関心だった[2]

彌太郎、小彌太、あるいは先代の叔父彌之助《やのすけ》に比べて、久彌が「目立たない」理由をあえて求めるとするならば、それは久彌自身が人前で目立つことを極度に好まなかったからだ、ということになる。

その慎み深い謙譲の美徳が生涯貫かれたことは、生前の久彌にまつわる多彩な逸話から容易にうかがい知ることができる。[3] 久彌の起こした数々の文化事業のうち一大精華といえる東洋文庫の設立とその運営に関しても、「お金は出すけど、名前は出さない[4]」方針で一貫しており、学者の手に委ねるのみで本人は一切関与することがなかった。

久彌の家族

一八九四年、久彌は満三〇歳を目前に家庭を持った。妻の寧子《しずこ》は当時一九歳、上総の国（千葉県中部）飯野《いいの》藩主保科正益《ほしなまさあり》の長女であった。華族女学校を首席で卒業し、津田梅子について英語を学ぶ美貌の才媛として知られていた。和歌・音楽・文学を好んだほか、日本画を描くことを趣味とした[5]。

当時、下谷茅町《したやかやちょう》にあった本邸はジョサイア・コンドルの設計のもとで建て替え工事中であったため、久彌が寧子との新婚生活を開始したのは駒込別邸であった。現在は六義園として一般に公開されているが、この頃は別邸の周りに農場が開かれ、のどかな風景が広がるところであった。乳牛も数頭飼われており、久彌一家も搾りたての牛乳を飲んでいたそうである[6]。長男の彦彌太《ひこやた》が生まれたのも駒込別邸内であり、後年この農場の一部跡地に建てられたのが東洋文庫にほかならない。

夫婦仲は大変良く、三男三女に恵まれた。寧子は後年、「私の生涯でもっとも幸福に思うことは夫が家庭を清潔にしてくれたことです」と述懐している。子どもたちには「お父さまは木か石のような方ね」とからかわれた。花柳界では「カタブツの岩崎男爵を落としたら千円やろう」といった賭けさえ行われたという[7]。

夫妻はともに歴史好きであった。関東大震災の翌年、一家が上海へ旅行に出たときの出来事を三女の福澤綾子は以下のように語っている（寧子には一生に一度の海外旅行であった）。

そのころの上海はとてもきれいなところで、あまり奥へ入ると危いというので蘇州などには行かずに帰りました。そのとき京劇を見まして、宿に帰って父と母が関羽がどうの劉邦がどうのと劇の筋をうれしそうに話してました。私はちんぷんかんぷん。漢籍は父が強く、古文は母の方が上、かと思いました。母は、古文は先生について習っておりまして、おかげでこっちまでまき込まれてやらされまして。[8]

久彌夫妻がそれぞれ得意とした漢籍と古文（和書）の組み合わせは偶然にも東洋文庫の至高のコレクションである「岩崎文庫」の構成そのものである。何ら気負うことなく、暮らしのなかでの一つの娯楽として東洋の古典世界に慣れ親しんでいた久彌一家の雰囲気がとてもよく伝わってくる逸話である。

マックス・ミュラー文庫

久彌は稀に見る愛書家(bibliophile)であった。蔵書購入の範囲は和漢書の範囲にとどまらず、東洋の文化・風土を真摯に考究した洋書の類にまで及ぶ。その嚆矢をなすのが「マックス・ミュラー文庫」であった[9]。

一九〇一年、久彌はロンドンに赴いた際、オックスフォード大学教授で前年に他界したフリードリヒ・マックス・ミュラー博士の宗教学、神話学、言語学に関する一大コレクションを購入し、東京帝国大学に寄贈した。

さきに久彌の姉春路《はるじ》の夫、加藤高明(外務大臣)はマックス・ミュラー博士の門下生であった高楠《たかくす》順次郎《じゅんじろう》(東京帝国大学教授)から博士のコレクション購入の相談を受けていた。久彌はその学術研究上の意義を認めて即座に購入を快諾し、ロンドンにて博士の未亡人と面会したうえで運賃と保険料を含めて三万六〇〇〇円(現在の価値で約三五〇〇万円)を代価として支払ったのである。

しかし、まことに残念ながら、マックス・ミュラー文庫は一九二三年(大正一二)の関東大震災で灰燼に帰した東京帝国大学附属図書館と運命を共にすることになった。[10]この世界的学術遺産の喪失には久彌もさすがに落胆を禁じえなかったものと思われる。

モリソン文庫

モリソン文庫についてはのちほど第Ⅲ部で詳しく紹介するが、東洋文庫の出発点である。久彌にとってこのモリソン文庫の購入は、西洋人が蒐集した東洋学の一大蔵書として、マックス・ミュラー文庫の購入に続く二番目の大挙であった。[11]従弟の小彌太に三菱合資会社社長職を譲った翌年（一九一七）のことである。

G・E・モリソンはオーストラリア出身のロンドン・タイムス通信員を経て中華民国総統顧問を務めた人物である。そのコレクションはモリソン自身が中国滞在中に蒐集した約二万四〇〇〇冊の書籍のほか、地図・画像資料・パンフレット類などからなっており、北京では知る人ぞ知る「宝の山」であった。

モリソンは最終帰国にあたり、この貴重な文庫の売却先を探していた。ハーバードやイエールなどアメリカの有力大学や中国の著名な学者から買収の希望が相次いだが、相当な高額であることが予測され、またモリソン自身も「中国の研究は漢籍と欧文を自由に読みこなし得る者でなければならぬ」[12]と躊躇していたことから譲渡先がなかなか決まらなかった。

このことを伝え聞いた林権助《はやしごんすけ》（駐支公使）、龍居頼三《たついらいぞう》（南満洲鉄道会社理事）、小田切萬《おだぎりま》壽之助《すのすけ》（横浜正金銀行取締役）の三人は一九一六年の春、たまたま北京に居合わせた上《うえ》田萬年《だかずとし》博士（東京帝国大学文科大学長）と石田幹之助《いしだみきのすけ》（同大学史学研究室副手）に文庫の調査を依頼することにした。

両氏はこれを一覧して、極めて優れたコレクションであることを確認し、日本が購入すべきことを林公使らに申し伝えた。小田切はさっそく正金銀行の井上準之助《いのうえじゅんのすけ》（のちの日銀総裁・大蔵大臣）にこの旨を通報し斡旋を求めることにした。上田博士も帰国後に帝大東洋史学科主任教授の白鳥庫吉《しらとりくらきち》博士と図り、やはり井上のもとで希望を申し出た。文庫の購入には莫大な費用を要することが明らかであり、帝大附属図書館等での購入は甚だ困難であったからである。そこで井上はかねて付き合いのある久彌を訪ねて援助を懇請することとなった。

井上が丸の内の三菱事務所を訪ねたとき、久彌は外出のため二階からちょうど下りてきたところであった。両人の会談は階段の下で始まった。すると、久彌はいとも事も無げに「あなたがよいとおっしゃるなら買いましょう。しかし一応は学者によくしらべてもらってください」と即座に快諾した。のちに井上は「岩崎男爵の大腹にはまことに驚いた。このような大きな相談が立話で決ったのは自分の経験では始めてのことである」と述べている[13]。

モリソンの言い値の三万五〇〇〇ポンド（現在の価値で推定約七〇億円）でついに文庫の購入が決定した。一九一七年八月、北京のモリソン邸にて久彌の代理人として小田切、石田の立ち会いのもと譲り受けは完了した。

モリソン愛蔵の貴重書の数々は横浜までは無事に回送されてきたのであるが、九月三〇日、突然悲劇が襲った。一時保管先の清澄別邸の倉庫が暴風雨に見舞われ、なんと高潮の被害を受けてしまったのである。このため文庫の過半は水浸しになってしまった。これらはただちに駒込別邸に移され、洗浄・乾燥・改装など必要な復旧作業がほどこされることとなった。

この修復には石田幹之助が主としてあたったほか、来日中のセイース（オックスフォード大学教授）や濱田耕作（京都帝国大学教授）も助力した。蔵書の様子が心配でたまらない久彌は毎日のように見回り、作業を督励したという。当時、丸の内の事務所や茅町本邸を訪れた客は、「ただいま主人は書庫に入っております」と申し渡されるのが常であった。

修復がなるや久彌は丸の内仲通の三菱第26号館に数室を設け、「モリソン文庫仮事務所」を開設し、石田幹之助と岩井《いわい》（圀下《くにした》）大慧《ひろさと》をして図書の整理にあたらしめた。この頃、石田の一高時代の同窓だった芥川龍之介なども事務所を訪れ東洋学の貴重な古典に接する機会を得たとされる。

岩崎文庫

東洋文庫における「東洋」とは欧米世界（西洋）が常識として考える「東洋：オリエントOrient」と同じ用語法であり、日本を包摂する意が含まれる[14]。このことは東洋文庫の成り立ちを考えるうえで留意しておかねばならない。

岩崎文庫は日本に関係する古典籍の一大コレクションであり、東洋文庫の数あるコレクションのなかでも国宝・重要文化財の指定を受けているものの大半はこの岩崎文庫に含まれる。

和漢の稀覯書に詳細な知識を有していた和《わ》田《だ》維《つなし》四郎《ろう》博士に久彌が委嘱して個人蒐集を始めたところからスタートしており、新井白石、小野蘭山など学者の旧蔵書も多数含まれている。東洋文庫の書庫が完成すると、一九三二年、一九三六年、一九四三年の三次に分けて全三万八〇〇〇冊余が寄贈された。

この「岩崎文庫」と前述の「モリソン文庫」との間には実は深いつながりがある。これについては本書第Ⅰ部でもご紹介したように、東洋文庫の斯波義信文庫長が提示した以下の事実がたいへん参考になる。

この関わりについて特筆すべきは、上述した「モリソン文庫仮事務所」時期（一九一七〜二四）の当初にあたる大正八年（一九一九）に、「岩崎文庫」から三点の特別な貴重書が、和田維四郎氏を編集者に、石田幹之助氏を岩崎文庫代表者として刊行されて、広く学術の用に公開されていることである。[15]

この三点とは平安中期から鎌倉初期にかけての写本である『日本書紀』、『古文尚書』、『明恵上人歌集』である。書誌上の価値もさることながら、日本の言語学・国語学史上で重要な意味をもつ。日本における漢籍訓読法の源流を解く最古の「乎古止（ヲコト）点」等が紙面に確認されるためである。

そもそも、一九世紀末から二〇世紀初頭は日本の大学で近代的手法に基づく人文社会科学の諸分野が創成された時代であった。精選された古典籍の宝庫と目されていた岩崎文庫の蔵書が言語学・国語学の本源的な学術資料群として次第に注目を浴びるようになり、久彌はこうした学界の要望にこたえるべく速やかに復刻公開に踏み切ったのである[16]。

これは仮事務所の時期に蒐集された「キリシタン版」（『ドチリーナ・キリシタン』、『サクラメンタ提要』、『聖教精華』）についてもあてはまる。「キリシタン版」は一六世紀末にイエズス会士らが布教のために将来した活字印刷機で印刷された一群の書籍である。印刷文化史上に重要な出来事であることは確かだが、ラテンアルファベットで記された日本語からは当時の語法や発音をくみ取ることが可能である。すなわち、日本の国語学史上にもかけがえのない資料なのである。

この時期は久彌の支援を得た人文社会諸学の一流の学者たちが和書・漢籍・洋書と

いう便宜的な書誌の区別をまたいで貴重文献の蒐集とその復刻を一斉に進めていた最中にあたる。「モリソン文庫」と「岩崎文庫」が合体していく接点はまさしくここにあり、それは「日本を含めた東洋」に関する巨大な研究図書館としての「東洋文庫」設立へと連続してゆくのである。[17]

東洋文庫の発足

岩崎久彌は自身の「岩崎文庫」コレクションを充実させる一方、新たな方面にも蒐集の手を拡げ、中国のみに留まらず広く東洋全域にわたる古今の図書を集め続けた。これはモリソンが文庫の譲渡にあたって提示した「他所に分散することなく全て一ヵ所にまとめ、蒐集を拡張すること、学者の利用に供すべきこと」という条件にかなうもので、その遺志を継承するものであった。

次いで、これを公開の図書館として社会に提供するため、井上準之助、小田切萬壽之助、上田萬年、白鳥庫吉らとともに協議を重ねた。結果、久彌は駒込別邸の敷地の一角に一九〇〇坪余の敷地を用意することとし、この土地費用と建設費用その他とをあわせて総額四六〇万円余（現在の価値で約九二億円）を寄附した。それからまもなく三菱合資会社地所部技師長の桜井小太郎が設計したイギリス郊外住宅風の瀟洒な外観の鉄筋コンクリート造二階建て本館と四階建て書庫が完成した。

一九二四年一一月、ここに財団法人東洋文庫が発足した。初代の評議員には井上、上田、白鳥らが選任され、井上が初代理事長に就任した。久彌はといえば、財団の運営に関わることを一切固辞し、維持資金としてさらに二〇〇万円（現在の価値で約四〇億円）の寄附を行うのみであった。

発足したばかりの財団の事業は東洋に関する図書の蒐集、東洋学の研究及び普及を目的として、一．文庫の設置経営、二．研究部の設置経営、三．講演会・講習会・展覧会の開催、四．学術その他の図書の出版を行うこと、と決められた。

こうして東洋文庫は図書館と学術研究所とを兼ね備えるものとなり、和書・漢籍・洋書・地図・絵画などの所蔵品は年々増加した。また、研究部は東洋学を専攻する内外の著名な学者を研究員に委嘱するほか、「研究生」の身分を与えて駆け出しの研究者を養成した。展覧会や講演会も随時開催され、東洋学の発達と一般への普及が企図された。[18]

財団維持費の利息は年間一〇万円（現在の価値で約二億円）にも上ったので、文庫はこれによって図書費、研究費その他の経常費を支弁することができた。当時としては潤沢な額であったから文庫員は楽しみながら文献を蒐集し、研究に従事することができた。まさに、「学者の楽園」であった。

久彌はと言うと、ときどき着流しの和服姿で前ぶれもなく文庫を訪れ、書庫をぶらりと一巡して帰るのを楽しみとしていたようである。式典など公式の席には顔を出さなかった。当時の皇太子殿下（昭和天皇）御台覧の際も出席を求められたが、「文庫は財団に寄附したのであるから、井上理事長にお任せする」といって固辞した。久彌は文庫の設立者であり寄附者であるにもかかわらず、運営についてはその後も一切関与することがなかった。

しかし、書籍購入の希望があれば直ちに別途に費用を提供するなど援助は全く惜しまなかった。Baron Iwasakiの名で注文すれば、世界中の書店は電報一本で、いかなる大部の書物でも直ちに送ってきたという。三菱の海外支店を通じてすぐさま代金が支払われるため、各国の書店は良い書物が出ると先を争って文庫にそれを報じたのである。[19]

戦後の苦難と復興

しかし、このような恵まれた時代もそう長くは続かなかった。東洋文庫もご多分にもれず、否応なく戦禍に巻き込まれた。召集などで職員の数も次第に減ってゆき、運営を続けてゆくことは困難となった。また、東京大空襲による被害を避けるため、貴重文献の一部については宮城県に疎開する措置が取られた。

一九四五年八月、敗戦により日本は連合軍の占領下におかれる。ほどなく経済民主化政策の一環として、三菱財閥も三井・住友・安田の他の財閥とともに解散を命じられた。久彌は一九一六年にすでに三菱本社を退いていたものの、財閥家族に指定され、その財産は政府の管理下におかれることとなった。

久彌は関係する全ての会社の役職を退き、資産のほとんどを失った。夫人の寧子、後継者の小彌太を相次いで亡くし、茅町本邸にて悲憤をこらえつつ暮らす日々であった。その邸もまもなくＧＨＱの接収にあい、家屋のほとんどを明け渡すことになる。[20]

東洋文庫も基金の凍結などで財団の資産がたちまち崩壊し、一時は開館の見込みも立たぬ窮状に陥った。これを見かねた文部省は財団が文庫を国家に寄附するならば、国立大学の図書館として再建する旨を申し入れた。しかし、財団理事会はこうした措置が民間研究機関として学術研究の自由な発達を意図した設立者久彌の意志に反するものとして断った。

ただし、財政への考慮から臨時的措置として国立国会図書館に文庫図書部の事業を委託し、一九四八年八月以降その支部として運営することになった。これには久彌の義弟である幣原喜重郎理事長（元首相）の尽力に負うところが大きい。開設されたばかりで蔵書の不足する国会図書館にとっても東洋文庫の図書事業を引き継ぐことは名誉であり、派遣された館員も文庫が所蔵する古今東西の多様な書籍の扱いをつうじて貴重な現場経験を積むことができた。他方、文庫の設備及び図書については従来通り財団の所有とし、研究部の事業も財団が継続して行うこととした。

その後は細川《ほそかわ》護立《もりたつ》理事長（旧熊本藩当主で細川護熙《もりひろ》元首相の祖父）以下役員を充実させて復興を図り、ハーバード・イエンチン財団、ロックフェラー財団その他内外各方面の寄附、文部省の研究費助成などを得てその財政的基礎を固めつつ、研究活動・図書蒐集・研究生養成などの事業を徐々に復活するに至った。[21]

一九四九年六月二一日、久彌はついに茅町本邸を後にし、千葉の末廣農場へと移った。晩年は闘病生活の傍ら、好きな農牧や読書を続ける日々であった。枕元に書物がないと落ち着かず、杜甫などの漢詩を読んでいたという。子や孫が見舞いに来るとよく新しい本を注文した。孫が動植物のことを尋ねると、詳しく説明を加えて専門的な意見を述べることもあった[22]。それから六年余りののち、久彌がこの世を去ったのは一九五五年一二月二日である。奇しくも後継者小彌太の命日であった。

むすびにかえて

最後に岩崎久彌の人物像をあらためて見つめなおしてみたい。本章は久彌の三菱財閥の総帥としての極めて多岐にわたる業績のなかから、東洋文庫の設立に関わる極めて限られた部分を通観したにすぎない。しかし、端々にみえるその行動指針あるいはライフスタイルから推察するに、作家の森まゆみによる以下の評価は的確であると思われる。

久彌は父彌太郎のような風雲児ではなかった。あくまで地味に近代的な経営者として処したが、夢を持つ人間には利害を度外視して投資した。いまメセナとか

フィランソロピーとよばれる初期の形態がそこにはある。そして自身も学問や自然への夢は断ちがたいものがあった[23]

また、三菱史アナリストの成田誠一によると、久彌は若いころから聞き上手であったともいう。まず相手の話をじっくりと聞き、信頼できるとなると方向性は確認するが各論はまかせた。人を信頼し人に信頼されるという、人の上に立つ者に必要な資質を持っていた[24]。

二〇世紀の初頭、日本の東洋学は近代歴史学の導入と軌を一にして成立したばかりの未だ揺籃期であった。そうしたなかで産声を上げた東洋文庫には早くも新進気鋭の東洋学者が続々と集うようになり、各々がその才能を開花させた。師匠から弟子へと学統は受け継がれ、日本の東洋学を今日まで下支えしてきた。もちろん、研究図書館としても世界五指の名に恥じない充実したコレクションをほこり、閲覧者は国内外から一日たりとも絶えることがない。ミュージアムで美麗に展示されるお宝本の数々は老若男女の来場者の目を日々楽しませている。これらはすべて創立者である岩崎久彌が精魂込めて開墾した豊かな土壌から芽生え育まれたものといえよう。

注

［1］岩崎久彌傳編纂委員会編『岩崎久彌傳』一九六一年。

［2］森まゆみ「三菱財閥を背負った男」『東京人』一五〇号、財団法人東京都歴史文化財団、二〇〇〇年、九八頁。

［3］詳しくは森まゆみ「切通し、石垣、無縁坂…。——町方衆から見た岩崎家のひとびと」、「わたしの見た久彌像」、「茅町本邸での暮らし方、住まい方——久彌三女、福澤綾子さんにきく」（いずれも『東京人』八二号、財団法人東京都文化振興会、一九九四年に収録）を参照のこと。

［4］三菱商事株式会社広報部『Ryowa』二二一号、二〇〇八年、一一頁。

［5］森まゆみ「三菱財閥を背負った男」『東京人』一五〇号、財団法人東京都歴史文化財団、二〇〇〇年、九九頁。

［6］一九〇五年には日露戦争勝利を祝い、東郷平八郎以下六〇〇〇人の海軍将兵を招いて一大凱旋会を催した。下士官と水兵を主役に、士官以上を脇役に配するユニークな催しであった。農場では乳牛の飼育に力を注いだほか、本格的な大温室を建てて、草花、野菜、葡萄などの栽培と品種改良に取り組んだという（藤森照信「岩崎久彌と東京」『東京人』八二号、財団法人東京都文化振興会、一九九四年、四六頁）。

［7］森まゆみ「染井の墓」『東京人』一五三号、財団法人東京都歴史文化財団、二〇〇〇年、一四二頁。

［8］森まゆみ「染井の墓」『東京人』一五三号、財団法人東京都歴史文化財団、二〇〇〇年、一四四頁。

[9] 斯波義信「財団法人東洋文庫の八十年」財団法人東洋文庫編『東洋文庫八十年史I――沿革と名品』二〇〇八年、七~八頁。

[10] 岩崎久彌傳編纂委員会編『岩崎久彌傳』一九六一年、二六九頁。

[11] 斯波義信「財団法人東洋文庫の八十年」財団法人東洋文庫編『東洋文庫八十年史I――沿革と名品』二〇〇八年、八頁。

[12] 岩崎久彌傳編纂委員会編『岩崎久彌傳』一九六一年、二七二頁。

[13] 岩崎久彌傳編纂委員会編『岩崎久彌傳』一九六一年、二七三頁。

[14] 斯波義信「財団法人東洋文庫の八十年」財団法人東洋文庫編『東洋文庫八十年史I――沿革と名品』二〇〇八年、一五頁。

[15] 斯波義信「財団法人東洋文庫の八十年」財団法人東洋文庫編『東洋文庫八十年史I――沿革と名品』二〇〇八年、九頁。東洋文庫が設立されるとこれらは「東洋文庫叢刊シリーズ」(1)~(11)の冒頭に番外の形で収められた。

[16] 斯波義信「財団法人東洋文庫の八十年」財団法人東洋文庫編『東洋文庫八十年史I――沿革と名品』二〇〇八年、九頁。

[17] 斯波義信「財団法人東洋文庫の八十年」財団法人東洋文庫編『東洋文庫八十年史I――沿革と名品』二〇〇八年、九~一〇頁。

[18] 岩崎久彌傳編纂委員会編『岩崎久彌傳』一九六一年、二七四~二七五頁。

[19] 岩崎久彌傳編纂委員会編『岩崎久彌傳』一九六一年、二七七~二七八頁。

[20] 森まゆみ「カントリー・ジェントルマン」『東京人』一五七号、財団法人東京都歴史文化財団、二〇〇〇年、一四二頁。

［21］岩崎久彌傳編纂委員会編『岩崎久彌傳』一九六一年、二七九～二八〇頁。

［22］森まゆみ「カントリー・ジェントルマン」『東京人』一五七号、財団法人東京都歴史文化財団、二〇〇〇年、一四七頁。

［23］森まゆみ「三菱財閥を背負った男」『東京人』一五〇号、財団法人東京都歴史文化財団、二〇〇〇年、一〇〇頁。

［24］成田誠一『岩崎彌太郎物語――「三菱」を築いたサムライたち』、毎日ワンズ、二〇一〇年、一三八頁。

2——白鳥庫吉

牧野元紀

白鳥《しらとり》庫吉《くらきち》（一八六五〜一九四二）は近代日本における東洋学発展の礎を築いた人物としてつとに知られる。特に東京帝国大学を中心とした東洋史学の発展に多大な影響を及ぼした。研究対象とする時代と領域は極めて多岐にわたるが、朝鮮半島・満洲・モンゴル・中央アジア・西南アジア・中国そして日本における古代史に関する数多の論考を残した。いずれも当時最新の言語学・地理学・宗教学・民俗学・人類学・神話学の方法論と成果が導入されており、白鳥の学問の壮大さをうかがい知ることができる。

白鳥は一八六五年（慶應元）、千葉県長柄郡長谷（現在の茂原市）の農家白鳥嘉一郎の次男として生まれ、地元の小学校から曾我野（現在の千葉市中央区蘇我）の小学校への転校を経て旧制の県立千葉中学校へ進んだ。入学時の校長はのちに東洋史学の創唱者となる那珂《なか》通世《みちよ》（一八五一〜一九〇八）であり、在学中には物理・化学教諭であり考古学者の三宅米吉（一八六〇〜一九二九）に師事した。同窓には小学校以来の友人でのちに岩崎久彌の妹と結婚し東洋文庫の理事となる官僚・政治家の木内《きうち》重四郎《じゅうしろう》（一八六六〜一九二五）がおり、やはり同郷でのちに外務大臣を務めた大物外交官の石井菊次郎（一八六六〜一九四五）がいた。この二人とは中学卒業後も生涯にわたる親交を結んだ。

大学予備門・第一高等中学校を経て、一八九〇年（明治二三）、帝国大学文科大学の史学科を卒業すると直ちに学習院教授に任ぜられ同院歴史地理課長となった。帝大ではルートヴィヒ・リース Ludwig Riess（一八六一〜一九二八）から厳密な史料批判に基づくランケ流の実証史学の薫育を受けたが、当時の帝大における歴史の授業は西洋史が中心であり東洋史は未だ存在していなかった。

白鳥庫吉

従来の伝統的な漢学とは様相を異にする、中国のみに留まらないアジア全域を対象としたスケールの大きな白鳥東洋学が展開するのは学習院教授に着任してからのことである。学習院では同僚の市村《いちむら》瓚次郎《さんじろう》（一八六四〜一九四七）が中国史を担当し、白鳥は中等科で日本史及び西洋史を、高等科で西洋史及び東洋諸国の歴史を担当することとなった。このことについて白鳥はのちに、「私が東洋史を専攻するに至つたのも斯うした境遇からで、初めつから東洋史が好きだつたといふのでは決してないのです。今日私が東洋史を以て世に立ち得るのも全く学習院のお陰であると申さなくてはなりません[1]」と述懐している。しかしながら、白鳥の学習院での講義は先行研究の読み込みと関連史料の綿密な考証に基づく大変精緻な内容であった。最初に朝鮮半島の歴史から始まり、満洲・モンゴル・トルコ系諸民族の歴史と相互交渉を順次扱うものであり、中央アジアの諸民族史全体から中国と日本の歴史を大きく俯瞰するというダイナミックな授業展開であった。聴講した学生達にも内容の面白さは伝わり評判も良かったようである。

一八九九年（明治三二）、ローマの万国東洋学者大会で東京帝国大学文科大学教授の坪《つぼ》井《い》九《く》馬《め》三《ぞう》（一八五九〜一九三六）に託された白鳥のドイツ語論考「突厥闕特勤碑銘考」及び「匈奴・東胡諸部族語言論」は発表されるやいなや、西洋の東洋学者の間で大いに注目を集めることとなった。その翌年の一九〇〇年、文学博士の学位がはれて授与された。

一九〇一年（明治三四）、学習院よりヨーロッパ諸国への留学命令が下る。ベルリン、ブダペスト、イスタンブール、ハンブルク、ストラスブール、パリなど欧州主要都市での滞在中、著名な東洋学者と親交する機会を得るとともに、研究で用いる諸言語の習得や文献の渉猟に努めた。シベリア鉄道に乗って帰国したのは、一九〇三年（明治三六）のことであった。

一九〇四年（明治三七）からは東京帝国大学文科大学教授を兼務し、漢魏六朝の西域史・塞外民族文化史・満鮮上代史などを講じた。一九一一年（明治四四）からは帝大教授を本職とし、学習院教授を兼務とした。

一九一四年（大正三）に東宮御学問所の御用掛を拝命し、当時の東宮（昭和天皇）に国史・東洋史・西洋史を七年間にわたって御進講するという重責も全うした。一九一九年（大正八）、帝国学士院会員に選出されて以降学士院での要職も担い、その国際化に少なからず貢献を果たした。一九二二年（大正一一）から翌年にかけて、欧米諸国視察の出張命令を東大より下された。アメリカ・フランス・イギリス・ドイツ・オランダ・オーストリア・イタリアの諸国をめぐり、帰路にはエジプトにも立ち寄っている。この長期出張中に現地で購入した洋書数千冊はモリソン文庫仮事務所に送られ後年の東洋文庫の蔵書の一部となった。

一九二五年（大正一四）に東京帝国大学を定年退職となり、東大と学習院の双方から名誉教授を授与される。このときに編まれた『白鳥博士還暦記念東洋史論叢』には、序文を寄せた同僚の市村瓚次郎ほか二五名が名を連ねており、当時の東洋学界における白鳥の影響力の大きさを推し量ることができる。気性も穏やかで温厚篤実、多くの人々に慕われたようだ。

学習院ついで東京帝国大学での教育と後進育成のほか、研究機関の整備充実においては東洋協会学術調査部（一九〇八年）、南満洲鉄道株式会社歴史調査室（同年）の設置、そして東洋文庫の創設に寄与した。東洋文庫の前身であるモリソン文庫仮事務所時代において、井上準之助・小田切萬壽之助・上田萬年・桐島像一とともに早くから運営に参画し、東洋文庫が開設されるとすぐに研究部長・理事に任命された。晩年にいたるまで文庫の運営に尽力し続けた。研究部では、『欧文紀要』の発行や研究会・談話会の開催を通して文庫内外との学術情報の共有と発信に力を入れ、TOYO BUNKOの名を世界に知らしめるに大きな貢献を果たした。一九三九年（昭和一四）、林権助理事長の逝去後、四代目の理事長に就任したが、まもなく病を得てしまう。一九四二年（昭和一七）三月三〇日、療養先の神奈川県辻堂の別荘で家族に見守られながら静かに息を引き取った。病床では自分は幸せであったと繰り返し述べていたそうである。

注

［1］白鳥庫吉「学習院に於ける史学科の沿革」『白鳥庫吉全集』第一〇巻、岩波書店、一九七一年、三八一頁。

3――羽田亨

高田時雄

羽田亨《はねだとおる》（一八八二～一九五五）は京都府峰山町の出生、本姓は吉村氏、京都羽田氏に入贅。京都一中、第三高等学校を経て、一九〇七年（明治四〇）、東京帝国大学文科大学史学科を卒業。次いで京都帝国大学大学院に転じ、翌一九〇八年に京大講師、一九一三年（大正二）に助教授となる。翌一九一四年六月にロシアに赴き、ラドロフの許でウイグル語の研究を行ったが、第一次大戦勃発のため早々に帰国した。一九二〇年（大正九）春に再び英仏に渡航、主として敦煌遺書の調査に従事した。

専攻は西域史及び蒙古などアルタイ系諸族の歴史で、とりわけ回鶻《ウイグル》文献を基礎とする回鶻史はその独壇場であった。羽田の学術の特色は、言語学的知識を駆使した精緻な論証にあるとされる。

羽田はヨーロッパから帰国後の一九二二年（大正一一）に回鶻史の論文により文学

羽田 亨

博士となり、一九二四年には教授に昇任、一九三二年（昭和七）文学部長、一九三六年には帝国学士院会員、京大附属図書館長、一九三八年一一月には濱田耕作逝去の後を承けて京都帝国大学総長に就任した。また一九四五年（昭和二〇）二月には東方文化研究所所長となり、一九四八年三月、東方文化研究所の京都大学人文科学研究所への合併実現を見届け、その職を退いた。また一九四五年一二月には貴族院の勅選議員となり、一九五三年文化勲章を受章するなど、その経歴はまことに栄光に満ちたものであった。学術著作は没後、弟子たちによって『羽田博士史學論文集』二巻（一九五七、一九五八年）として東洋史研究会から公刊されている。また『西域文明史概論』（一九三一年）、『西域文化史』（一九四八年）は概説書として高い評価を受けており、ともに複数の中国語訳が存在し、後者は現代ウイグル語にも翻訳されている。

羽田の東洋文庫に対する貢献は、運営方面及び学術方面にわたって共に頗る大きなものがある。羽田が抜群の行政的手腕を持っていたことは、前記の経歴からも十分に想像し得るが、東洋文庫では一九三九年（昭和一四）以降、評議員、次いで理事を務めた。

学術的貢献について見ると、羽田は東洋文庫設立直後から研究員に任じられているが、先ず一九三〇年（昭和五）東洋文庫叢刊の第一種として景印刊行された『永樂大典』の附篇として『經世大典』「站赤門」を主材料とする「元朝驛傳雜考」（一九三〇年）を発表したことが特筆される。この「站赤門」という文献については逸話がある。一九一四年（大正三）のロシア訪問の際、羽田はペテルブルクからの帰途モスクワのルミャンツェフ博物館で、徐松が『永樂大典』から写したという写本を見つけ、大変な苦労をして写して帰ったことがある。ところが一九一九年にこの「站赤門」を含む『永樂大典』が東洋文庫の所蔵に帰したのであった。奇遇といえば奇遇である。羽田はのちに自身でも「莫斯科抄書の思い出」（『羽田博士史學論文集』下巻、一九五八年）を書き、その顚末を伝えている。

羽田はまた文庫の欧文紀要にA propos d'un fragment d'une prière manichéenne retrouvée à Tourfan.〈*Memoirs of the Research Department of the Toyo Bunko*〈*The Oriental Library*〉, No.6, 1932〉及びUne Tablette du Décret Sacré de L'empereur Genghis〈*Memoirs of the Research*

Department of the Toyo Bunko〈*The Oriental Library*〉, No.8, 1936）の仏文論考二篇を発表している。前者は『桑原博士還暦記念東洋史論叢』（桑原博士還暦記念祝賀会編纂、一九三一年）に、後者は『歴史と地理』第三四巻四／五号（星野書店出版、一九三四年一一月）に掲載された日本語論文の仏語版である。

ところで羽田と東洋文庫との関係を語る上で欠かせないのは、文庫が図書資料を蒐集する上で果たした献身的努力である。モリソン文庫の時代から東洋文庫創立後一〇年ほどのあいだに、東大史学科における白鳥門の後輩であった石田幹之助を助けて各方面で文庫の蒐書活動を支えている。幾つかの例を挙げよう。

先ず一九二〇年（大正九）からのヨーロッパ渡航に際しては、フィノ・ウグル協会の雑誌の揃いや各種の東洋学文献を文庫のために買い集め、モリソン文庫の欠を補う一方で、英仏所蔵の敦煌遺書の写真を持ち帰った。とりわけパリの写本は羽田が自身で撮影したものも数多い。ほかにも『華夷譯語』の写真が将来され、東洋文庫におさめられた。

ちなみに一九二二年（大正一一）五月に行われたモリソン文庫主催の敦煌写本の写真展覧会は敦煌学史上画期的な試みであったが、その目録「スタイン・ペリオ両博士中亞發掘將來品寫眞其他展覽會目録」の小引（石田幹之助稿）には以下のように記されている。「モリソン文庫曩に京都帝國大學助教授羽田亨氏の渡歐せらるゝを機とし、氏に囑するにその一部其他二三資料の寫眞複製を以てす。羽田氏忙餘鋭意その業に從はれ、幸に茲に陳列する如き諸種の資料を收むるを得たり。中、約半數は羽田氏自ら手を下して撮影・現像等の勞をとられたるものに係り、その閒氏の心勞と煩累とは洵に容易ならざるものあり」[1]。ここで「その一部」云々とあるのは「スタイン・ペリオ兩氏の將來品」のことを指しているのは勿論である。

円仁の『入唐求法巡禮行記』（東寺観智院本）は東洋文庫叢刊として一九二六年一二月に刊行された。これはもと東洋文庫論叢第七として刊行予定であった岡田正之『入唐求法巡禮行記の研究』の附篇として刊行されることになっていたが、著者逝去のため未刊に終わり、附編の景印本のみが刊行されたものである。実は本書刊行に当たり、東寺に赴き観智院本の写真撮影を統督したのみならず、自ら現像に当たったのは羽田であったことはあまり知られていない事実である。

更に一九三一年（昭和六）夏、蒙古文の甘珠爾《カンギュル》一套計一〇八冊の購入に当たっても羽田がその仲介に当たった。その発端は満蒙独立運動で名を馳せた松井清助退役陸軍大佐が羽田に連絡してきたことによるが、それを東洋文庫に取り持ったのが羽田であった。同甘珠爾は計一五個に箱詰めされ九月一日無事横浜に到着し、現在も東洋文庫に架蔵されている。

以上取り上げたのはごく僅かな事例に過ぎないが、羽田が直接間接に関与した東洋文庫資料はなお少なくない。いずれ詳しく紹介する機会を持ちたいと考えている。

注

［1］ 石田幹之助「スタイン・ペリオ兩博士中亞發掘將來品寫眞其他展覽會目録」三ページ。

4―和田清

杉山清彦

「満洲は極東の辺陲《へんすい》にあって、世界の片田舎であった。」

これは、満蒙史の大家として知られる和田清《わだせい》（一八九〇～一九六三）の畢生の大著『東亜史研究』の開巻の一句である（満洲篇「序」）。これでは、ならばそんなところを研究する意味があるのかと、せっかく繙こうとした読者の意欲を削ぎかねない。実はこの後には、だから西洋の学者の注意を惹くことも少なく、それゆえ隣国日本の学者の独擅場だった、というくだりが続くのであるが、それにしてもほかに言い方というものがあるのではなかろうか、そう思われる向きもあるであろう。

和田の文章は、このように独特の謙遜や韜晦《とうかい》がちりばめられていて、真には受けられないところがある。その活躍から歳月が経つなか、あるいはそれがその姿を見えにくくしているのかもしれない。

和田清は、戦前から戦後にかけての昭和前半期、激しい時流のなかで東大東洋史を担うとともに、時流に翻弄される東洋文庫を支えた。東京帝国大学文科大学史学科で白鳥庫吉（一八六五〜一九四二）・市村瓚次郎（一八六四〜一九四七）に師事した和田は、東京帝大に戻るより先に、一九二一年に東洋文庫に嘱託として入り、以後、研究員・理事・研究部長・常務理事などを歴任して終生関わり続けた。

東大でも、一九二二年に講師に就任してから一九五一年に退官するまでの三〇年間、東大東洋史の柱となり、アジア——東亜というべきだろうが——に社会の関心が向く時流も背景に、東洋史学科だけで四〇〇人近い学生を送り出した（榎一雄「和田清先生の逝去を悼む」）。和田には還暦と古稀の二度にわたって記念論集が献呈されたが、執筆者を門弟だけに絞った上でさえ、前者は五〇人、後者に至っては八八人が寄稿し、一〇〇〇ページを超える空前の巨冊となっ

和田 清

た。後進の輩出が「最も清福を感じる一事」（「学究生活の想出」）と自身でも回顧するとおり、日本の東洋史学界に遺した影響は大きなものがある。

両論集に寄稿した高弟たちのうち、東京大学において白鳥以来の中央アジア・北アジア史の系譜を継承したのは榎一雄（一九一三〜一九八九）と護雅夫（一九二一〜一九九六）であり、その門下である森安孝夫（一九四八〜二〇二四）に大阪大学で師事した筆者（一九七二〜）は、いわば曾孫弟子に当る。しかし、私の世代になると、もはや直に接した方から生のエピソードを聞いたことはなく、その点では、「人と学問」を語るには私はほんらい適任ではない。したがって著述を通して学ぶしかないが、前述のように、全てを真に受けて読むわけにはいかないのである。

文章の構成や文体にも特徴があり、口語体で書かれてはいるのだが、話し言葉に近くて時に流れを捉えづらく、けっして読みやすいとは言えない。あるいは、そういったところが明晰な印象を与えにくくしているのかもしれない。しかし、主著『東亜史研究』『東亜史論藪』に収められたモンゴル・満洲史を中心とした諸論考は、論題は多彩、膨大な注記に支えられた行論は詳密で、現在でも受け継ぎ、吟味してゆくべき研究上の宝庫である。

その和田が、「少しばかり蒐めた資料が学界を嘉恵するところは却って大きい」（「学究生活の想出」）といささか誇らしげに挙げるのが、東洋文庫の蔵書蒐集についてである。和田は洋行中の一九二六～二七年に北京に滞在して図書蒐集に当り、満洲語文献、地方志、族譜・家譜という、今日まで東洋文庫の蔵書の特色をなす文献群を蒐めた。いずれも、当時未だ重要性が見出されていないか、入手が難しかったものであるが、これらが戦後の東洋史学の再出発・新展開に当って史料的基礎をなしたことは、贅言するまでもないであろう。

和田が東洋文庫に遺したもう一つの嘉恵は、『満文老檔《まんぶんろうとう》』訳註に始まる満洲学の流れの源をつくったことである。戦後東大で有志の勉強会として始まった『満文老檔』の講読は、和田の女婿である神田信夫《かんだのぶお》（一九二一～二〇〇三）をはじめ松村潤《まつむらじゅん》（一九二四～二〇二二）、岡田英弘《おかだひでひろ》（一九三一～二〇一七）らが中心となって進めたが、その出版に当っては東洋文庫から「東洋文庫叢刊」の一として公刊され、一九五七年の日本学士院賞を獲た。以後この流れを受けて、満文史料の講読・訳註が東洋文庫清代史研究室を拠点として孜々《しし》として続けられ、組織替えを経ながらも、その伝統は今日まで生きている。そのもとをつくったのは、東大・東洋文庫双方で道筋をつけた和田であり、はるか下って私もその恩恵に浴している。

和田は、自分のことを「湘南の百姓の子」と言い、第一高等学校に入学が決まった際には、姉から「大学へなど行って何になる。とても百姓の跡取りになれないではないか」と詰責されたと振り返っている(「学究生活の想出」)。しかし、実際のところは豪農の素封家で、それゆえ戦後の農地改革で土地の多くを失うことになったという(榎「和田清先生を偲んで」)。やはり、和田一流の謙遜を真に受けるわけにはいかない。

そのように思うと、和田の遺した浩瀚な著述は、あるいは史料に向き合うつもりで読むべきものなのかもしれない。そしてそれは、史料と同じように、時を経ても読み直され、読み継がれるべきものと思うのである。

5——石田幹之助

牧野元紀

東洋文庫育ての親

東洋文庫の生みの親が岩崎久彌であるとすれば、育ての親ともいえるのが石田幹之助《いしだみきのすけ》（一八九一～一九七四）である。今日に至る東洋文庫の蔵書形成の多様性について、その原点をふりかえるならば、石田の果たした貢献は甚だ絶大であったと断言できる。

石田幹之助

一八九一年（明治二四）一二月二八日、石田は千葉市で生まれ、銀行勤務の父の転勤に従い、間もなくに三重県の四日市に移り住んだ。四歳のときに東京へ戻り、日本橋蠣殻《かきがら》町ついで赤坂檜《ひのき》町および同新坂《しんざか》町で暮らした。育った土地柄、江戸っ子気質も多分にあったことだろう。日本橋区公立有馬尋常高等小学校から私立麻布中学を経て、第一高等学校文科に進学ののち、東京帝国大学文科大学史学科で学んだ。

一高時代の同級生に芥川龍之介がいる。当時主流のいわゆる立身出世主義とは距離を置いた、東京の都心出身の都会っ子らしい感性が両者を惹きつけた。生涯にわたる親交が続き、休日には寮を出て互いの家に遊びに行くような間柄であった。芥川の代表作の一つ『杜子春』は石田を通して知った唐代神仙小説から着想を得たものである。ご息女の故石田蕙子さんによると、ご尊父は晩年、「杜子春がぼんやり空を仰いで佇んでいたのは長安だって言ったのに！」と小言を漏らしていたそうだ。不朽の名著『長安の春』の著者ならではのこと、なんとも微笑ましい話だ。

帝大では優秀な成績を修めた。一九一六年（大正五）七月に史学科を首席で卒業、恩賜の銀時計を授けられている。在学中は東洋史学の白鳥庫吉に師事し、文科大学長で国語学者として名高い上田萬年にも目をかけられた。卒業直後の九月、史学研究室副手に任命され、一九二四年（大正一三）三月まで在職した。副手着任後すぐの一〇月から一二月にかけて、上田と書家の黒木欣堂《くろききんどう》に付き添って中国東北部を旅する。北京では上田の意向をくんでモリソンをその邸宅に訪ね、堅牢な書庫におさまる見事な稀覯本の数々を目にする機会を得た。二万点を超える蔵書の一つ一つを正確に把握する一流のコレクターでありライブラリアンであったモリソンに深い尊敬の念を抱いたのもこのときである。石田はのちに自らの号をモリソンにあやかり杜村と称することになる。

翌一九一七年（大正六）の八月から九月にかけて、石田は再び帝大からの出張命令を受け、岩崎久彌の委嘱をうけるかたちで北京を再訪した。モリソン文庫の接受と日本への移送という大役を任された当時は満二五歳、将来を嘱望される立場であったとはいえ、まだ駆け出しの学者の卵であった。しかし、上田や白鳥をはじめとする帝大の恩師たち、そして岩崎久彌の期待によく応えた。同年一〇月、モリソン文庫の主任に嘱託されるや、一心不乱にその任に当たった。とりわけ、深川倉庫で高潮の被害を受けて浸水した図書の復旧作業と買い替えのために日夜奮闘したことは「岩崎久彌」の項ですでに紹介したとおりである。

図書主事として蔵書の充実に尽力

一九二四年（大正一三）一一月、財団法人東洋文庫が正式に発足すると、石田は引き続き主任として現場の責任を負い、一九三二年（昭和七）六月から一九三四年（昭和九）四月までは主事として、蔵書の拡充と書目の整備に力を注いだ。モリソン文庫はモリソン自身の関心に沿っているため扱う地域は中国が中心であり、図書も欧文で書かれているものがほとんどであった。しかし、石田が中心となって蒐集した図書資料は、東は日本を含める太平洋海域から西はエジプトなど北アフリカにまで広範にわたっており、西洋における東洋学が占める地理空間をもれなくカバーするものであった。資料で扱われる言語も欧文だけでなく、漢籍や和書をはじめとするアジア各地域の言語によるものを加えた。また、一般参考書と称する部門を新設し、今日見られる東洋文庫の大蒐書の礎を築いたことはここに特筆したい。

石田が主事を務めていた頃、神田神保町の大手古書店である一誠堂から飛び込み営業をかけた人物が反町《そりまち》茂雄《しげお》（一九〇一～一九九一）である。反町による以下の逸話からは石田の名ライブラリアンぶりがいきいきと伝わってくる。

岩崎家の大きな資力を背景にして、この四、五年前に開館して評判の高かった、駒込の東洋文庫の新館へも、自転車を走らせました。何を持参したか忘れましたが、ピントーの『東洋旅行記』か、ケンペルの『日本誌』などでも持ち込んだのでしょう。唯一つ記憶に残っているのは、オドリコ・ダ・ポルデノーネの『東方紀聞』の小型の古版本を、よくもわからぬままに運び込んだ事です。「石田幹之助先生に」と、名指しで、すでに大名をはせて居られた石田主事さんに面会を乞いますと、一誠堂の名に免ぜられたのでしょう。快く応接間に迎えて下さいました。初対面です。渋い羽織・袴、堂々たる体軀、目鼻立ちのととのった白皙の顔貌。年はまだ三十に届くか届かないとの噂でしたが、ドッシリとした感じのお人柄でした。風呂敷をあけると、すぐに、「アア、これ」といいながら、自ら取り出して、一つ一つ説明をして下さる。かねてから博学多才の人と聞いていましたが、また宏辞雄弁のお方でもありました。問いに応じて何でも即座に教えて下さる。オドリコ上人のことは実は何も知らず、碌々見当もついていなかったのですが、十三世紀から十四世紀にかけてのフランシスカン派の僧侶で、支那・西蔵・東南アジア・インド・ペルシャ等を大旅行し、その紀行を残した人。マルコ・ポーロよりはわずか二、三十年ほど後だが、それとならぶ重要な古い東洋関係の文献で、原文はラテン語。はやく各国語に訳されて、二十種も版本がある事などを滔々と説明して下さって、時間のたつのを忘れるほどでした。

気がついて、「この版は、こちらにおありですか」とおたずねしましたら、「あんたに気の毒だが、ありますね」と、笑いながら答えられました。サッソーとした風貌。話の終わりの近くに、卓上のボタンを軽く押されたら、二、三分して、小使さんが、よくはいったお茶を二碗持参して、軽く会釈して去りました。営業的には無収穫でしたが、満ち足りた気持で、同じく立派な新建築ながら、東大図書館とは違った風格の文庫をあとにしました。「難しい珍しい洋書が出たら、又ここへ持って来よう」と期しながら。[1]

憧れのモリソンさながらの堂々とした石田の姿が思い浮かべられよう。反町はのちに業界では名うての古書店主・古書鑑定家として知られる存在になるが、当時は一誠堂に就職して間もない住み込みの身分であった。そのような駆け出しの若手営業に対しても終始にこやかに応対し、目的果たせずといえども「満ち足りた気持」で帰すことができたわけである。石田の生来の面倒見の良さを垣間見られるとともに、研究図書館における稀覯本のコレクション形成にあたっては専門性の高いリサーチライブラリアンと知的向上心の旺盛な古書商との間での切磋琢磨が不可欠であることがよくわかるエピソードではないだろうか。石田の教え子の一人で戦後、東洋文庫研究部長を経てのちに理事長となった榎一雄も次のように述べている。

東洋文庫が今日の大蒐集を誇るに至った理由の一つが、こうした豊かな財政的裏附に、あることは確かである。しかし専門図書の組織的蒐集の成功は、必ずしも財政的豊かさのみによって期待されるものではない。それは蒐集者の深い、そして広い知識と、高い識見と、弛まざる努力とにより多く依存している。石田博士は正にこうした知識と識見と、そして何よりも必要な図書に対する情熱とを兼ね備えた人である。モリソン文庫が石田博士を得たことはモリソン文庫の幸運であったが、モリソン文庫に活動の場を与えられたことは、石田博士にとってあたかも鳥が翼を得、魚が水を得たのに譬うべきことであった。[2]

石田は図書の蒐集のほかに、東洋文庫の研究活動の成果となる各種出版物の編集や講演会を定期的に実施し、折々の展覧会の開催にも力を入れた。論文作成に必要な資料を求めて東洋文庫を訪問する国内外の研究者に適切な助言を与えたこともよく知られ、当時刊行された研究書や論文にはしばしば石田に対する謝辞を目にすることができる。

文庫を離れて

しかし、石田は一九三四年（昭和九）四月二五日に東洋文庫を突然辞職してしまう。今日残る資料は当時の辞令のみにて、辞職に至った明確な理由はわからない。東洋文庫の設立からちょうど一〇年後のことであった。モリソン文庫の時代を含めると一七年関わり続けた職場を離れたことになる。それは二六歳から四三歳までのまさに働き盛りであった。自らの心血を惜しみなく注いで築き上げてきたこの日本随一の東洋学の殿堂を立ち去るというのは無念極まりないことではなかっただろうか。

その後、設立されたばかりの財団法人国際文化振興会の嘱託となり、「書目委員会」の一員として日本の学者の業績を英文で紹介するための事業に参画した。その傍らで日本関係の図書を集めた同会の図書室の充実に力を注いだ。一九三五年（昭和一〇）にフランス東洋学の泰斗ポール・ペリオが来日するが、その接待員として東京から京都まで終始同行している。ペリオとは史学研究室副手時代の最初の北京滞在の折に既に面識を得ており、互いをよく知る間柄ではあった。それにしても余人をもって代えがたいことであり、古今東西の書誌に精通し、東洋学の国内外の学界事情に通じていた石田でないと務まらない任務であったかと思われる。

研究面では、終始一貫して東西文化交流史を究め、特に唐代の人々の生活文化に関心を持ち続けた。その数四〇〇篇ともいわれる大小さまざまな論考を世に出したが、やはり代表作は「長安の春」であろう。一九三〇年（昭和五）の『東亜』掲載が初出で、二年後の『ドルメン』創刊号に増補版が載った。その後も増補を重ね、単行本『長安の春』が創元社から出されたのが一九四一年（昭和一六）のことである。石田の論文は行文と論理の明快さに定評があるが、推敲に推敲を重ねるため遅筆であることもまた知られるところである。美文の陰には人知れぬ苦心があったといえよう。

『長安の春』（平凡社）

他にも日本最大の東洋学者の学会組織である東方学会の設立（一九四七年）にも尽力し、一九七三年には宇野《うの》哲人《てつと》博士（一八七五〜一九七四）の後を受けて理事長職も務めた。その機関誌『東方學』誌上に毎号「海外東方學界消息」を執筆し、逝去の年に至るまで全四七回に及んだことは石田ならではの、あるいは石田にしかできない偉業であった。それは書評、学界動向、新刊の予告、物故学者の追想録、新規資料の紹介や遺跡の説明などからなっていた。榎の言を借りるならば、これは東洋文庫における石田の活動の紙上での継続であり再現であった。

教育面でも、戦中・戦後と國學院大学（一九四二〜七四年）や日本大学（一九四六〜

六二年）で教授として学生の指導にあたり、後進を育てた。他にも戦前には京都帝国大学・東北帝国大学、戦後には慶應義塾大学・九州大学・東京都立大学・東京教育大学等に出講している。他方、日本図書館協会や文化庁の顧問、司法試験の考査委員や文化財保護委員会の専門委員なども務めている。一九五九年（昭和三四）、日本大学から文学博士の学位を取得し（「唐代の文化に及ぼせるイラン文化に関する二三の研究」）、一九六八年（昭和四三）には日本学士院会員に推挙された。他にも一九六〇年（昭和三五）にフランス政府文化功労賞、一九六四年に紫綬褒章を授与されている。

日本学士院会員の選出理由の一つは東洋文庫の蔵書の基礎を作ったことにある。この年の東洋文庫の設立記念日に招かれた折、そのことを自身で言及した直後、「急に絶句し、嗚咽せられた」という。三四年ぶりの帰還、いや凱旋となったことに万感の思いが胸にあふれたのだろうか。それから六年後の一九七四年（昭和四九）五月二五日、急性肺炎のため港区鳥居坂の自宅にて静かに息を引き取った。享年八二であった。

石田については東洋文庫の草創期におけるその貢献が文庫の関係者の間でなかば伝説的に語り継がれてきた。学者人生を賭して情熱を傾けていた愛する職場を志半ばにして離れざるを得なかった心中を想像するに、文庫の関係者は誰しもが寂しさとともにある種の申し訳なさといった気持ちを心の片隅に持ち続けてきた。逝去の年に生まれ、二〇〇九年（平成二一）から文庫の一員となった若輩の筆者でさえもそう感じてきた。

ようやくのご帰還

石田と東洋文庫の縁が再び結ばれたのは二〇一一年（平成二三）のミュージアム開館であった。グランドオープンのその日であったかと思う。ご息女の石田蕙子さんが筆者のもとに訪ねて来られ、二階の展示室で一堂に会するモリソン文庫をご覧になられると、「父も喜んでいると思います」とのご感想を有難くも頂いた。不眠不休とは言わないまでも一心不乱に展示の設営に尽力した我が身の疲労は瞬く間に回復した。まるで昨日の出来事のように思い出される。

数年前あいにくも他界された蕙子さんから遺言として託された父君の蔵書の一部は書簡などの文書類とともに東洋文庫への搬入が完了したところである。蕙子さんによると、石田自身は生前、「私は図書館を利用することも多いし、美術品などは最高のものを美術館や博物館で見る方が良い。手元には必要なものだけ」と述べていたそうだ。なるほど蔵書についてはそのような感を受けたが、文書のほうはなかなかどうして膨大な量であった。自身の遺した文書がやがては歴史家の研究対象となることを想定していたのだろうか。知る由もないが、いずれも石田の特色ある東洋学の全体像、さらには戦前戦後を通した国内外の東洋学者との豊かな人脈をうかがい知るに素晴らしい文書資料となりそうだ。

創立一〇〇周年を迎えたこのタイミングで、東洋文庫は大恩人をようやくお迎えしたことになる。「先生、お帰りなさい」と安堵するとともに、これからは厳しく見守られることになるゆえ、文庫員一同気を引き締めているところだ。

本稿は牧野元紀「創立100年、「恩人」を迎えた東洋文庫」(『図書』二〇二四年四月号、岩波書店)を編者が加筆・改編したものである。

注

［1］反町茂雄『一古書肆の思い出1――修業時代』平凡社ライブラリー、一九九八年、一二七～一二八頁。

［2］榎一雄「石田幹之助博士略伝」『石田幹之助著作集　第四巻 東洋文庫の生れるまで』六興出版、一九八六年、三九〇頁。

6――辻直四郎

土田龍太郎

本邦における印度古典学の泰斗、辻直四郎《つじなおしろう》博士（一八九九年〈明治三二〉～一九七九年〈昭和五四〉）は、三十有余年にわたり、東京大学にて梵語梵文学講座を担当し、講師・助教授・教授として教鞭を執ったが、他方、東洋文庫との因縁きわめて浅からぬものあり、一九六四年（昭和三九）には同文庫の理事に、一九六五年には文庫長に、一九七四年には理事長に就任している。

辻博士の経歴・学術業績・著書翻訳書、同博士に授けられた内外の栄誉称号、さらに学風や人格などについては、原實《はらみのる》博士（一九三〇～二〇二二）の筆になる「辻直四郎先生の長逝を悼む」という追悼文をなによりもまず一読すべきである。これは『東洋学報』第六一巻（一九八〇年）に掲載されたものである。この追悼文には、Ⅰ・単行本、Ⅱ・翻訳、Ⅲ・論文、Ⅳ・書評と区分された博士の主要著述目録が掲載されている。

また江上波夫編『東洋学の系譜〈第二集〉』（大修館書店、一九九四年）の収める、風《かざ》間《ま》喜《き》代《よ》三《ぞう》博士の回想「辻直四郎」では、辻博士の西欧留学時代、現役教授時代に関わるいろいろな佚事《いつじ》が語られており、興味尽きせぬものがある。

筆者がここでみずからの浅学菲才をも顧ず、あらためて辻博士の学問を論《あげつら》うのは余計なことで僭越の誇りをも免れぬであろうが、多少の主観をもまじえながら、同博士の印度古典学のあらましを筆者なりに今一度辿ってみることにしたい。

辻 直四郎

まず初めに辻博士の最重要なる学術論著『ブラーフマナとシュラウタ・スートラとの関係』（一九五二年）の簡介を試みるならばおおよそ以下のごとくになろう。

膨大なる現存ヴェーダ聖典の過半部は、三祭火をもって執り行われる大規模なシュラウタ祭祀に関わるものである。各ヴェーダの各学派は、マントラ集成たるサンヒターの後に、浩瀚な散文典籍ブラーフマナを具えている。このブラーフマナの主要部は、シュラウタ祭祀の執行法と解義に充てられているが、祭祀執行規定すなわち儀軌《ぎき》はヴィディと呼ばれ、これはまさにシュラウタ祭祀執行のため不可欠のものである。多くのヴェーダ学派は、さらにヴェーダ附属文献の一種たるシュラウタスートラをも具えている。これは簡潔な散文句をもってシュラウタ祭祀を組織的に叙述する綱要書であるから、その内容はやはりヴィディすなわち儀軌からなるといえよう。アタルヴァヴェーダの場合を別とすれば、ブラーフマナはシュラウタスートラに年代的に先立つものである。ブラーフマナのヴィディ要素が同学派のシュラウタスートラにいかに承け継がれているのか、同異関係はどのようなものであるのか、この問題の解明がこの論著における辻博士の課題である。諸ヴェーダ学派の内、例えばタイッティリーヤサンヒター（ブラーフマナ部分を含む）と同派のシュラウタスートラ類の場合、両者のヴィディ要素にかなり緊密な対応関係が認められることがすでに知られているので、辻博士は新にマイトラーヤニー派のブラーフマナ部分と同派のシュラウタスートラたるマーナヴァシュラウタスートラとヴァーラーハシュラウタスートラを採り上げ、これらの祭祀文献の献獣祭《パシュバンダ》のヴィディ要素の丹念な比較吟味を企て、この祭祀の複雑な行程を辿り呈示したものが、論著第一部の主要内容にほかならない。辻博士がマイトラーヤニー派のブラーフマナとシュラウタスートラのヴィディを比較検討した結果、一致を欠く場合も皆無ではないが、ブラーフマナは両シュラウタスートラと密接に関連していることが判明した。

黒ヤジュルヴェーダのカータカ派とカピシュタラ派の祭祀文献の内、ブラーフマナ部分は現存するがシュラウタスートラはすでに散佚している。カータカサンヒターのヴィディ要素を吟味することにより同派のシュラウタスートラの内容や形態をどこまで推知しうるであろうか、論著の第二部はこの問題の解明に充てられている。ここでも第一部と同じように献獣祭の執行の過程が順を逐って呈示されている。この第二部において、カータカ派献獣祭のシュラウタスートラ的儀軌の推定という目的はほぼ達成されており、カータカ派とマイトラーヤニー派の規定が必ずしも一致しないことをも見定めることをえた。

著者辻博士は本論著により一九四三年（昭和一八）に東京帝国大学より文学博士の学位を授与された。本論著は、海外研究者も参照しうるように、巻末に六〇頁余の英文梗概が附載されている。

辻博士が学位論文執筆にあたり丹念に吟味検討したのはマイトラーヤニー派とカータカ派の祭祀文献であるが、これらはいずれもヤジュルヴェーダの学派であるから、献獣祭の研究のみに携わる場合でもヤジュルヴェーダ文献全般についての該博かつ詳細な知識が要《もと》められる。『現存ヤジュル・ヴェーダ文献——古代インドの祭式に関する根本資料の文献学的研究』は、ヤジュルヴェーダ諸学派および各学派で作られた諸文献を概観し、それらの内容・性格・相互関係等について考察を試みたものである。同書の大綱は、辻博士が一九三五年(昭和一〇)に東京大学文学部で行った連続講演にも遡り、また同書は前掲学位論文提出のときには、それに参考論文として添付されている。

ルイ・ルヌー(Louis Renou)博士が一九四七年に、四ヴェーダ全般について諸派の文献を概観する"Les écoles védiques"を世に問うに及び、辻博士は『現存ヤジュル・ヴェーダ文献』の刊行をしばし躊《ため》らったが、各方面からの慫慂《しょうよう》により、一九七〇年(昭和四五)、修治補訂を施したうえで同書の刊行が実現した。辻博士とルヌー博士の書は、いずれも類似の目的を逐うものであるから、ヤジュルヴェーダに関するかぎり両書の間に重複のあるのはいうまでもない。しかしヤジュルヴェーダ部分については辻博士の書の方がはるかに詳細であるので、その刊行はやはり有意義であった。この『現存ヤジュル・ヴェーダ文献』はほぼ五〇年前に世に出た書ではあるが、今でもルヌー博士の書と並んで世界のヴェーダ研究者を裨益すること測り知れない。これは日本語著作ではあるが、文献目録としての性格をも具えているがために、日本語知識のない海外研究家であっても充分活用することができるからである。『ブラーフマナとシュラウタスートラの關係』と『現存ヤジュル・ヴェーダ文献』はいずれも『東洋文庫論叢』にそれぞれ第三三、第五二として収められている。

一九七七年（昭和五二）に岩波書店から刊行された「ヴェーダ学論集」には論文一四篇が収められ附録三篇が加えられている。一四篇の内の四篇は欧文論文である。これらは、ヴェーダ関係の論考が「他日無差別に集録されることのなからんため」あらかじめ辻博士自身が一四篇のみ厳選して一冊にまとめたものであり、各篇いずれも学術的価値のきわめて高いものである。

しかし辻博士の卓《すぐ》れた専門論文はこの一四篇に限られるものではなく、例えばトカラ語についての考察など出色のものがなお少なくない。このような論文類を散佚から守るため、しかるべき形にまとめようという意図の下に、同博士逝去ののち、一九八一〜一九八二年に法藏館より出版されたものが『辻直四郎著作集』全四冊である。

辻博士が一九七四年（昭和四九）に、岩波全書の一冊として世に問うた『サンスクリット文法』は、ヴェーダ語や仏教サンスクリット語を除いたいわゆる古典サンスクリット語の解説書である。これはインドヨーロッパ比較言語学をふまえた歴史文法書ではなく、基本的にはパーニニ文法体系に立脚する記述文法書と見なすことができる。初学者のためのサンスクリット語入門書は数多く、本書は一見するところそれらの一冊にすぎないようであるが、実際は高度な文法解説書と見なすべきものである。叙述は簡潔ながら的確厳密で、細則例外則にも及ぶゆきとどいたものであり、また重要な補説が巻末の注記のなかでなされている。したがって、まったくの初心者が本書のみによってサンスクリット語を修得することは難しく、著者自身が前書で勧めるように、あらかじめ例えばJ・ホンダの『初等サンスクリット文法』のような入門書を通覧した後に、原典読解にあたって随時本書を参照するという利用法が望ましいであろう。著者が文法記述にあたってパーニニスートラを引用しているわけではないが、本書のここかしこから著者のパーニニ文法知識のなみなみならぬことが窺い知られるにちがいない。

一九七三年（昭和四八）、やはり岩波全書の一冊として刊行された『サンスクリット文学史』は、ヴェーダや叙事詩を除いた、美文藝《カーヴィヤ》作品や説話などからなるサンスクリット古典文学の解説書である。研究情報が今から五〇年以前までに限られているのはいうまでもないが、いまだに本邦のサンスクリット文学研究者にとっての必携の書としての価値を失っていない。

一九四二年（昭和一七）に刊行された『ウパニシャッド』は、著者の放送原稿を下敷とするウパニシャッド解説書である。ウパニシャッドの概略を述べ、いわゆる古散文ウパニシャッドのテキストの抄訳をも収める本書は、一九九〇年（平成二）講談社学術文庫の一冊として再刊されている。

一九六七年（昭和四二）に岩波新書の一冊として刊行された『インド文明の曙――ヴェーダとウパニシャッド』は、すでに一九五三年（昭和二八）創元社から出版された『ヴェーダとウパニシャッド』に基づき、やはり放送原稿を下敷としてさらに改訂を施してなったものである。著者はインドアーリア人の起源およびかれらの聖典とその言語より説き起し、最古のテキストたるリグヴェーダの讃歌を引きながらかれらの信仰のあらましを叙べ、さらに他の三ヴェーダ、ブラーフマナやウパニシャッドのおおよその内容を説いている。この一冊はヴェーダ聖典の概略を一般読書人に紹介するためのものであるから、専門研究書ではなくあくまで入門書であることを著者は前書のなかで強調している。本書の叙述は簡潔であるが、随所に著者のヴェーダについての本格的な学識の深さをおのずから窺い知ることができる。辻博士の筆になる一般概説書はほかに数冊を掲げうるが、一見平易な叙述のなかにさりげなく高度な内容が盛りこまれているため、凡百の入門書とはすこぶる趣を異にしている。

辻博士のサンスクリット語原典の翻訳としては、例えば『シャクンタラー』『リグヴェーダ讃歌』などがあるが、その訳文は正確典雅流麗この上なく他者の追随を許さぬものとなっている。

辻直四郎博士逝去ののち、同博士の遺志に順って、蔵書一万二〇〇〇冊、手書手訳のカード約八万枚、さらに手書の各種ノート類約二〇〇〇冊が東洋文庫に寄贈された。辻博士旧蔵書は、同文庫内の辻文庫を形成している。膨大なカードについては『東洋文庫書報』第一三号（一九八二年）所載の「辻直四郎博士遺文」が参照されるべきである。

7——山本達郎

牧野元紀

山本達郎《やまもとたつろう》（一九一〇〜二〇〇一）は戦後日本を代表する東洋史学者である。一九一〇年（昭和四三）六月一六日、東京市麴町区上二番町（現在の千代田区一番町）において、農林官僚を経てのちに貴族院議員となる松村真一郎（一八八〇〜一九六三）と妻エミの次男として誕生した。まもなく母方祖父の山本達雄（一八五六〜一九四七）の養子となり山本家を継ぐ。

山本達雄は豊後臼杵藩士で慶應義塾と三菱商業学校で学び、郵便汽船三菱会社（現在の日本郵船）を経て日本銀行に入行、岩崎彌之助の後継として第五代総裁を務めた人物である。その後、貴族院議員に転じ、大蔵大臣・農商務大臣・内務大臣を歴任した。創業期の三菱の幹部である川田小一郎（一八三六〜一八九六）、臼杵出身の先輩で「三菱の大番頭」として知られた荘田平五郎（一八四七〜一九二二）から庇護を受けた。

山本達郎

また、妻の多穂子は代々長崎で中国語通事をしてきた蘆家の出身で、英語学者柴田昌吉の養子として活水女学校を卒業した。英語に堪能なクリスチャンであった。山本達雄は岩崎久彌とも親交があり、共通の趣味としての投網は玄人級の腕前であったという。幕末・明治・大正・昭和の激しい変化の時代を生き抜き、互いに通じ合うところも少なくなかったのだろう。山本家のファミリーヒストリーを繙くと、山本達郎が東洋文庫に対して公私にわたる関わりを終生持ち続けたのはごく自然なことであったと推察される。

一九一七年（大正六）、ベラ・アルウィン女史幼稚園を卒園後、学習院初等科に入学し、一九二三年に同科を卒業した。七年制の東京高等学校（旧制）を経て、一九三三年（昭和八）に東京帝国大学文学部東洋史学科を卒業する。同学科では朝鮮古代史の池内宏（一八七八〜一九五二）に師事した。卒業後直ちに東方文化学院に入り、助手さらに研究員として任用された。一九四二年、東京帝国大学助教授として東洋文化研究所に着任する。

戦後の一九四九年（昭和二四）、東京大学文学部東洋史学科東洋史第二講座担任として教授に昇任し、一九五一年に文学博士の学位を取得した。この間、皇后宮職、東宮職、宮内省・宮内府等の御用掛を務めている。東京大学では学科主任、文学部長等を相次ぎ務め、文学部の改組拡充やイスラム学講座の新設等に携わった。この間、一九六四年の東京外国語大学アジア・アフリカ言語文化研究所の創設に貢献し、イエール大学やコーネル大学の客員教授も務めている。一九六七年には日本学士院会員に選任された。一九七一年の定年退官後は東京大学名誉教授となるが、国際基督教大学教授として九年にわたってアジア史の教育と研究、大学院比較文化研究科の創設に尽力した。

研究面では東洋史において多岐にわたる顕著な業績を上げているが、日本で初めて「東南アジア史」を確立したことが知られる。一九三四年（昭和九）、『東洋学報』及び史学会編『東西交渉史論』にそれぞれ発表された「鄭和の征西」、「印度支那の建国説話」は少壮気鋭の東洋史学者による論考として国内外の学界で高く評価された。その後はベトナム史研究に特に力を注ぎ、一九五二年には大著『安南史研究』（山川出版社）によって日本学士院賞を受賞している。編著『ベトナム中国関係史』（同、一九七五年）と並んでベトナム史研究者には今日もなお必読書である。一九六六年、かつての南方史研究会を起源とする東南アジア史学会（現在の東南アジア学会）を立ち上げ、初代会長に就任した。南アジア史においては「東京大学インド史蹟調査団」の団員として中世インドにおけるイスラム遺蹟に関する調査と研究成果の出版を続けた。中国史・中央アジア史においては敦煌文書に関して文献考証を加え、北朝均田制に関する論文「敦煌發見計帳様文書殘簡――大英博物館所藏スタイン將來漢文文書六一三號」（『東洋学報』三七―二、三、一九五四年）を提示した。

昭和三〇年代以降、海外へ研究出張を重ねた。南アジア・東南アジア・中国での調査のほか、国際歴史学会議、国際美術史学会会議、国際哲学人文科学評議会（CIPSH、一九七五年から七九年まで会長）、国際東洋学者連合（UIO）等の国際学会への出席および役員としての職責を果たした。日本学士院の代表として国際学士院連合（UAI）の総会や理事会に出席し、日本のアジア史研究の成果紹介に留まらない日本学士院の活動全体を広く海外に知らしめるのに貢献した。日本最大の東洋学の学会組織である東方学会においても一九七五年（昭和五〇）から一〇年間理事長を、一九八七年から一九九三年（平成五）まで会長を、その後は終身名誉会長を務めた。中根千枝（一九二六〜二〇二一）によると、「国際協力、交流は日本の学界にとっても外国にとっても大切であり、たとえ自分の研究の時間をさかれようとも遂行せねばならない」という揺るぎない使命感を持っていたという。

一九八六年（昭和六一）に文化功労者となり、一九九八年（平成一〇）には東洋史学の発展と学界の国際化に卓越した貢献を果たしたことにより文化勲章が授与された。「平成」の年号の考案者と有力視されているが、本人はそのことを生前一切明らかにしていない。二〇〇一年一月二四日逝去、享年九〇であった。葬儀及び告別式は日本基督教団芝教会にて執り行われた。

東洋文庫では一九五三年（昭和二八）に評議員、一九五五年に理事に任命されている。一九五八年からは理事職に加えて、東洋学連絡委員会の委員職も兼任した。およそ半世紀にわたって東洋文庫の運営に力を尽くしたことになる。研究部では近代中国研究委員会の発足、内陸アジア出土古文献研究会の組織化にも貢献した。東洋文庫内でも東南アジア史研究・南アジア史研究・中国史研究の分野を中心に後進の育成に努めた。薫陶を受けた歴代の東洋文庫の研究員は現文庫長の斯波義信（一九三〇〜）をはじめ、和田久徳（一九一七〜一九九九）、白鳥芳郎（一九一八〜一九九八）、荒松雄（一九二一〜二〇〇八）、神田信夫（一九二一〜二〇〇三）、中根千枝（一九二六〜二〇二一）、永積昭（一九二九〜一九八七）、石井米雄（一九二九〜二〇一〇）、池田温（一九三一〜二〇二三）、辛島昇（一九三三〜二〇一五）、土肥義和（一九三三〜二〇二〇）、松丸道雄（一九三四〜）、生田滋（一九三五〜二〇二四）、池端雪浦（一九三九〜二〇二三）、濱下武志（一九四三〜）、鈴木恒之（一九四四〜）、桜井由躬雄（一九四五〜二〇一二）、岡野誠（一九四七〜）、弘末雅士（一九五二〜）、嶋尾稔（一九六三〜）、松尾信之（一九六四〜）など枚挙にいとまがない。

生前の故人の遺志と遺族の厚意によって、その旧蔵書は中国キリスト教史学者であった澄子夫人（一九一四〜一九九七）のものとあわせて「山本達郎博士寄贈書」として東洋文庫に納められた。欧文書籍、安南本、和漢書あわせて総数は約一万八〇〇〇冊に上り、文化財的価値を有する稀覯本も多数含まれる。また、東南アジアや南アジアの彫刻・絵画等二一点については東京国立博物館へ寄贈がなされ、同館東洋館において折々に公開されている。

筆者は大学院生の時分、建替え前の東洋文庫の閲覧室で山本先生のご尊顔を一度だけ拝したことがある。東洋文庫で研究員と理事を長年お務めであった先生が閲覧室で資料をご覧になっておられた理由は今となってはわからない。研究員は書庫にも入れるし、該当の資料を研究室で読むこともできる。その日、閲覧室の最前列の机に背の高い老紳士がおられた。資料の準備ができたことを告げるべく閲覧係は「山本達郎さん」と呼びかけた。誰もが知る東洋学のレジェンドを遠巻きにみる幸運を得られ、驚きと嬉しさを覚えた。

さらに数年後、先生がお亡くなりになって間もなくの頃だ。博士論文の作成に向けてパリの国立図書館 Bibliothèque nationale でベトナム近代史に関する安南本の調査に当たっていた。まとまった量はあるのに図書館で目録が公開されていないことに戸惑っていると、ライブラリアンが「参照できるものはこれしかない」と言って手渡してくれた古い冊子があった。なんと山本先生お手製の資料目録である。漢字あるいはベトナム民族文字のチュノムで書かれた史料の原題が全てフランス語できれいな手書きで訳されていた。およそ半世紀前の一九五〇年代に作成されたものである。資料がフランスにある以上、フランスの後学が利用することを想定されておられたのだろう。先生の卓越したフランス語力に驚嘆すると同時に、学者としての心意気を垣間見る思いであった。東洋学を志す日本人の若手研究者の一人として大変誇らしく、大いに勇気づけられた。いつまでも色あせない思い出だ。

8——河野六郎

古屋昭弘

河野《こうの》六郎《ろくろう》博士（一九一二～一九九八）は二〇世紀日本を代表する言語学者の一人である。朝鮮語学と中国音韻学を中心として、比較言語学、歴史言語学、言語類型論、言語地理学など幅広い範囲に渉り精密な研究を展開、空理空論を好まず何よりも言語事実の描写と分析、そして言語のシステムを重視された。ただし訳著としてÉ・ジルソンの『言語学と哲学』（岩波書店、一九七四年）があることからも窺われる通り西洋の哲学や古典学への関心が失われることはなかった。更にアジアの複雑な文字の状況を踏まえ、西洋言語学では軽く扱われがちだった文字それ自体に言語学の面から新たな光を与える必要性を力説、「文字論」という部門を確固たるものにされた。

河野先生は一九一二年神戸で生まれ、その後横浜に移り、一九一九年には四谷第二小学校に入学。一九二五年入学の東京府立第一中学校と一九三一年入学の第一高等学

河野六郎

校文科乙類を経て、一九三四年には東京帝国大学文学部言語学科に入学。卒論は中国語音韻史に関する内容であったが、小《お》倉《ぐら》進《しん》平《ぺい》（一八八二〜一九四四）の指導のもと朝鮮語学を専攻することになる。一九三七年卒業後、京城帝国大学副手となり、助手・講師を経て一九四二年助教授に昇任。敗戦の年、釜山からの引揚ののち、ＧＨＱで翻訳官を務め、一九四九年から天理大学教授および東京文理大学助教授（天理大学は一九六六年まで兼任）、一九五八年東京教育大学漢文学科教授となる。一九七六年定年退職、同大学名誉教授となる。一九七六年から一九八三年まで大東文化大学文学部中国文学科教授として中国音韻学の授業を担当された。一九八三年からは『言語学大辞典』（三省堂、一九八八〜二〇〇一年）の編集と執筆に専念。一九八六年、日本学士院会員。一九九二年、大辞典の「世界言語編」により毎日出版文化賞特別賞を受賞、一九九三年には文化功労者の称号を授与された。

一九八〇年以前の主要な論著は『河野六郎著作集』三冊（平凡社）にほぼ網羅されている。以下その主な業績を振り返ってみたい。まず「玉篇の反切《はんせつ》に現れたる音韻的研究」（一九三七）が大学の卒業論文であることに驚かされる。カールグレン（Bernhard Karlgren）の再構した隋代の韻書『切韻』の音韻体系を参照しつつ六朝梁代の字書『玉篇』の反切に反映した南朝字音を再構したものである。中古中国語の韻類の問題、特にカールグレンが無視したいわゆる「重紐《じゅうちゅう》」とその音価の問題が、中国の研究者に先駆けて論じられている。重紐を中古中国語の介音《かいおん》の違い（-i-と-ï-）とする学説は、国語学の有坂秀世《ありさかひでよ》（一九〇八～一九五三）のそれと共に有坂・河野学説として重要視されることとなる。微小な問題に見えて実は中古音の体系全体に関わる問題なのである。また反切の二字のうち韻類に関係するのは下字のみと考えるのが一般であったが、本論文では重紐反切の上字と韻類との間の関連についても先駆的な言及が為されている。

次に一九四五年四月、大変な時局のなか出版された『朝鮮方言学試攷』は、朝鮮全土一四九地点の調査結果に基づき言語地理学の観点から書かれたもの。全四九項目の単語が扱われているが、中心的に論議されたのは「鋏」である。現代ソウルでは／

kawi／であるが、高麗時代の中国人の記録では「割子蓋」と音写され、中期朝鮮語では／kʌzai／の音形で現れる。朝鮮王朝の時代から現在までの音韻変化の過程で消失（あるいは他と合流）した母音／ʌ／と子音／z／を二つながら含む語である。それらの音の各方言における反映を見るのに理想的な単語選定であると言えよう。一単語の問題にとどまらず音韻史全体に関わるものである。一九四四年には黒河地方の満洲語調査の報告書も執筆している。

一九五〇年には短篇論文「中国音韻史研究の一方向」を発表、漢代から六朝時代の中国語において一部の語に口蓋音化が起こったという説を提出された。読書音（字音）と白話音（語音）の違い、言語における「言語層」の違いという重要な問題が提起されている。このいわゆる「第一口蓋音化」の問題は今に至るまで世界の上古音研究者が避けて通れない問題のひとつとなっている。

『朝鮮漢字音の研究』（天理時報社、一九六八年、のち著作集1にも収録）は一九六二年東京大学に提出された博士論文に基づくもの。朝鮮語学・中国語学双方に精通する河野先生ならではの偉業である。一見複雑な様相を見せる朝鮮漢字音の分析に「層」の概念を適用、主要な層は唐の長安音に由来することを明らかにするとともに、朝鮮語の音韻史に寄与する考察も多く為された。なお一九六四年、小倉進平の『増訂補注朝鮮語学史』（刀江書院）の再刊に当たって補注の作成を依頼され任を全うされるが、それは補注のイメージを遥かに超えるものとなった（全二三五頁）。文法研究の面では中期朝鮮語と現代語の詳細な文法を書きたいという宿願は遂に実現には至らなかったが、現代語文法の概説的文章および中期語の時称体系に関する数々の論文を残された。統語論の述語（あるいはレーマ）の問題、特に日本語を含むアルタイ系言語の用言複合体への興味を生涯持ち続け、大辞典の当該項目も執筆された（ただし無記名）。

文字論関連の文も多い。古今東西の文字の用法を見渡したうえで文字の言語的機能の本質が「表語」にあると看破、また漢字の構成・用法を表す「六書《りくしょ》」のうち「形声」「仮借」「転注」についてそれぞれ言語学の立場から明快に論じられた。特に議論の絶えない「転注」の定義について最も説得力のある学説を提出、すなわち「仮借」「転注」ともに同字異語であるが、前者は「音形の類似による転用」、後者は「意味の類似による転用」とするものである。それら重要な論文を収録した『文字論』（三省堂、一九九四）のほか、西田《にしだ》龍雄《たつお》（一九二八〜二〇一二）氏との対談内容をまとめた『文字贔屓』（三省堂、一九九五）も出版された。

著作集以降の論文としては、中国方言における濁音声母、中国呉方言の韻母体系、百済の二重言語性、ハングルとその起源に関するものがある。中国の濁音声母や呉方言への関心は日本の呉音へのご興味とも関連する。高麗や朝鮮王朝の言語が新羅語の系統であることから新羅への関心は勿論のことであるが、百済や高句麗そして濊《わい》や扶《ふ》余《よ》の言語への関心も一貫して高く、晩年「三国志に記された東アジアの言語および民族に関する基礎的研究」という科学研究費一般研究の代表者を担当された（報告書は一九九三年）。なおハングルすなわち訓民正音については当然のことながら戦前から研究が開始されており、『訓民正音』解例本、『東国正韻』、『洪武正韻訳訓』などの基本文献に関する論文、更に声調を表す「声点」に関する論文も執筆された（いずれも著作集1に収録）。

東洋文庫には早くも一高時代から通っておられたそうである。紹介状を書いたのはなんとカールグレンであった。文庫の運営への参与は一九五九年からのこと。総務部長を一九六二年まで務め（一九七一〜一九七二年も）、一九六六年からご逝去に至る三二年間の長きにわたり理事としての重責を果たされた。東洋文庫に附置されたユネスコ東アジア文化研究センターでは一九七四〜一九七六年に副所長、一九七九〜一九八一年には所長も兼務された。一九八九年、親友榎一雄氏死去ののちは榎氏の著作集の編集と刊行のために奔走、ベラルデ文庫とモリソン二世文庫の受け入れに際してのご尽力も忘れてはならない。

文庫の朝鮮研究室を訪問した研究者との歓談の際、書棚から本を取り話の補充をすることがあったが、いつも説明が終わると（歓談の最中）すぐに元の場所に戻されるのであった。自筆ノートの字からも几帳面な性格がうかがわれる。また何人もの大学院生や後進の研究者に研究上のヒントを惜しみなく与えられたことは有名である。教育者としての慈愛に満ちたお人柄が偲ばれる。

9——榎一雄

森安孝夫

東洋史学を日本が世界に誇れる学問領域の一つにしようというのが、(東京)帝国大学で初代の東洋史教授となった白鳥庫吉の夢であり悲願であった。そのために大変な努力を払って三菱創業家の第三代当主・岩崎久彌の資金拠出により中国からモリソン文庫を購入・将来し、東洋文庫の礎を築いたのである。そしてその指導下に文庫の充実・発展に全身全霊をささげたのが石田幹之助であった。しかしそれは第二次世界大戦以前のことであり、戦後に東洋文庫を大々的に発展させたのは、白鳥庫吉の最後の弟子であり、私の恩師でもある榎一雄《えのきかずお》先生(一九一三〜一九八九)その人である。

先生が一九五二〜一九五四年にロンドン大学に客員教授として招かれたとき、「かたわら、独・仏・伊を廻《めぐ》ったが、東京大学の教官としてよりは東洋文庫員としてより歓迎せられた」そうで、ますます東洋文庫を世界屈指の東洋学関係図書館として充実させる必要と義務を、身に沁《し》みて感じられたようである。その後の活躍は目覚ましく、世界中を飛び回って既刊の出版物だけでなく、未刊の文書史料の蒐集にも心血を注がれた。ご自分でも自訂略年譜の末尾で、「思うに我が半生は東洋文庫の経営と維持とに終始し、自らの学業において果すところ憾《うらみ》少しとせず」と述懐している通りである。

榎 一雄

東洋文庫開設時の最大の功労者であったはずの石田幹之助が、その後、東洋文庫を離れざるをえなくなった経緯については、榎先生でさえ御存じないとのことであった。私は大学院生時代よりいつも榎先生と石田博士を重ね合わせて見ていたが、それはお二人とも白鳥庫吉の弟子であり、東方学会発行の『東方学』に連載されている「海外東方学界消息」を石田博士から引き継いだのが榎先生であったからである。榎先生の手になる「石田幹之助博士の訃」（『東方学』四九巻、一九五七年）には、海外東方学界消息の執筆は言ってみれば東洋文庫における博士の活動の紙上での継続・再現であったと評されているが、至言である。榎先生は石田博士の精神を受け継いで多数の書評や「海外東方学界消息」を楽しんで執筆し、それが東洋文庫の蔵書の充実に繋がっていったのである。私は最晩年の石田博士を東方学会の会場で見かけたことがあり、そのとき、私にとっては尊敬と共に畏怖の対象であったあの榎先生が、羽織・袴姿の石田先生をうやうやしく手引きしていた。石田先生が途中で東洋文庫から身を引かねばならなくなったのに比べれば、榎先生は最後まで陣頭に立って東洋文庫の運営に当っておられたのであるから、資金調達のための金銭的苦労（後述）があったとはいえ、お幸せであったのではなかろうか。

私にとっての榎先生には二つの顔があった。すなわち東大東洋史教授と東洋文庫の運営上の最高責任者（専務理事から文庫長、理事長）としての顔である。とはいえ重点はもちろん東洋文庫の方に置かれていた。先生は東大・本郷キャンパスでの授業が終わると、直ぐその足で駒込の東洋文庫に行かれるので、ゼミなどは一限目に設定されており、バドミントン部に所属していた私は練習の疲労で朝寝坊をして、学部時代はときどきゼミに遅刻した。それでも学部・大学院時代の講義・ゼミを通じて被った学問的恩恵は計り知れない。私の中央ユーラシア史学の基礎知識はそのほとんどを榎先生に負っているといっても過言ではなく、また一流の研究者の名を多く知り得たことは、その後中央ユーラシアに関するあまたの論著のなかから良いものを選んで読んでいく際に、こよなき指針となったのである。

ゼミでは英語の論著をテキストにして、先行研究の読み方を徹底的に教わった。本文に引用される漢文史料の原文についてはもちろんのこと、註に言及されている英独仏語などの論著の該当箇所もすべて下調べしていくことが必須だったので、予習には多大の時間を割いた。しかし学生の調べられる範囲など限られており、発表はすぐに終わってしまい、あとはまた先生の膨大な知識に裏付けられた詳細な解説をお聞きする「講義」に変わってしまうのであった。数人のゼミでは当番などすぐに回ってくるので、その度に自分の「読み」の甘さを痛感したが、同時に先生から専門論文を読み解く面白さを教わったのである。

中央ユーラシア史の研究には、専門領域に応じてそれぞれに必要なギリシア語・ラテン語・ガンダーラ語・バクトリア語・コータン語・トカラ語・トルコ諸語・チベット語・モンゴル語・ペルシア語・アラビア語などの史料言語だけでなく、研究用言語として前記のような英独仏語のほかに中国語・ロシア語・イタリア語など、幾多の言語を習得することが求められる。しかし今やAIによる自動翻訳の時代になったので、研究用言語については今後そういう苦労は大幅に軽減されるであろう。既に漢籍史料の博捜《はくそう》については、ITの普及によって学部生でさえかつての碩学の水準を容易に越えるようになっている。

学部時代はバドミントン部にいた私は、とても四年では卒業できないと思い、卒業に必要な単位を四年間ですべて取り、留年した五年目は卒業論文だけに専念した。いざそれを提出し、大学院入試も合格した段になって、教務課から、学年の始まる四月の時点で卒論を書くという申請書が提出されていなかったので、卒論は無効になるという知らせがあり、驚愕した。結局、駒場で学部入試の採点中であった榎先生を電話で呼び出し、本郷まで来ていただいて教務課長に頭を下げてもらって解決したのである。このときばかりは先生も課長の態度にいささかご立腹であった。

また私の修士論文「唐代内陸アジア史の研究――トルキスタン成立前史」が、江上波夫（一九〇六〜二〇〇二）を記念する流沙海西奨学会賞の審査対象となり、その主査となられた榎先生より審査結果の原稿を受賞決定後に頂戴したが、それを読んで大いに感激し、その後の発奮材料とさせていただいた。

このように東大教授としての榎先生からいただいた御恩は忘れがたいのであるが、その一方で、東洋文庫のトップとしては、華々しく活躍される傍らで、金銭的苦労をされていたことが思い出される。蔵書のうち、国宝や重文級のものの数点を売却したり、敷地の半分を売り渡さざるをえなくなったときは、さぞ断腸の思いであったことであろう。それでもお金の心配は次の世代に残さず、自分の代で終わらせるという意気込みを伺ったことがある。それには三菱各社の会長・社長で構成される三菱金曜会よりの資金援助が重要なので、金曜会では何度も講演をされ、東洋学の重要性を訴えられたそうである。

榎先生の晴れ姿は、東洋文庫に外国の著名な学者が来訪し、その講演会や談話会が催されるときに見られた。私が聴講したのはフランスのジェルネや呉其昱《ごきいく》、イタリアのペテック、オランダのフールスウェー、アメリカのプリツアク、東ドイツのティロ、ソ連のクチャノフなどであり、その都度、榎先生が講師紹介をされたが、その学者の略歴と研究業績を全くメモも見ずにとうとうと紹介されるのが恒例となっていた。たとえその業績がかなりの数にのぼり、かつ何ヵ国語に亘ろうともそうであった。

没後に刊行された『榎一雄著作集』(汲古書院、一九九二〜一九九四年)は全一二巻もあるが、研究史としての情報豊かな第九巻「東洋学・東洋文庫」、第一一巻「追想(外国人編)」、第一二巻「追想(日本人編)」に加えて、私は第七巻に再録された『図説中国の歴史11　東西文明の交流』(講談社、一九七七年)を、名著中の名著として推奨する。その主張点は一言でいえば、「ヨーロッパの近代化というのはアジアのお蔭」だということである。我々は誰でも、アジアの近代化がヨーロッパのお蔭だということを知っているが、その前段階の長い歴史を見事にまとめた結論なのである。

10―市古宙三

久保亨

市古宙三

市古《いちこ》宙三《ちゅうぞう》（一九一三～二〇一四）は、一九五三年から九五年まで東洋文庫近代中国研究委員会を主宰し、日本における草創期の近代中国史研究を支えた。東洋文庫に膨大な量の文献を蒐集し、それを多くの学生・研究者の利用に供するとともに、一九六〇～七〇年代の啓蒙的な著作を通じて均衡のとれた見方と研究方法を広げ、日本で近代中国史研究が発展する基礎を築いた。

一九一三年、山梨県甲府に生まれ、東京府立六中（新宿高校の前身）、浦和高校（埼玉大学の前身）を経て東京帝国大学文学部東洋史学科を卒業した市古は、一九三七年から四三年まで大学院に在学し、史学会委員や歴史学研究会幹事として様々な活動に加わっている。その傍ら、非常勤講師として歴史を教え、市村瓚次郎の『東洋史統』第四巻の下書きを執筆するなど、多忙な日々を過ごした。市古は、この頃のことを「近代中国に関する史料や研究を浅いながらも広く見渡すことができたことは、専攻の近代中国の領域を超えて歴史研究者一般に広く接することができたこととともに、私の研究生活をいきの長いものにしてくれた」[1]と述懐している。一九四三年、文部省編『大東亜史概説』の編纂主任に就いていた鈴木《すずき》俊《しゅん》（一九〇四〜一九七五）に誘われ、同書の編纂に協力したが、鈴木が一九四四年六月に治安維持法違反の嫌疑で検挙され（四五年二月釈放）主任を辞任したことから市古も辞め、『大東亜史概説』自体、未刊に終わった。

一九四六年、市古は中央大学予科教授となり、一九五一年から七九年まではお茶の水女子大学の助教授、教授、学長を歴任した。学生に慕われる存在であったことは、本庄《ほんじょう》比佐子《ひさこ》、蒲地《かまち》典子《のりこ》、浜口《はまぐち》允子《のぶこ》らの回想に生き生きと描かれている。[2]また東大東洋史の学友の一人であった山本達郎らの支持を得て、近代中国研究委員会を発足させ東洋文庫の近代中国関係図書の蒐集、整理、公開に尽力した。

市古の研究は、太平天国、洋務運動、義和団、戊戌変法、辛亥革命など多岐にわたり、政治過程とともに社会の実態に注目したこと、民衆運動と社会変動を論じる際も、社会の全体像の考察に力をいれたこと、また常に史料に基づく考察を重んじたことに特徴があった。

文革が終結し、改革開放が進む一方で天安門事件も起きた一九八九年九月、概説書の文庫版「あとがき」に、市古は昂然と次のように書いた。[3]「太平天国や義和団には、新しいもの、積極的な意味での建設的なものはほとんどなく……」伝統するものの破壊に終始した。それに対し「洋務運動は、明らかに中国の近代化を促したもの」であった。二〇年前、単行本として刊行された『世界の歴史』で市古がこのような見方を示したとき、それは、「当時の中国におけるオーソドックスの見方とは相いれないものであった。日本の学界でも、特に若い研究者のあいだに、評判があまりよくなかった」。革命史叙述が華やかりし頃だったからである。しかし「二〇年前に書いたものを読み直してみると、……その大綱においては、特に改める必要はなさそうである」。

著書『近代中国の政治と社会』（東京大学出版会、一九七一年、増補版一九七七年）には、市古の歴史研究が集大成されており、時代の全体像を描き出す概論、史料に基づく緻密な実証分析、研究文献目録の三つが、太平天国、洋務と変法、義和団、辛亥革命の四つのテーマに即し、均衡のとれたセットになって配置されている。辛亥革命に関する考察を深めた市古は、清末の地域社会で社会経済の発展と秩序の維持に力を持っていた郷紳層に着目し、彼らこそ、当初は清末の改革に期待を抱き、現実にはそれが失速したことに失望し、辛亥革命で誕生する中華民国政府を支える極めて重要な社会層になったことを指摘し、この分野に関する研究の新たな発展を促した。

市古が一九四〇年代に下書きを書いた市村著『東洋史統』と市古自身が一九六〇年代にまとめた『世界の歴史⑳中国の近代』の二つの概説を比較すると、民衆運動の実相と辛亥革命期の郷紳社会論が格段に充実していること、そして民国期から人民共和国期にかけての中国における歴史学の成果をふんだんに吸収していることが明らかになる。市古自身、「大学院に入ったころには、私は中国の対外関係に関心を持ち、明治時代の日中関係を研究したいと思っていたが、市村先生のお手伝いをしているうちに、だんだんと対外関係よりも、ほとんど解明されていない中国国内問題の研究に興味を覚えるようになった[4]」と記していた。

市古は、欧米、とくにアメリカの学者との交流も深く、たとえば、英語の論集

(Mary Clabaugh Wright ed., *China in Revolution: The First Phase, 1900-1913*, Yale University Press：New Haven, 1968）に寄稿した辛亥革命と郷紳に関する論文は、英語圏において大きな影響を与えたと言ってよい。

そして、学界に対する市古の最大の貢献というべき文章は、文献案内「研究のための工具類」[5]であろう。一九七〇年代以降に中国近現代史の研究を志した研究者は、恐らく全ての者がこの文献案内のお世話になった。

市古の築いた東洋文庫の文献コレクションと均衡のとれた概説、そして文献案内は、日本における近代中国史研究の共通の財産になっている。

注

［1］「近代中国研究と私」市古教授退官記念論叢編集委員会編『論集 近代中国研究』山川出版社、一九八一年、六一四頁。

［2］東洋文庫近代中国研究班編『近代中国研究と市古宙三』汲古書院、二〇一六年。

［3］市古宙三『世界の歴史⑳中国の近代』文庫版、河出書房新社、一九九〇年、二五八〜二五九頁。

［4］「近代中国研究と私」市古教授退官記念論叢編集委員会編『論集 近代中国研究』山川出版社、一九八一年、六一五頁。

［5］坂野正高、田中正俊、衛藤瀋吉編『近代中国研究入門』東京大学出版会、一九七四年。

11 ── 護 雅夫

小松久男

護雅夫《もりまさお》先生（一九二一～一九九六）は、戦後の日本におけるトルコ学の先達であり、一九九二年日本学士院会員に選ばれたときの専門もトルコ学であった。主著『古代トルコ民族史研究』（全三巻、山川出版社、一九六七～九七）にみられるとおり、北アジアに興起した匈奴から突厥《とっけつ》、ウイグルを経てモンゴル帝国に至る遊牧国家の構造と展開の研究に邁進された。そのさい先生は文献史料の精緻な分析にとどまらず、民俗学、言語学、考古学などの成果を援用しつつ、大きな構想のもとに研究を進められた。視野は東ではシャマニズムへの関心を介して古代の日本に、西では北アジアから中央アジアをへて西アジアに進出したトルコ民族の歴史と文化に及んでいる。先生のセルジュータ朝やティムール朝からオスマン朝、さらには現代のトルコ共和国に関する論考や概説、翻訳は、私のような後学にはつねに道しるべとなった。歴史を大きくとらえ、かつ語り、一方で確かな実証を重ねる、先生はこのことを実践されていたのである。

東洋文庫では一九六〇年に研究員となって以来、附置のユネスコ東アジア文化研究センター所長、理事、研究部長などの要職を歴任された。私の記憶では先生は大学よりも文庫の研究室にいらっしゃることの方が多かった。この間とくに注力されたのが西アジア文献、すなわちトルコ語、アラビア語、ペルシア語資料の蒐集であった。この分野の研究を開拓することの必要性を早くから理解されていたのだろう。いま東洋文庫はこの分野で国内最大のコレクションを有するが、その基礎を築かれたのが先生である。こうした資料の蒐集と整理が、次世代の研究者を育成する機会となったことも重要である。先生は多忙な職務に追われながらも、後進を育てることに専心されていたように思われる。

護 雅夫

先生は個人で研鑽を積まれたほ

か、同学との研究会を率先して運営された。戦後まもなく東京大学に復帰して立ち上げられた北方史研究会や、一九六四年に創始された「若手アルタイ学者の集まり」、通称「クリルタイ」がそれにあたる。所属や研究分野の別を越えて年に一度、同学が談論を交わすクリルタイの魅力はより若い世代「純若手」を刺激して、数年後にはアジア文化研究会が生まれた。中華の彼方に広がる内陸アジアや西アジアの歴史と文化の研究を志す学徒が集まったこの研究会は大学紛争のなかで停滞したが、その再建を促されたのが先生である。一九七五年(第二次)アジア文化研究会が発足すると、先生は年末の例会で「突厥碑文における実像と虚像」と題する講演をしてくださった。これが研究会に集う学生たちを鼓舞したことは言うまでもない。そしてこれに呼応するかのように、関西では若手ユーラシア研究会が組織され、東西の研究会は毎年夏期合宿を行って交流するようにもなった。これらの研究会のなかで今も健在なのはクリルタイであり、いつしかクリルタイの報告は『東洋学報』に掲載することが慣行となって今に至っている。先生の東京大学定年退官を機に編まれた論文集『内陸アジア・西アジアの社会と文化』(山川出版社、一九八三年)には三九名の寄稿があったが、これは先生が培われた同学の輪の賜といえるだろう。毎年正月に先生のお宅で開かれた新年会の賑わいは格別であり、座の中心には話題の尽きない先生がいらっしゃった。

先生は海外ではトルコとの縁が深く、トルコの話をするときはいつも楽しそうにされていた。一九五八年に留学されたときは、アラト教授やトガン教授らと親交を結び、一九七六年イスタンブル大学の客員教授を務められたときは、トルコ語で突厥の歴史や古代トルコ語の講義をされている。そのときの講義録が二〇一九年のこと、先生に師事したG・チャンダルルオール教授によって刊行されている。これを読むと講義での先生の語り口まで伝わってくる。たとえば、東京に招かれた恩師のフォン・ガバイン先生が同宿の西夏学者クチャノフ氏に部屋の番号を尋ねたときのこと、五五二号室との答を聞くと曰く、「決して忘れないわ、テュルク史を勉強しているのだから」と。これは決して聞き手を退屈させない先生一流の話術の一例だが、この突厥創建の年を聴講していた学生はすぐに覚えたことだろう。先生の没後二〇年以上も経たころだろうか、私はイスタンブルやアンカラの大学で学生時代に護先生の講義を受けた教授たちと出会い、学恩を共にする同士で好を交わしたことがある。

最後に、先生は『古代トルコ民族史研究Ⅱ』（山川出版社、一九九二年）の凡例でこう書かれている。「厳密には、『古代テュルク民族史研究』と題すべきであるが、「テュルク」という語は、我国では学界以外には、いまだほとんど通用していない。題名にのみ「トルコ」の語をもちいた所以である」と。それから三〇年あまりを経た現在、「テュルク」は書名においても使われるようになっている。これはぜひ先生にご報告しておきたい。

12——神田信夫

石橋崇雄

日本が世界に誇る研究機関の一つである東洋文庫はまた、ユーラシアにみられる多くの言語や文字による貴重な文献史料類を豊富に所蔵していることでも広く知られる。そのなかには『鑲紅旗檔《じょうこうきとう》』などの満洲語による貴重な史料があり、専門研究グループによる活動の成果を国内外に発信している。その立役者こそ、神田信夫《かんだのぶお》先生（一九二一〜二〇〇三）その人である。

満洲語は周知の如く、中国歴代王朝の最後となった清朝における国語の筆頭に位置付けられ、モンゴル文字を借用した満洲文字で書き記される。この満洲文字は清朝が勃興した時代に誕生し、北京に遷都する以前のアイシン（aisin、所謂「後金」）国における太祖ヌルハチ（nurhaci）の時代に政治上の必要性から無圏点文字で創始され、続く太宗ホンタイジ（hong taiji）の時代に有圏点文字として完成した経緯がある。こうし

神田信夫

た背景から満洲文の文献史料類にみえるこの太祖・太宗時代に関する記録は清朝勃興史を解明する上で最も重要な意味を持つとされている。

こうした満洲文の記録によって清の太祖・太宗時代を解明しようとする研究は、盛京宮闕《せいけいきゅうけつ》（奉天行宮、現・瀋陽故宮）内の西側に位置する崇謨閣《すうぼかく》に収蔵されていた『満文老檔《まんぶんろうとう》』の発見とその翻訳作業を端緒にしており、日本が長きに亘って世界を牽引する状況にある。

一九〇五年（明治三八）に内藤湖南が日露戦争直後の南満洲で史跡や文献を調査した際に無圏点本と有圏点本の『満文老檔』を発見し、一九一二年に内藤と羽田亨が撮影した有圏点本『満文老檔』の乾板が京都帝国大学にもたらされ、焼き付けられた写真はアルバムに貼付されて京大と東京帝国大学に保管された。以後、中華民国時代の中国や昭和前半の日本などでそれぞれ別個に翻訳の試みがなされたものの、何れも完成するまでには至らなかった。

やがて太平洋戦争後の東大東洋史学研究室で発足した「満洲語研究会」が神田信夫先生を中心とする東洋文庫の「満文老檔研究会」に発展し、『満文老檔』の翻訳を開始した。当時の文部省から科学研究費の補助を受けて京大に保管されていた乾板を新たに焼き付けた写真を底本にした翻訳の成果は、一九五五年（昭和三〇）に満文老檔研究会訳註『満文老檔Ⅰ 太祖1』に結実して東洋文庫叢刊第12として東洋文庫から刊行された。このときの満文老檔研究会は神田信夫先生を代表とする岡本敬二《おかもとよしじ》・嶋田《しまだ》襄平《じょうへい》・本田實信《ほんだみのぶ》・松村潤《まつむらじゅん》・岡田英弘《おかだひでひろ》であったが、のち嶋田・本田は渡英し、石橋秀雄が加わった。以後、このメンバーで陸続と翻訳の成果を公表し、一九六三年（昭和三八）刊の満文老檔研究会訳註『満文老檔Ⅶ 太宗4』で全訳の完成をみる。広く多くの研究者がごく容易に『満文老檔』を活用できるようになったわけで、前人未到の偉業であった。実際、その功績は高く評価され、訳註1と2の公刊された翌年の一九五七年には第四七回日本学士院賞が授与されている。

ところでこの『満文老檔』は乾隆時代に編纂・清抄されたものであったことから、「満文老檔研究会」を基盤とする「清代史研究室」の代表者として神田信夫先生はさらにそのオリジナルとなる檔冊を探求し続けた結果、一九六二年・一九六五年に松村・岡田とともに訪問した台湾の故宮博物院に所蔵されていた『満文原檔』と遭遇し、調査研究を重ねて『満文老檔』のオリジナルであることを確認した。そしてこれが一九六九年に『旧満洲檔』全一〇冊として影印刊行されたことを機に、第九冊に収録されている天聰九年（一六三五）の記事が大清国の成立を翌年に迎える重要な年であるにもかかわらず『満文老檔』では欠落していたことから、神田・松村・岡田で全訳し、東洋文庫叢刊第18として東洋文庫清代史研究室訳註『旧満洲檔天聰九年1』を一九七二年に、『同2』を一九七五年に公刊した。

同時にまた満洲文による文献史料類が清朝史の全時代に亘って重要な意味を持つことを示す一環として、神田・松村・岡田に細谷良夫を加えて東洋文庫所蔵の『鑲紅旗檔』を各時代ごとに整理し直すと共に、雍正時代を対象とする翻訳結果を東洋文庫清代史研究室『鑲紅旗檔 雍正朝』として一九七二年に刊行したほか、乾隆時代のものをメルレンドルフ式でローマ字転写し、その結果をまず東洋文庫清代史研究委員会『鑲紅旗檔 乾隆朝1』として一九八三年に、次いで『同2』を一九九三年に公刊した。

神田信夫先生は、こうした満洲文檔冊史料の翻訳作業だけにとどまらず、数年に亘って清朝勃興時代の史跡を現地調査したほか、日本各地の清代檔案史料を把握して後世に伝えるべく神田信夫編『日本所在清代檔案史料の諸相』を東洋文庫清代史研究室として一九九三年に刊行した。また台湾、韓国、中国などの研究者を日本に招聘して学術交流を深化させると共に、満洲文の檔案史料記事を読み進める研究会を主宰して多くの若手研究者を育成するなど、まさに東洋文庫に拠点を置く戦後日本における「満学」の開拓者であった。

13 ―― 北村 甫

長野泰彦

小稿は北村甫《きたむらはじめ》先生(一九二三〜二〇〇三)の学問的・社会的事績を記述することを目的としているが、東洋文庫理事長としての活躍ぶりは東洋文庫で発行している年報などを参照していただくこととして、ここでは先生が東洋文庫を舞台としてどのように日本における総合的チベット学を根付かせようとしたのかに焦点を当てる。

我が国には綿々と続くチベット仏教研究の長い伝統がある。清朝中期以降チベットは長く鎖国状態にあり、一九八五年に外国人が入領できるようになるまではいわば神秘の国であった。そうした状況にも拘わらず、一九世紀中葉には世界の眼がチベットに向けられたのだが、それは仏教典籍の漢語訳が大胆な意訳を特徴とするのに対し、チベット語仏典は九世紀に確立した欽定文法に基づく忠実な直訳を旨としたため、チベット語仏典を用いて、今は散逸したサンスクリット語仏教文献を再構成できることが認識されたためである。こうしたチベット語典籍の特徴の故に、一九世紀末までには欧露列強がアジア侵略という政治的思惑に仏教経典の探求を絡ませてチベットに触手を伸ばし、我が国もそれに乗じたのである。このような形で始まった探求は確かにインド哲学と仏教研究には顕著な進展をもたらしたが、長尾《ながお》雅人《がじん》『蒙古学問寺』（一九四七年）のような文献学とフィールドワークを絶妙に組み合わせた秀作を除けば、チベット文化そのものに対する関心は稀薄だった。世界的に見ても仏教プロパーの研究を超えたチベット理解への伏線は醸成されてきてはいたが、その成果が世に出たのは一九五〇年代後半になってからである。

北村 甫

そうした世界的動向と平行して、日本でも佐藤《さとう》長《ひさし》、山口《やまぐち》瑞鳳《ずいほう》、稲葉《いなば》正《しょう》就《じゅ》、西田龍雄諸先生による歴史学、文法学、言語学の業績が出始め、東洋文庫でも河口慧《かわぐちえ》海《かい》師将来文献整理と寄贈条件だった蔵和大辞典の編纂のため、文部省の助成を受けて委員会が組織され、活動を再開していた。これがのちに「チベット研究室」となる。

一方、中国では共産党政権が一九五〇年にそれまで民国政府勢力が残っていた四川省と青海省を掌握し、次いでチベットの実効支配を目指す。その緊張は一九五九年三月のチベット動乱で頂点に達した。数万のチベット人がインド、ネパール、シッキムに逃れたが、これを機にチベット研究の動向は大きく変化した。研究者たちはチベット人が持ち出した文献類（特に蔵外文献）や、生きたチベット文化に直接触れることができるようになったのである。この事態を受け、チベット学の泰斗、トウッチ教授はイタリアのペラジオに著名なチベット学者を招集し、チベットを逃れたチベット人たちとどのように研究を進めるべきかを議論した。その結果、ロックフェラー財団の支援のもと各国はそれぞれにセンターを設置し、数名のチベット人学者を招聘して共同研究を行うこととなった。日本では東洋文庫がセンターとなり、それを実質的に担ったのが多田等観《ただとうかん》師（初期入蔵者のひとりで、一〇年間ラサのセラ寺で修行）と北村甫先生だった。近代的な意味での日本の「チベット学」はこのとき始まったと言って過言でない。

各国はそれぞれの事情にしたがって人選を行い、ゲル派の高僧を含む優秀な学者を選んで共同研究を開始した。日本からは一九六一年に人選のため多田師と北村先生がインドに派遣され、チベット仏教サキャ派の活仏とニンマ派の学僧、貴族出身の俗人女性を招聘することとなった。この人選はおそらく多田師の判断による。ダライ一四世は「ゲル派からも人を」と望んだが、多田師は「ゲル派の内情は、猊下《げいか》より私の方がよく知っています」と応じたと聞いている。

北村先生にとってもこの招聘はチベット語中央方言を直に観察できる点で画期的であったに違いない。先生は東京帝大に入学し、当初ビルマ語を研究したいと考え、Judsonの文法などを読み込んでいたが、復員後はこれを諦め、多田師のチベット語の授業に出席したこともあって、研究対象をチベット語に変更した。ただ当時はチベット語の音声を直接観察できる機会はなく、『五体清文鑑《ごたいしんぶんかん》』の満洲字が表すチベット語の音韻という文献学的研究を卒論とせざるを得なかった。この数年後、国立国語研究所時代に手がけた研究社の『世界言語概説 下』「チベット語」（渡辺照宏氏と共著）のⅢ音韻とⅣ文字の執筆は先生のチベット語音韻記述を高める大きなきっかけとなった。一九三〇年に国立中央研究院歴史語言研究所から『第六代達頼喇嘛倉洋嘉錯情歌』（ダライ六世恋歌）が出版されていたが、この本にはそのチベット語テキストをラサ出身のネイティヴ・スピーカーが読み、それを趙元任（Yuen Ren CHAO）が精確に国際音声字母で記述したデータが付けられていた。趙元任はのちにアメリカ言語学会会長になる人物である。先生はこのデータをもとに現代チベット語の高さやアクセント体系を世界で初めて明らかにした。東洋文庫プロジェクトで招聘したツェリン・ドルマ女史はツァロン家の出自で、概ねラサ方言の話し手で英語も堪能、北村先生の記述研究に最適の人材だった。先生はこの後、東洋文庫や一九六四年に転じた東京外国語大学アジア・アフリカ言語文化研究所（AA研）で何回かチベット語研修・講習会を開いているが、その度にツェリン・ドルマ女史やのちに招聘されたチベット人学者の助力を得て記述を高次化させている。現在日本で活躍する五〇歳以上のチベット研究者のほとんどが北村先生の言語研修の恩恵を被っていると思われる。

ロックフェラー財団の支援を受けたこのプロジェクトは三年間で終了し、その後は文部省（現・文科省）から措置された「チベット特別研究経費」などによって継続的に行われている。言語・歴史・宗教の三本柱は堅持しつつ、バランスの取れた資料整備と成果刊行を行っているが、財源が科学研究費補助金に移行し、且つ縮小傾向にあることは残念である。一連の財政措置には北村先生が文部省学術国際局（当時は情報図書館課）の人脈を開拓し、後進にそれを引き継がせたことが大きく寄与している。

先生の基本的研究態度は①インフォーマントへの敬意、②ありのままを記述すること、に尽きる。私も実際の調査で厳しくしつけられたが、①は決して相手の言うことを批判しない、インフォーマントの前で（観察者同士で）言語学的議論をしない、が要諦である。②は常識的に見て謬《あやま》りないし無価値資料として退けられるかも知れない事象も言語学的には何らかの鍵になり得る、ないがしろにすべきでない、がポイントである。ご自分の業績についてあまり口にすることのない先生だったが、『現代チベット語分類辞典』（汲古書院、一九九〇年）は②の点で気に入っていた本である。何故かというと、一九六〇年代に参照できた辞書から口語を反映したと思われる形式を全て拾ったことと、ツェリン・ドルマ女史が日常的に使う正書法にそぐわない綴《つづ》り字を記録できたからである。記述言語学者としての矜持と言うべきであろう。私が誇りに思うもう一つの著作は『AA研文法便覧 Tibetan（Lhasa dialect）』である。出版当時、私が留学していたカリフォルニア大学バークレイ校大学院のField Method演習でこの記述が取り上げられ、W・チェイフ教授はこれをcarefully done!と賞讃した。同教授は意味論学者として高名だが、もともとネイティヴ・アメリカン諸語の精密な記述で知られていた。

先生は「どうして僕はこう面白い人と出会うんだろう」とよく言っておられた。聞けばなるほど思いもよらぬ人との奇遇が多い。だが、これは人との出会いを大事にし、それを感動として捉える先生側の態度に起因しているのではないかと思う。前述の言語学者としての矜持とも通底するものだろう。

北村甫先生の事績と履歴の詳細については、AA研『通信』五七号と一一〇号も参照されたい。

14―中根千枝

斯波義信

中根《なかね》千枝《ちえ》先生（一九二六～二〇二一）は日本における社会人類学の創始者であり、東洋学全般の偉大な推進者であった。

一九二六年（大正一五）、東京府豊多摩郡戸塚村（現在の新宿区）で生まれ、弁護士であられた御父上に従って、愛知県岡崎市の尋常小学校の六年生から北京の日本小学校へ転校し、さらに同地の日本高等女学校に進まれた。計五年間を北京で過ごされ、学校では級長を務められた。抜群の語学力と明晰で論理的な思考力を生まれつき備えておられた。それに加えて、中国では中国的な生活慣習や開放的で大らかな中国人の物の考え方にも馴染まれたようだ。学校の先生達からは「何て大陸的なお嬢さんだろう」とコメントされていたという。

北京におられた当時から中国に固有の人間関係の組織やルールに強い関心を持た

中根千枝

れ、将来の希望として、中国について調べてみたいと思っておられた。特に当時まだ研究が進んでいなかった中央アジアかチベット地域について、こうした問題を探ってみたいと思われたようである。

帰国後、東京府立第八高等女学校を卒業され、津田塾専門学校外国語科で英語力に磨きをかけられた。一九四七年（昭和二二）に東京大学文学部東洋史学科に入学、一九五〇年には同大学大学院に進学し、一九五二年にこれを修了後、東京大学附置東洋文化研究所の助手に任用された。ここで宿願であったチベットの調査、研究にようやく本格着手されることとなる。

しかし当時は中国経由のチベット訪問が困難であったので、インド経由を検討されていた。折よくインド政府によるインド研究の奨学金が始まり、これに合格して向こう二年間の助成が得られることとなった。カルカッタの国立民族学研究所に所属し、同所員の民族学者、人類学者による奥地のトライバルズ（少数民族）のフィールド調査に参加する一方、単独でも東部ヒマラヤ山麓やシッキムの幾つかの民族を調査して成果をあげられた。

またこの間、チベット学の著名な文献学者であるジョージ・レーリッヒ教授（一九〇二〜一九六〇）を国境の町カリンポンに訪問して、文献学の個人教授を受ける機会も得ている。人類学の科学的基礎として、フィールド調査で質のよいデータを手に入れることが先決であることは常に力説しておられたが、同時にマイクロデータを全体の観察のなかに位置づけるために、マクロな考察を合わせ用いるべく、文献を通じて視野を広くすることが不可欠だとするのが先生の後年の持論であった。

このカルカッタの民族学研究所での寄留の末期、スウェーデンのエリン・ワグネル財団の役員で医学博士でもあったある女性に注目され、「インドにおける女権制についての調査」を委嘱された。同財団からは向こう二年間の助成を受け、インド北西部のカシ族とガロ族、南部のナヤールという少数民族について、それらの母系制社会の調査を一年間継続することになった。

この頃先生はインドでの調査成果をヨーロッパに滞在しながら英文で出版したいと

考えておられた。助成が幸いにも一年延長され、財団員でもあったウプサラ大学長の斡旋によって、ロンドン大学LSEにおける構造主義社会人類学の旗手レイモンド・ファース教授（一九〇一～二〇〇二）のセミナーに参列して、社会人類学の精髄を習得することになった。最後の半年間はローマの中東極東研究所ISMEOの所長で、チベット学の泰斗であったジュゼッペ・トウッチ教授（一八九四～一九八四）を自宅に訪れて文献学の個人教授を親しく受ける機会も得られた。

先生はこうして二〇代後半のインドとヨーロッパでの留学中、持ち前というべき優れた語学力、行動力、意思力、決断力を遺憾なく発揮された。一個の確立した社会人類学者として備えるべき、フィールド・ワークへの習熟、理論方法の学習、文献学の習練、そして国際コミュニケーション等の課題を全て果たされたのは驚くべきことである。

一九五七年（昭和三二）、東京大学東洋文化研究所に復帰し、翌年に講師、一九六二年に助教授、一九七〇年には教授に昇任された。一九八〇年から二年間、所長を務められた後、一九八七年、東京大学を定年退官となった。この間、一九七四年に発足した国立民族学博物館では六年間併任教授となり、東京外国語大学アジア・アフリカ言語文化研究所では一九七三年から一九八九年（平成元）まで、教授会の諮問機関である運営委員会委員の任にあった。東京大学東洋文化研究所では汎アジア部門に研究活動の本拠を置きながら、後進の育成、国内や海外の調査、海外でのレクチャー、国際学会の推進、有識者としての諮問への対応などで終始多忙であった。

海外においてもシカゴ大学客員助教授、アメリカ行動科学高等研究所客員教授、英国王立人類学協会名誉会員、コーネル大学客員教授を歴任された。一九七六年にはスウェーデン・アカデミーの招待を受けている。

現地調査としては、一九六二年から六三年にかけてアジア経済研究所によるインド村落の調査に加わったほか、日本各地の農村を調査し、沖縄でも調査を実施した。韓国に渡って両班階層や門中の社会も研究されている。一九七五年（昭和五〇）、日本政府派遣学術文化訪中使節団の一員として中国を訪れ、英国で社会人類学を学んだ費孝通教授（一九一〇〜二〇〇五）と初めて交流した。その後、費教授とは国際シンポジウム等を通じて親交を深めるようになった。

顕著な学問業績は早くから注目され、一九五九年（昭和三四）には毎日出版文化賞を受賞している。これは恐らく最初の著述であった『未開の顔・文明の顔』（中央公論社）

に対する賞であった。ついで一九六五年には、日本民族学振興会（民族学協会）の賞として渋沢賞も受賞している。一九九〇年（平成二）には紫綬褒章、翌年には福岡アジア文化賞学術研究賞にも輝いている。一九九三年には文化功労者の顕彰を受けられ、一九九五年、日本学士院会員に選定された。二〇〇一年には文化勲章が授けられた。

東京大学を定年退官される頃、先生は東洋学における文献学に特に関心を注がれるようになった。一九八九年（平成元）に東洋文庫の東洋学連絡委員会委員に就任、一九九四年からは東洋文庫の理事も終生兼任された。また、一九六一年（昭和三六）から二〇〇三年（平成一五）にかけて東洋文庫に設置されていたユネスコ東アジア文化研究センターでは運営委員としてチベット学者であった北村甫理事長（一九二三〜二〇〇三）を補佐して事業の推進に尽くされた。また、同じく三菱ゆかりの静嘉堂《せいかどう》文庫においても、一九九六年（平成八）から二〇一六年（平成二八）まで名誉理事を務められており、第六代の静嘉堂文庫長、第三代の同文庫美術館長の要職に就かれている。

筆者が中根先生の謦咳に触れ、お話を伺えるようになったのは、一九八六年（昭和六一）に大阪大学から東京大学東洋文化研究所に転職してからのことである。大所高所から貴重なお話を拝聴するなかで、先生のタテ社会の理論に関わって心に残っていることを二つ三つ思い出してみたい。

そのひとつは研究データとしてのフィールド・ワークの重要性に関連することである。若い人達は「自分の慣れ親しんだ環境と全くちがう状況のなかに自分自身をexposeすることが必要であるし、プラスにもなる」というお言葉を受けた。また、これとは別の討論でされた先生のコメントでは次のような洞察がある。「日本人が外国人と接触しようとするときは、どうしても相手を日本化しないと気がすまない。日本人は自らの感性に引きつけて他者を同化する形で理解することはできても他者として異化する、異化を通路とする形で理解することはできない。中国人やインド人は異質の存在を当然視しているから、相手を自分の文化に同化しようという努力はほとんどしない。むしろ異質を非常に歓迎し高く評価する」と仰られた。

さらにもうひとつ参考になったのは、「ジャーゴンを避け普遍性のある用語で共通理解をすること」の勧めである。つまり、仲間うちでしか分からない専門用語(ジャーゴン)に閉じこもってしまうために、他の人に通じないだけでなく科学的ですらなくなってしまう恐れがある。これは中国研究者に向けられた警句であり、若干思い当たるところもあって、気を付けたいと思っている。

筆者は東大東洋史、東洋文化研究所、そして晩年になって東洋文庫の図書部関係の運営において不肖の後輩として先生のご指導にあずかってきた。先生はスコッチウイスキーのソーダ割りと煙草がお好きでいらした。東洋文庫の私の部屋には排煙の装置があるためか、先生は理事会や委員会でご来庫の折、おくつろぎによくお立ち寄りになられた。また、ご研究の資料となるモリソン文庫の本などをお調べなさる機会にいただいたご教示やご判断はどれも貴重なものばかりであった。とても有難く思っている。

学界の最高顧問として後進一同の尊敬と敬慕を一身にあつめておられた先生は、二〇二〇年（令和二）夏、熱中症に罹られて病床に臥された。引き続き療養に励まれておられたが、残念ながら二〇二一年一〇月一二日、ご逝去なされた。享年九四。先生の偉大なご業績と傑出したご人格を偲び、心からご冥福をお祈り申しあげたい。

15——石井米雄

牧野元紀

石井米雄《いしいよねお》先生（一九二九〜二〇一〇年）は一九二九年（昭和四）東京都心のお生まれで、銀座の泰明《たいめい》小学校で学ばれた。戦時中は山形の庄内地方に疎開され、石油採掘の勤労動員に従事しつつ旧制酒田中学校で勉学を続けられた。終戦後、東京に戻られると、電気通信の方面に進むべく早稲田第一高等学院の理科に進まれたが、数学等の理系科目よりも語学の授業における言葉や語源の面白さに魅かれることとなった。早稲田大学文学部英語・英文学科に進学後、仏文科に転科されるや、ラテン語、ギリシア語、フランス語を学ばれた。当時ソシュール言語学の紹介者で早稲田にたまたま非常勤で来られていた小林英夫東京工業大学教授（一九〇三〜一九七八）の教えを受ける機会を得て次第に比較言語学の研究に取り組まれるようになった。

小林教授の助言に従い、研究対象をロマンス諸語からアジア諸言語へと大きく方向

2008年、瑞宝重光章受勲時にアジア歴史資料センターにて

転換されると、最初はマレー語、ついでタイ語の学習に取り組まれた。タイ語に魅了された先生は習得に本腰を入れるべく、六年間在籍した早稲田大学を中退し、二四歳で東京外国語大学外国語学部に入り直された。しかし、外大在学中にも「どうしても本物に触れたい」という気持ちを抑えられず、タイへの現地留学を目的として外務書記試験を受け合格される。ついには外大も中退されることになり、一九五五年、外務省へ就職された。

本省での約二年間の勤務を経て、一九五七年四月、外務省留学生として在タイ大使館勤務を命ぜられ、現地到着後すぐにチュラロンコン大学文学部で学ばれた。夢にみたタイでの暮らしを先生は十分に満喫されたようである。タイ語の習得はもちろん、バンコクの街中での下宿生活、仏教寺院での出家経験を通して、タイ人のメンタリティーを体得された。一九六一年、池田勇人首相の来訪時にはサリット首相との首脳会談での日本側通訳として活躍され、当時の日タイ間で懸案となっていた特別円問題の解決にも陰ながら貢献されている。一九六三年に帰国し、本省勤務に復帰されるまでの足かけ七年、バンコクで暮らされた。

留学中の一九五七年、日本民族学協会が派遣した「稲作民族文化総合調査団」（松本信廣団長）のフィールドアシスタントとして、メコン川流域のタイ、カンボジア、ラオスをトラックとジープで三ヵ月間めぐる稲作文化の調査旅行に加わられた。またバンコクへ戻ってすぐに大阪市立大学東南アジア生態学調査隊（梅棹忠夫団長）にも参加し、カンボジアから南ベトナムへ入りラオスへ抜けてバンコクへ戻る大調査旅行を成功させた。東南アジアには都市文明とは異なる豊かな農村文化があることを気づかせたこの二つの調査体験は先生のその後のタイ・東南アジア研究にとって大きな意味を持つものとなった。

石井先生が東洋文庫と関わりを持たれたのもバンコクでの大使館勤務時代である。当時の榎一雄理事長（一九一三〜一九八九）がユネスコ東アジア文化研究センターの設立に関連して東南アジアを歴訪された際、石井先生のお宅に宿泊されることとなり、先生の蒐集されたタイ語本のコレクションをご覧になり大いに関心を示された。

タイでは葬式が行われると故人の因縁やステイタスに応じて本を印刷し配布する「ナンスーチェーク（頒布本）」という習慣がある。そうした本には故人の経歴や事績が細かく収録されており、歴史研究のための史料として貴重な情報源となる。石井先生は大使館での勤務が終わると毎日のように王宮前広場の古本市に立ち寄り、目ぼしい本を購入しておられた。そこで偶々知り合った司法省官吏のチャラット・ピクンを通じて数々の稀覯本を買い求めた。現在、東洋文庫に所蔵されるタイ語本コレクション「松田文庫」はバンコク在住の篤志家松田嘉久の寄附金をもとにチャラットの蔵書のうち歴史関係の約一〇〇〇冊を購入し寄贈されたものである。[1]

帰国後の一九六四年、榎理事長から東洋文庫の市民向け講座「東洋学講座」におけるタイ語文献についての講演依頼があり、石井先生は「タイ語の史料について」と題してこのナンスーチェークに関するお話をされた。講演終了後、先生に熱心に質問なされた老紳士がいた。日本の東南アジア史学の開祖である、かの山本達郎先生（一九一〇〜二〇〇一）であった。

一九六五年、外務省から文部省への出向というかたちで設立されたばかりの京都大学東南アジア研究センター（現：京都大学東南アジア地域研究研究所）助教授に就任し、日本初の東南アジア研究の拠点としての同センターの整備に尽力された（一九六六年同センターのバンコク連絡事務所に駐在）。やがて京都大学が本務先となり、一九六八年より同教授となられ、一九八五年から一九九〇年まで所長もお務めになった[2]。

一九八一年に「上座部仏教の政治社会学――国教の構造」を京都大学に提出し、法学博士を取得されている。同論文はさきに『上座部仏教の政治社会学』（創文社、一九七五年）として刊行された研究書が出発点となっている。自らの出家生活、タイ仏教の文献精査を経て完成した本書は、仏教がタイという国家といかなる構造的関係を結んでいるのかを正面から取り上げている。タイにおける国家・国王と仏教をめぐる宗教社会学的研究の画期的成果として今日も高く評価される名著だ。他にも編著『タイ国――ひとつの稲作社会』（創文社、一九七五年）は刊行されるや東南アジア地域研究に留まらず東洋史学全体にも広範な影響を与えた。

一九九〇年、京都大学の定年前に上智大学に移られた。先生は宗教社会学への関心を従来からお持ちであり、学生時代にキリスト教の洗礼を受けたこともある。カトリックの勉強をし直してみたいという思いもお持ちであった。タイの近代化においてモンクット（ラーマ四世）とパリ外国宣教会のパルゴア神父の青年時代の知的交流が後々少なからぬ影響を与えたことを解明されたのも上智大学在職中の業績である。

一九九七年、上智大学退職後は神田外語大学第三代学長として招請され、日々多忙ながらも学務をこなされたが、現場の教職員からの人望は並々ならぬものがあったという。また、二〇〇一年には設立されたばかりの国立公文書館アジア歴史資料センター長に、二〇〇四年には同じく人間文化研究機構の初代機構長に就任された。まさに八面六臂のご活躍で、国内海外を問わず各地を忙しく飛びまわっておられたが、研究者として日本語と英語でそれぞれ年に最低一本ずつの論文を書くことを自分に課していると仰っていたことを思い出す。

東洋文庫でも附置ユネスコ東アジア文化研究センター運営委員・同センター所長、理事、研究部研究顧問と長年にわたり要職を務め上げられた。そのご貢献には枚挙に暇がないが、英文による学術動向機関誌*Asian Research Trend*の発刊、フランス国立極東学院との協定締結、人間文化研究機構の東洋文庫拠点の設立などが挙げられる。

先生は二〇一〇年二月一二日、ご自宅のある伊豆の伊東でご逝去された。前年一〇月二七日には東京丸の内の三菱商事本社ビルを会場として東洋学講座「私の東南アジア研究と東洋文庫」と題するご講演をお元気になされたばかりであった。この突然の訃報に接した文庫の関係者一同、ひどく意気消沈したものである。

先生の晩年のご研究はタイの古代法典や比較法制史といった方面にも拡大していた。その成果の一つとしてバンコクで刊行された『三印法典総辞索引』全五巻がある。これはタイの学界でも高い評価を得ている。やはり名著の誉れ高い『タイ近世史研究序説』（岩波書店、一九九九年）も先生本人にはあくまで「序説」であり、研究への意欲が終生全く衰えておられなかったのは誰もが認めるところだ。

石井先生はあらゆる分野のあらゆる世代から慕われたが、特に若手研究者からの人気は絶大であった。著者が初めてお目にかかったのは大学院修士課程の頃であった。日本を代表する東南アジア学の世界的権威を目の前にしてただただ緊張するばかり、まともな会話ができなかったことを覚えている。

しかし、その後偶然にも国立公文書館アジア歴史資料センター（アジ歴）でオーバードクターの非常勤調査員として勤務する機会を得て、転職先の東洋文庫でもご一緒することが度々となった。アジ歴は当時発足して間もなくの頃で、外務省と文科省からの寄せ集めの少人数の職員と七〜八人規模の調査員からなっていた。中韓をはじめとするアジア諸国と日本の近現代史に関わるデジタルアーカイブの公開を担う重いミッションにもかかわらず、極めて脆弱な組織であった。傍からみても、センター長の石井先生とその直下で実務を担う牟田《むた》昌平《しようへい》公文書専門官（一九五三〜二〇〇九）の息の合ったコンビなくしては立ち行かない場面が何度もあり、お二人ともさぞやご苦労が多かったに違いない。

そんななかでも先生はいつも前向きでいらした。アジ歴では先生を囲んで、同世代の調査員が昼食をしばしばともにした。先生は誰もが知る話し上手であるが、同時に聞き上手でもあった。著者のような駆け出しの研究者にも自由自在に話題をあわせてそれを柔軟にふくらませる術をもっておられた。そして常にユーモアを忘れず、場を明るい雰囲気で満たしておられた。先生はまさしく太陽のような存在であった。「いい研究は一緒に飯を食うことから始まるんだよ」とよく仰っておられたのも印象的だ。我々はみな石井先生が大好きであった。

ご逝去からはや一五年の歳月が流れた。先生と巡り会えた幸運をいまあらためてかみしめる。東洋文庫での研究・図書・普及の各部の活動を通じて、日本における東洋学の発展を支えること、それは先生の一つの理想であったと確信する。これからもささやかながらご恩返しを続けたい。

［1］チャラットの残りのコレクション約九〇〇〇冊は京都大学東南アジア研究センターが購入し、目録を作成したうえで、今日も閲覧利用に供している。

［2］一九七三年には外務省の調査員としてロンドン大学東洋アフリカ研究学院（SOAS）に一年半留学され、ビルマ語とビルマ仏教およびカンボジア語とカンボジア仏教の研究、さらにシンハラ語の学習にも着手された。

16 — 佐藤次高

三浦徹

佐藤次高《さとうつぎたか》先生（一九四二〜二〇一一）は、日本を代表するアラブ・イスラーム史の研究者（とくにイクター制、マムルーク、さらに聖者や砂糖の社会史）として知られるとともに、東洋文庫における西アジア・イスラーム研究の基盤を築き、それを国際的な研究へと発展させた。

東洋文庫の活動においては西アジア・イスラーム研究は（他地域に比べ）後発の分野であったが、一九五八年度から科学研究費「アジア地域総合研究事業」において「イスラム地域の社会構造」が発足し、アラビア語・トルコ語・ペルシア語など現地語文献の蒐集が始まった。これを契機に研究部に「中央アジア・イスラム研究委員会」が設けられ、一九七四年度にはアラビア語およびトルコ語の文献目録を編纂・刊行した。これ以後も、さまざまな研究資金を用いて、現地に研究者を派遣するなどの方法によって、文献蒐集と目録編纂を継続した。また一九七五年度からは、「イスラム国家論研究会」を定期的に開催し、二〇代から三〇代前半の若手の研究者の集いの場となった。運営の中心となっていたのは、後藤明、清水《しみず》宏祐《こうすけ》、小松久男らであった。

佐藤先生は、『東洋文庫所蔵アラビア語文献目録（増補・改訂版）』（一九八五年）、『同目録補遺』（一九九五年）や『日本における中東・イスラーム研究文献目録一八六八〜一九八八年』（東洋文庫附置ユネスコ東アジア文化研究センター、二巻、一九九二年）の責任者として尽力された。いずれも大学院生などをアルバイト（非常勤職員）としてリクルートし、その力を結集した。学生アルバイターにとっては、日給は安くても、東洋文庫の書庫にはいり、現物の文献を手に取ることが魅力だった。昼休みや就業時間後に先輩の研究者から研究関心を直接聞くことも励みとなった。こ

佐藤次高

れらの刊行物には、アルバイト作業者の名前を記してあり、現在各領域で活躍する錚々《そうそう》たる研究者の名が並んでいる。一九八九年には、モロッコの皮紙（ヴェラム）文書八点について、日本でも文書史料の研究が必須になるとの佐藤先生の見通しで、その購入を決定した。この史料を使った研究が開始されたのは二〇年後であったが、アラビア語テキストの校訂と英文での研究書が刊行されている（二〇一五〜二〇二〇）。人文学の研究にとって、対象地域の言語で書かれた文献は「命」である。インターネットや電子図書などが存在せず、史料にせよ研究文献にせよ、現物が手の届くところにあるかないかが決定的な時代だった。その意味で、いち早く現地語文献の蒐集と整理に注力した東洋文庫に、研究者が集まり、そこから研究が育っていくことは、自然なことであった。

こうした東洋文庫の西アジア・イスラーム研究を、国際規模に発展させたのが、「イスラーム地域研究」である。最初は科学研究費創成的基礎研究事業として（東京大学大学院人文社会系研究科を拠点とする、一九九七〜二〇〇一年度）、その後ＮＩＨＵ（人間文化研究機構）プログラムとして（早稲田大学を中心拠点とする、二〇〇六〜二〇一五年度）約二〇年にわたって実施された。佐藤先生は、東洋文庫研究部長（一九九〇〜二〇一一）を務めつつ、これらの研究事業全体の代表者となった。いずれも五〜六の機関が研究拠点（班）を形成し、人文・社会科学を中心に、一〇〇名以上の研究者が分担者となり、大小の国際研究集会を開催し、和文英文の叢書を刊行した。東洋文庫は、現地語史料の蒐集と基盤整備を担当し、現地語文献などの書誌（目録）情報のオンライン化・共有化に貢献した。佐藤先生は、全体の研究代表として、「一枚の古文書」の解読から地域を理解することを提唱し、他方で研究分担者には、内外の研究者を引き入れグループ研究を組織することを求めた。またＮＩＨＵ研究事業と連携し、「イスラム国家論研究会」が、二〇一〇年度から「イスラーム地域研究・若手研究者の会」に改称し、満五〇年を迎えようとしている。

佐藤先生ご自身の研究業績やその歩みは、ご逝去後の追悼文（『史学雑誌』第一二〇編第六号、二〇一一、*Memoirs of The Research Departmnt of The Toyo Bunko*, vol.69, 2011）で述べたように、研究テーマについて、史料を丹念に読み、カードを起こし、それを「一枚の絵」に組み立てて提示するものであった。その点で、抽象的な議論も、断片だけを分析する研究も、評価しなかった。研究会にはよく参加されたが、じっと聴き、自ら発言をされることは少なく、稀に発言されるときは直截に痛いところを突くものであった。史料の輪読会を主宰されることはなく、史料は個々人が読むものと決めておられたようである。

学生を史料や研究にいざなうべく、佐藤先生は、毎年五月に「東洋文庫見学会」を開催し、自ら書庫に学生を案内し、現物を手にとらせた。七月にはご自宅で「ビールパーティー」と称するコンパを開催し、そこには他大学の学生や留学からもどった大学院生なども参加した。ご自身の蔵書（書庫）に案内し、大学・機関の図書館にない貴重な本でも快くお貸しくださった。蔵書約四〇〇〇冊は、ご遺志により、早稲田大学図書館に寄贈され、「佐藤次高文庫」として利用できるようになっている。

このように見てくると、現地語文献（史資料）の蒐集、それに基づく研究、若手研究者の育成といった現在の東洋文庫の基本方針を、佐藤先生は着実に実行されていた。その基盤は、個人間の対面のコミュニケーション（つきあい）であり、個々人の覚悟におかれていたように思う。

私と東洋文庫

忘れ得ぬ歳月

グエン・ティ・オアイン

私は元来ベトナム社会科学アカデミーの漢喃《ハンノム》研究所の研究員であったが、現在はタンロン大学認識教育研究所に所属し、漢喃文献（ベトナムにおいて漢文・字喃《チュノム》で書かれた文献）の文化遺産を引き続き調査・研究している。おそらくベトナムのなかでも漢喃の伝統が強い海陽《ハイズオン》地方の学統に連なる祖母方の子孫にあたるためだろう。七人の兄弟姉妹の中でも私だけが博士の学位を取得し祖先の系譜を引き継いだ。その結果、漢喃研究所と現在のタンロン大学の研究所で職位を得ることもできた。

「有縁千里来相会」（運命が巡り合えば遠く離れていても互いに出会う）と古来言われるように、一九九三年、私は光栄にも日本政府の国際交流基金から奨学金をいただき、東京大学東洋文化研究所に外国人研究者として一年の間、研究に従事させていただいた。当時、私は幸運にも東洋文庫の建物のすぐ裏手にあるアジア文化会館に滞在していた。私のように漢喃の文献を愛する人間にとって、東洋文庫は最高の友であり、研究における「知音知己（ソウルメイト）」である。当時の東洋文庫はまだリニューアルがなされる前であった。しだれ桜で有名な六義園の近くにあり、不忍通りに面した緑の天蓋に覆われた五階建てか六階建ての何棟かの建物で構成されていたように記憶している。

東洋文庫に来てはじめて、かつて中華民国の総統顧問を務めたモリソンの文庫の存在を知った。一九一七年、岩崎久彌がこれを購入し、今日の東洋文庫の礎を築いた。モリソン文庫には中国関連の文献が豊富にある。しかし、中国以外のアジアの諸地域については決して十分ではなかった。その後の東洋文庫は蒐集範囲をアジア全域に広げ、欧米の書誌だけでなく諸外国で刊行された書誌も含めた。東洋文庫は日本を代表するアジア研究のセンターを目指し、中国のほか日本、朝鮮、モンゴル、シベリア、ベトナムなどのアジア各地に関する資料を収蔵する。蒐集された書籍はどれもが極めて貴重な文化財である。国宝の一つに有名な『史記』秦本紀がある。

私は東洋文庫の書庫のなかで、モリソンがその「モリソンパンフレット」をはじめ中国各地で蒐集した膨大なアーカイブを目の当たりにし、大きな衝撃を受けた。ベトナムへの帰国後、社会科学アカデミーが刊行する『漢喃雑誌』に数ヵ月おきに二本の論文を連続して掲載することができた。最初の論文は「東洋文庫にある漢喃資料と東洋文庫の紹介」(『漢喃雑誌』一九九四年、一[18]、三三〜三八頁)。そして「日本の東洋文庫にある漢喃目録」(『漢喃雑誌』一九九四年、四[21]六三頁)である。

一九九五年、これら『漢喃雑誌』に載る私の論文を読んだベトナムの外務省は、東洋文庫の書籍（主に中国関係の資料）をさらに調査すべく、三ヵ月にわたって私を含めて関係する人材を東洋文庫へ派遣することになった。東洋文庫における貴重な中国の漢籍や日本の和書について最も体系的な知識を得られたのはこの時期である。

さらに三年後、当時の漢喃研究所所長であったチャン・ギア（Trần Nghĩa）とともに私は東洋文庫に招かれることとなった。このときも漢喃資料を三ヵ月の間、集中的に調査することができた。外国人の特別研究者として私たちは東洋文庫の書庫に自由な出入りを許され、関心を抱いた資料を閲覧室に運んでは読み、また書棚に戻すという贅沢な時間を過ごすことができた。この頃はチャン・ギア所長の指導のもと、日本を含む海外における漢喃文献の所在について様々な情報が集められた時期であった。帰国後、ギア所長は次のような論文を書いている。「日本の四つの主要な文庫にあるベトナムの漢喃書籍書目」（『漢喃雑誌』、一九九九年、一［38］、七〇〜九九頁）。

この調査以来、東洋文庫は私が東京に来ると必ず訪れる場所になった。二〇一三年、私はチン・カク・マン（Trịnh Khắc Mạnh）所長を団長とする漢喃研究所の代表団にも同行する機会を得た。さらに五年後の二〇一八年、新たに漢喃研究所の所長となったグエン・トゥアン・クオン（Nguyễn Tuấn Cường）と歴史研究所の所長ディン・クアン・ハイ（Đinh Quang Hải）が東洋文庫を訪問し、常務理事である平野健一郎教授と懇談することができた。また、その間の二〇一六年には、漢喃研究所の副所長ヴオン・ティ・フオン（Vương Thị Hường）とともに東洋文庫から招待を受け、同年九月一一日から一二日にかけて開催された国際シンポジウム「絵入り本と日本文化」に登壇した。フオンの演題は「漢文文化圏から見たベトナムの漢籍における絵入り本について――『如来応現図』を中心に」である。

このように、一九九三年の初訪問から現在に至るまでの長年にわたって、東洋文庫は私の「身近な家」となっている。最初は北村甫理事長、その後は斯波義信理事長（現文庫長）、平野健一郎普及展示部長、濱下武志研究部長、牧野元紀文庫長特別補佐、岡崎礼奈研究員、慶應義塾大学教授で東洋文庫の研究員でもある嶋尾稔先生、そしてその他多くの東洋文庫のご関係の方々との親交を得られた。私の研究人生の中で東洋文庫との関わりは最も幸福で忘れ得ぬ歳月である。

私と東洋文庫

東洋文庫と国際的な学術協力

リンダ・グローブ

東洋文庫を初めて訪れたのは一九七〇年の秋、日本に到着したばかりで、戦前及び戦中の華北地域についての博士論文に取り組んでいた時でした。東洋文庫は中国語や日本語で書かれた資料の宝庫でした。またその頃は、近代中国研究委員会の本を閲覧者が借り出すことができたので、参照すべき最新の英語の研究書にもアクセスできる数少ない場所の一つでもありました。

現代の私たちは、研究のために必要な資料を簡単に検索したりダウンロードできたりするオンライン上の電子カタログやデータベースを参照することにすっかり慣れてしまいました。そのため多くの人々は、かつての研究者の世界では、印刷された図書目録や索引が、研究プロジェクトにとって欠かせない書籍、学術雑誌、新聞などの膨大な資料群にアクセスするための重要なガイドであったことを忘れてしまっています。私も多くの学者たちと同様、東洋文庫の閲覧室で幸せな時間を過ごし、書棚に並ぶ多くのリファレンスガイドを手引きにして、一九二〇年代や一九三〇年代の新聞、雑誌、書籍を捲り、一九三〇年代から一九四〇年代の華北地域の世界を理解するための貴重な資料を発見する喜びを味わいました。

私にとって、東洋文庫は研究資料を見つける場所であるだけでなく、研究上のつながりを育む重要な場所でもありました。一九七〇年代半ばに博士論文を完成させた後、上智大学で教鞭をとりはじめ、一九七九年から一九八〇年にかけては、米国から助成金を受けて、米国と中国の学術交流プログラムの最初の学者団の一人として、中国の天津市にある南開大学で研究を行いました。そして一九八〇年の秋に日本に戻った直後、東洋文庫の閲覧室で資料を読んでいると、東洋文庫の近代中国研究委員会に長らく勤務する本庄比佐子さんが訪ねてきて、中国農村の研究に興味を持っている友人を紹介してくれました。その友人というのが、浜口允子《はまぐちのぶこ》さんでした。最初にお会いしたとき、浜口さんはすでに『北京三里屯第三小学校』（岩波新書、一九七六年）の著者としてよく知られていました。この本は一九七〇年代初頭に北京の小学校に通った二人の息子さんたちの経験を綴った著作で、中国研究者の間で広く読まれていました。浜口さんの一家は毛沢東時代末期に北京に住み、夫である義曠《よしひろ》氏は農林省から派遣され、日中間の正式な外交関係が回復する前に設立された貿易事務所に勤務していました。浜口さんは私を、さまざまな大学出身の研究者からなる少人数の研究グループに誘ってくれました。このグループは毎月集まり、一九四〇年代の中国村落生活に関する『中国農村慣行調査』という報告書を読み、議論していました。その後このグループをもとに、中国でのフィールドワークを数年にわたって行う共同研究も組織されることになりました。グループのメンバーは内山雅生さん、笠原十九司さん、末次玲子さん、中生勝美さん、浜口允子さん、三谷孝さんでした（五十音順）。フィールドワークでは天津市にある南開大学の歴史学科の研究者と共に、一九四〇年代初頭に日本の研究者が調査した村々を再訪し、中国の大きな変革が華北地域の一般の村民に対してどのような影響を与えたのかを調査しました。またこの調査には、小田則子さんや、日本の大学で博士課程に在籍していた南開大学卒業生の李恩民さん、祁建民さん、張思さんら数名の若手研究者も参加しました。

この農村研究会のメンバーの一人であった末次玲子さんは、私自身の研究分野を形成するもう一つの重要なつながりをもたらしてくれました。末次さんは農村研究に関心を持っていただけでなく、日本における中国女性史研究の先駆者の一人でもありました。彼女は私を、中国宋代の社会史研究の第一人者である柳田節子教授の研究室で毎月開かれている、女性史に関心を持つ女性学者からなる少人数の研究会に誘ってくれました。こうした縁でその後何年にもわたり、この中国女性史を研究する研究会に加わり、中国、ヨーロッパ、米国からの何世代にもわたる外国人研究者を迎えて交流することができました。そしてこの研究会を通して、私はジェンダーの観点からも農村経済史の研究を考えるようになりました。

前記のような研究会は、日本の学術研究における重要な特徴です。つまり大学院生、若手教員、中堅以上の教員、独立した研究者、退職した研究者など、特定の研究分野に関心を抱く様々な学術機関の研究者が分け隔てなく集まるのです。東洋文庫はこのような研究活動を奨励し支援する上でも重要な役割を果たしてきました。私が経験してきたように、関心を同じくする研究者を紹介されたり、研究会や公開シンポジウムの場を提供してくれたり、また研究班を通じて、外部資金を得られる共同研究プロジェクトに参加できるよう、研究者に所属先を提供してきたのです。このような日本的な研究スタイルが、自分自身の人生だけではなく、幸運にも日本で日本人の同僚と共に研究生活を送ることができた多くの外国人研究者の人生をいかに豊かにしてきたのか、しばしばその恩恵について考えることがあります。東洋文庫は長年にわたり、数多くの海外の研究機関との連携を通じて、国際的な研究協力を促進してきましたし、若手の研究者に対しては、研究スタッフとして働きながら訓練を受けたり、海外で研究を行ったり、共同研究プロジェクトに参加したりする機会を提供してきました。

近年では東洋文庫の理事を務める機会に恵まれ、一〇〇周年を記念する行事にも参加しました。またその経験を通じて、東洋文庫の歴史と、蔵書コレクションの構築や、研究活動を発展させるために時間と知識を提供してきた何世代にもわたる日本の研究者の貢献についても知りました。私と同世代の研究者は、先代の研究者の努力から直接に恩恵を受けることができました。そして、次の一〇〇年の研究者に役立つような形で、東洋文庫を発展させるために少しでも貢献できることは光栄なことです。米国人はこういったプロセスを「paying forward（恩送り）」と呼ぶことがあります。私たちの世代が、東洋文庫のような機関を築き上げてきた先人たちに恩返しすることはできませんが、伝統を引き継ぎ、次の世代が利用できるようなリソースを築き上げる努力をすることで「paying forward」ができると考えています。

（日本語訳：東洋文庫研究部研究員 相原佳之）

私と東洋文庫

東洋文庫と私

田仲一成

東洋文庫と私の関係というと、もっとも大きな恩恵を受けたのは、学生時代に東洋文庫の族譜を利用させていただいたことである。私は、大学院博士課程在籍中の一九五九〜六二年の間でほぼ一年間にわたり、連日、東洋文庫に通って、八〇〇点に上る中国の族譜を読了した。当時、東洋史の研究者は、もっぱら中国の地方志に依拠して研究を進めておられたが、族譜に関しては、地主層が自己顕示のために編纂したもので、あまり史料価値がないという見解が強く、東洋史学界内では誰も取り上げる者はなく、まったく無視されていた。しかし、先師、仁井《にい》田陞《だのぼる》先生は、筆者に向かって、族譜も丁寧に読めば重要なことが書いてあるといわれた。私はこれを受けて、東京大学東洋文化研究所、国会図書館の旧東亜研究所、及び東洋文庫の三機関に所蔵されていた族譜類を全部当たってみることにした。特に東洋文庫所蔵の族譜は、江蘇、浙江、安徽のいわゆる江南三省のものが充実していた。

その閲覧に際して、私は、族譜の大部分を占める系図の部分は見ずに、その前後にある宗族の内部規律を記した、いわゆる「族規」に注目して、そのなかから演劇関係史料を探索した。何冊にも及ぶ大部の族譜を借り出しながら、そのうちのほんの少部分を見るだけで、すぐに返却することの繰り返しで、文庫の出納係の方には、たいへんお手を煩わせた。これを見かねた出納係の岩崎富久男さん（私の東京大学中国文学科大学院の二年先輩）が、特別の計らいで、私を書庫に入れてくれた。このおかげで、出納を通していたら三年かかるところを一年で読了できた。さらにこのおかげで、最初の論文、「中国の宗族と演劇」を書くことができ、『東方学』に投稿して採択された（「清代初期の宗族演劇について」『東方学』一九六六年、三二輯）。

このデビュー作以後、私は、学界の評価を受け、一九七〇年にこれも東洋文庫の地方志と族譜を資料にして書いた「南宋時代の福建地方劇について」（『日本中国学会報』一九七〇年、二二集）と題する論文を投稿し、幸運にも第一回日本中国学会賞〈文学・語学部門〉をいただいた。熊本大学在職中のことである。ここで斯波義信先生の指導を受けた。

その二年後、私は、東大東洋文化研究所に呼び戻された。このときも、再度、東洋文庫の族譜の再調査を試み、これまた幸運にも『（蕭山）長河来氏族譜』所録の会計簿に記載された康熙から乾隆に至る一五〇年間にわたる米価（米一石あたりの銀の両目）の記録を発見し、この時期の米価の変動の一端を掌握することができた。これは、清代の経済をはじめて計量的、統計的に提示した資料として東洋史学者から評価を受けた。

このように、私は、中国文学の出身でありながら、東洋史学の分野での貢献もあると見られてきた。後年、東洋文庫図書部長の職を与えられたのも、このような東洋文庫の族譜との縁のおかげである。茫々六五年、現在もなお研究員として、東洋文庫の族譜の恩恵を受け続けている。

私と東洋文庫

想い出の東洋文庫

フランソワ・ラショウ

その一一月の日は、冷たい霧雨が降る日だった。一九九四年のこと、初めて「東洋文庫」を「発見」した。国際交流基金から博士課程の奨学金を得て、墨東の亀戸に住んでいた頃のことだ。博士課程の指導教官であった杤《とち》尾《お》武《たけし》（一九三六〜二〇一八）は、成城大学の教授であり、東洋文庫の研究者でもあった。あの古い建物についての記憶は曖昧で、今や時の霧に包まれている。あの頃、東洋文庫という機関について具体的な知識はなく、フランス極東学院についても名前しか知らなかった。さらに、かの頃極東学院の研究部長であった私の師であり友人の中世日本史の歴史家、ピエール＝フランソワ・スイリ（Pierre-François Souyri）が、東洋文庫との協定を主導したことなど、想像すらしていなかった。東洋学者たちの世界は、遥か彼方のもののように感じていた。

　杤尾武先生は、単なる卓越した中国学者や国文学者ではなかった。彼のなかには、明代の文人の風雅と、江戸の古物蒐集家（好古家）の審美眼、そしてかつて「漢学者」と呼ばれた学者たちの知性が宿っていた。漢学者だが、そのような才覚を持つ学者たちは、時の流れと近代化の歩みのなかで、次第に姿を消していったのである。

一〇年後、私は再び東洋文庫を訪れ、初めてその建物のなかに足を踏み入れた。その頃、極東学院京都支部の准教授であり、赤山禅院の門前に住んでいて、修学院離宮からほど近い場所だった。古都が私の住まいであり、東京はその前の一〇年間ではあまり訪れることのない場所であった。同僚であったクリストフ・マルケ（Christophe Marquet）が、当時、東洋文庫内にあったフランス極東学院東京支部を率いていた。その部屋の数々、本や地図が積まれた棚、そして迷路のように入り組んだ廊下を今でも鮮明に覚えている。しかし、一三年後の二〇一七年、全く新しくなった東洋文庫で職を得て、再びその門をくぐることになるとは、夢にも思わなかった。その新しい東洋文庫は、博物館、図書館、そして研究者のための部屋を備えた建物になっていた。

七年間の在任中、私はやがて抑えがたいものとなった好奇心とともに、岩崎久彌が東洋文庫の使命として構想した東洋学者たちの世界を発見した。年月が過ぎるにつれ、私は頼山陽（一七八〇～一八三二）、ヨハネス・シェッフェルス（Johannes Schefferus、一六二一～一六七九）、成島柳北（一八三七～一八八四）、アーネスト・サトウ（Ernest Satow、一八四三～一九二九）、アルジャーノン・ミットフォード（Algernon Mitford、一八三七～一九一六）、ジョン・バチェラー（John Batchelor、一八五四～一九四四）、ジョルジュ・ビゴー（Georges Bigot、一八六〇～一九二七）、ラフカディオ・ハーン（Lafcadio Hearn〈小泉八雲〉、一八五〇～一九〇四）、濱田耕作（一八八一～一九三八）といった偉人たちの著作を読み漁った。そして、書架の奥に佇む錫杖《しゃくじょう》を手に持つ河口慧海（一八六六～一九四五）の塑像は、時折私を夢想の彼方へと誘った。元黄檗僧の霊は、二〇世紀を代表する偉大な指導者の一人であるカール・グスタフ・マンネルヘイム（Carl Gustaf Mannerheim、一八六七～一九五一）や、東洋学の巨人ポール・ペリオ（Paul Pelliot、一八七八～一九四五）の霊と語らいながら、中央アジアの大草原やシルクロードの風と共に私の耳元で囁いているように思われた。

東洋文庫に所蔵されているコルディエ文庫でヨハネス・シェッフェルスの『ラポニア』を発見したその日、私の心の羅針盤が北を指していることを悟った。そして、偉大な学者たちの一団が、茫洋たる学問の大海原をさまよい、遥かなる未知の岸辺へと私を導き、永遠に続く探求の旅へと送り出しているのだと感じた。

東洋文庫の百周年を祝うにあたり、私は名だたる学者たちとともにその祝辞を捧げる。そして、さりげない優しさとともに、私を知の豊穣たる宝庫へと導いてくれた杤尾武先生を偲びたい。岩崎久彌が築いたこの知の源泉、その尽きることなき学問の流れへと、先生は私を招き入れてくれたのだ。今も、その導きへの深い感謝と敬意の念が、私の心に絶えず流れ続けている。その流れは、あの霧雨に濡れた日に始まり、今や消えゆく光の中でなおも静かに輝いている。

第Ⅲ部

珠玉のコレクション

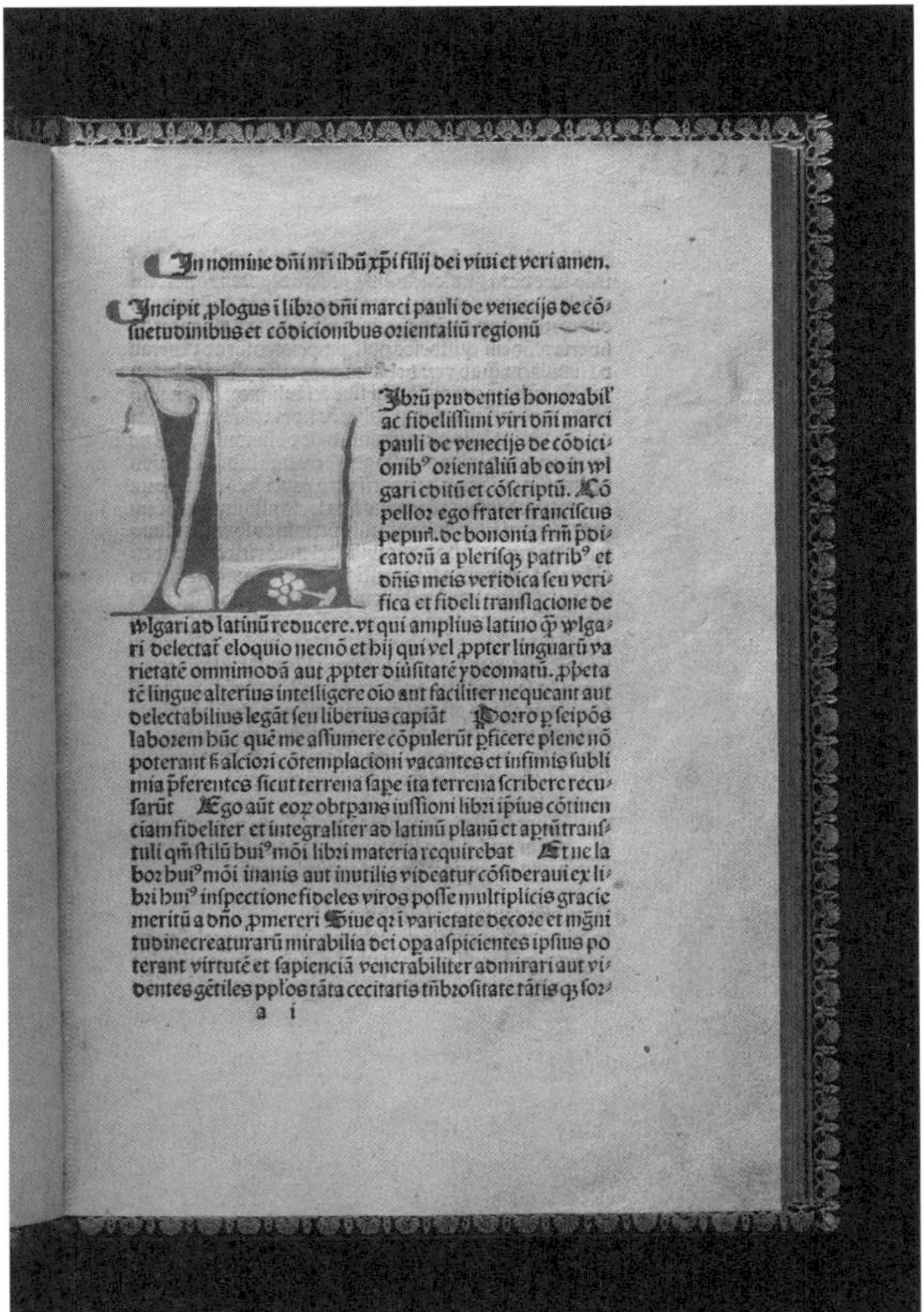
In nomine dñi nři ihũ xpi filij dei viui et veri amen.

Incipit ꝓlogus i libro dñi marci pauli de venecijs de cõsuetudinibus et cõdicionibus orientaliũ regionũ

Librũ prudentis honorabil' ac fidelissimi viri dñi marci pauli de venecijs de cõdicionib⁹ orientaliũ ab eo in vlgari editũ et cõscriptũ. Cõpellor ego frater franciscus pepuñ. de bononia frm̃ pdicatorũ a plerisqꝫ patrib⁹ et dñis meis veridica seu verifica et fideli translacione de vlgari ad latinũ reducere. vt qui amplius latino ꝙ vlgari delectaī eloquio necnõ et hij qui vel ꝓpter linguarũ varietatẽ omnimodã aut ꝓpter diũsitatẽ ydeomatũ. ꝓpetatẽ lingue alterius intelligere oio aut faciliter nequeant aut delectabilius legãt seu liberius capiãt Porro ꝑ seipõs laborem hũc quẽ me assumere cõpulerũt pficere plene nõ poterant ꝗ altiori cõtemplacioni vacantes et infimis sublimia pferentes sicut terrena sape ita terrena scribere recusarũt Ego aũt eoꝝ obtpans iussioni libri ipius cõtinenciam fideliter et integraliter ad latinũ planũ et aptũ transtuli qm̃ stilũ hui⁹ mõi libri materia requirebat Et ne labor hui⁹ mõi inanis aut inutilis videatur cõsideraui ex libri hui⁹ inspectione fideles viros posse multiplicis gracie meritũ a dño ꝓmereri Siue qꝛ i varietate decore et mg̃nitudine creaturarũ mirabilia dei opa aspicientes ipsius poterant virtutẽ et sapienciã venerabiliter admirari aut videntes gẽtiles pplos tãta cecitatis tñbrositate tãtis qꝫ sor

a i

『東方見聞録』（マルコ・ポーロ／ピピノ訳。1485 年、アントワープ刊、古活字版、1 冊、20.1cm × 14.0cm）

東洋文庫とモリソンコレクション

濱下武志

はじめに——東洋文庫モリソンコレクションと「中国問題」

一九一七年に北京の王府井《ワンフーチン》にあったモリソンのアジア図書館が岩崎久彌によって東京に移管され、その後一九二四年に東洋文庫が設立されてから一〇〇年余が経過した。二万四〇〇〇冊のモリソンコレクションを中核として、日本で唯一の民間の総合的アジア研究図書館であり、欧米の代表的研究図書館に比肩するといわれ、日本国内はもとより海外での名声も高い。現在蔵書は一〇〇万冊を超え、欧文三〇万冊、中国文四〇万冊、アジア各地の言語の蔵書がその他を占めている。二〇一一年には本の博物館を附設した新館が完成し、蔵書の公開展示により、市民の注目度も高い。

翻って見ると、一〇〇年前の二〇世紀初頭、モリソンはいわゆる「中国問題 China

Problem」に直面した。中国問題をめぐり内外で大きな議論が行われた環境のなかで彼は中国・日本・アジアにかかわった。そのなかでモリソンは、アジアに関する知的集積をアジアの地で行う目的をもって、欧文の資料・書籍を蒐集し、二〇年の歳月をかけてアジア図書館を築き上げた。

その後一〇〇年を経た二一世紀初頭の今日にあって、新たな「中国問題」が大きく登場している。前世紀の中国問題をめぐる議論がモリソンによって蓄積されている東洋文庫は、今日の「中国問題」の来歴と将来を見通す上で格好の資料庫であるといえる。このモリソンの時代精神と時代環境を振り返るためにも、モリソンコレクションを中心として東洋文庫の特徴を以下に考えてみたい。

北京のモリソン邸書庫

G・E・モリソンの経歴と人物像

George Ernest Morrisonは、一八六二年オーストラリアのGeelongに生まれ、ロンドンタイムズの中国通信員を目指す。義和団の乱の八ヵ国連合軍の紫禁城占領時には、イギリスの将校付となり、実際の戦闘に参加し怪我を負っている。日露戦争では日本の軍隊付として情報を送り、あらゆる交渉の場に参加している。湖北・四川・貴州・雲南にまで及ぶ旅行、タイ・カンボジア滞在時期は雲南の昆明からシャン高原までの旅行を敢行している。一九一二年に中華民国が辛亥革命によって成立すると、袁《えん》世凱《せいがい》と黎元洪《れいげんこう》大総統の政治顧問になり、借款交渉をヨーロッパと行うときの中継役を務める。第一次大戦後のパリ講和会議には、中国代表団の顧問として参加しており、一九二〇年にイギリスのSidmouthで五八歳で亡くなる。彼はまた「中国のモリソン」と呼ばれ、イギリスの中国政策を導いた人物とも知られる。

モリソンの人物と仕事に注目し、手紙類などのアーカイブズをまとめて『日露戦争を演出した男　モリソン』（一九八八）を刊行したウッドハウス・暎子は、「モリソンは典型的なイギリス帝国主義者であった。七つの海を支配し、太陽の没することなきを誇る大英帝国、パックスブリタニカを誇るイギリスこそ世界文明発展のリーダーであり、その責任者でもある。……このような誇りと信念を当時のイギリス人は持っており、大英帝国の地位はゆるぎないものと自負していた」と書いている。確かにイギリス帝国の世界経営と密接不可分にモリソンは活動してきた。タイムズの通信員として、東南アジアから東アジア・中央アジアにかけて外交と密接に関わった「中国のモリソン」と呼ばれた彼の論調をみると、やはりイギリス帝国の利害、あるいはイギリスとその世界各地域への影響力をどのように築いていくのか、そしてその過程でロシアとどのように対抗していくのか、またそのなかで日本をどのように組み込んでいくのか、という形で、絶えずイギリスの世界経営の戦略的な視点を議論し、それに基づいて行動してきたと言える。一九〇二年から一八年までの日英同盟に重なってモリソンが活躍した時期は、清末から民国への転換とも重なっていることも特記される。

モリソン文庫の構成と内容

イギリス帝国のアジア観察者であったモリソンのアジア図書館は、資料蒐集癖を持つとも称されたモリソンが執念をもって集めた成果である。そしてこの執念は、岩崎久彌の購入時に四つの条件を付け、アジア図書館の維持継続とともに、一〇〇種を超える定期刊行物についても継続して蒐集することを希望しており、東洋文庫は現在に至るまでこれを持続している。

モリソンコレクションは主には東洋文庫にある書籍類、論文類ならびにモリソンパンフレットの他、オーストラリアのシドニーのニュー・サウス・ウェールズの州立図書館（ミッチェル・ライブラリー）に、モリソンの個人文書や資料、記録・日記・手紙その他の文物類例えば手帳とか名刺類、様々な日常の携帯品が保管されている。

a. 書籍類（歴史・紀行記・キリスト教関係・外交）

モリソンコレクションの欧文書の全てにはカンガルーの蔵書票が貼られており、カンガルーとユーカリ、湖と水鳥で、オーストラリアのモリソンということがすぐに判る。

モリソンコレクションを中心とする欧文古典籍は、一六世紀以降のヨーロッパの世界認識のアジアへの広がりを記録したメンデス・ピントの『アジア遍歴記』Pinto, Fernão Mendez. *Peregrinaçam de Fernam Mendez Pinto. Emque da conta de muytas e muyto estranhas cousas que vio & ouuio no reynoda China, no da Tartaria*, ... Lisboa, 1614. やマルコ・ポーロの『東方見聞録』などの紀行記の多版本や、大判のブラウ『大地図帳』全九巻、ヤンソンの『新地図帳』全一一巻など世界的に貴重な地図などが蒐集されているが、同時にモリソンが現実に集めた定期刊行物や書籍類は、当時の現代史として動いていた東南アジア、あるいは東アジア、中国、日本に関連している貴重な同時代史資料である。なかでもモリソンの時代にロシアの南下政策が本格化するなど、ロシアの国際舞台への登場が注目されるなかで、モリソンが蒐集したロシア語の文献は英語・フランス語に次いで三番目に多いこともモリソンの時代を反映している。

b. 定期刊行物（海関資料・領事報告・商業報告）

定期刊行物の蒐集は、モリソン自身がアジア図書館のなかでも重視していたものであり、非常に充実している。東洋文庫はモリソンの時代から一〇〇年を経た現在においても継続して蒐集しており、貴重な蔵書である。中国に関係する一九一七年までの刊行物のおよそ英語で発行されたものについては全て集めている。例えば海関資料は貿易統計のみならず、医療調査や茶、アヘンや生糸などについての特別報告などがあり、中国の社会・政治・経済・文化にわたる系統的かつ膨大な資料である。また、現在でこそ電子媒体で容易に読むことができるイギリスの議会報告書類のなかで中国に関するものが極めて充実していることも、モリソンの中国通信員としての使命感を彷彿とさせる。規模の違いこそあれ、東洋文庫の欧文定期刊行物のコレクションはモリソンコレクションならびに岩崎コレクションの欧文部を加えて、規模こそ異なるものの、内容的には欧米の主要な大学・研究機関の図書館・資料館となんら遜色はないといえる。

c.パンフレット・論文類（モリソンパンフレット）

モリソンパンフレットは、モリソンが関心を持った多くのテーマに関連する雑誌の論文を執拗に追求して集め、その雑誌の関連する論文だけ切り取り、それに手製のカバーページを付して該当する地域ファイルにまとめている。ある特定の論文が蒐集されており、非常に実践的に論文が使われていたということがよく分かる。特に刊行物とは区別して、ここでパンフレットとして分類される冊子類は六〇〇〇冊余にも及ぶ。

パンフレット類を読んでいると、そのなかにモリソンの出版社への送付依頼の手紙や領収書が挟みこまれており、モリソン自身が関連する論文を切り取り一つの地域ファイルにまとめていくという作業をしていることが分かる。いわばモリソンが手ずから編集した論文集であると言える。内容は非常に多岐にわたり、モリソンの時代に世界で起こる政治外交・経済・歴史・文化などの問題が含まれている。従って、このパンフレットを特に何かのテーマに基づいて調べるというよりも、そのパンフレットのなかに自分の身を置いてみると、モリソンの手を通して編集されたその時代がどのように動いたのかということが自ずから滲《にじ》み出てくるという感覚を覚える。欧文が中心であるが、中国文の新聞・雑誌類も一部入っており、モリソンが強調するように様々な資料の組み合わせのなかで考えられたコレクションということを実感できる。

d. その他（銅版画・地図・スケッチ）

書籍資料に加え、ダンカン（Edward Duncan、一八〇三～一八八二）のアヘン戦争における広州沖の戦闘について、同一テーマのもとに異なる構図をもつ銅版画も興味深い。イギリス戦艦ネメシスが清朝ジャンク船を砲撃する図が小型のスクーナー船からの砲撃であるように見える図は、作者ダンカンの意図も示唆されており歴史資料としても議論が可能である。また、イギリスの画家ジョージ・チネリー（George Chinnery、一七七四〜一八五二）のマカオにおける数百枚のスケッチは、今後絵画史の研究を促進する貴重な材料である。

東洋文庫はモリソンのアジア図書館に見られるように中国をはじめとするアジア各地域の資料を中心としているが、岩崎久彌コレクションのなかには江戸末期の和書や和漢籍、浮世絵をはじめとする日本関係の資料も多く収蔵されている。近代中国研究班の蒐集になる近代史関係資料は、多くの日本のアジア関係の調査研究資料を含んでいる。日本語資料からの中国研究・アジア研究、日本とアジア・欧米との研究交流についての資料も豊富である。また、次男のアラスター・モリソン（Alastair Morrison、一九一五〜二〇〇九）は、サラワク政府に勤務しており、このアラスター・モリソンのコレクションも東洋文庫に収蔵されている。

モリソンコレクション——多様な資料研究の課題

研究図書館としての東洋文庫における研究の特徴は何かと問われたとき、回答を一言で述べるならば、大学や研究機関のように、資料に基づいてテーマを研究するという研究ではなく、資料そのものを研究するという特徴があるということが出来る。資料研究そのものが研究テーマであるともいえる。それは、関連する多様な資料をつなぎ合わせ、資料に基づいて資料の相互連関を解きほぐす作業である。この資料研究の学問分野は、書誌学とも呼ばれるが、書誌学という表現には漢籍を中心としているという偏りがある。イスラム資料の研究において使用される「コディコロジー」ではこのような資料研究はどのようにして可能であろうか。この問いに対する答えは、出版された書物の形のみではなく、そこに至る過程での記録を掘り起こした関連する資料との比較検討や、広い意味での参考資料などを挙げることが出来る。結論として出版される書物という形態の背景にはそれと関連して多くの形態の異なる資料が存在している。そして、このことは、東洋文庫の蔵書の背後にも存在している事態である。例えば、モリソンの資料について検討してみても、この資料の複合は存在しており、東洋文庫はそのうちの書籍とパンフレット類を中心としたコレクションを所蔵している。

モリソン文書

オーストラリア東部のニュー・サウス・ウェールズ州立図書館にはモリソンの文書が収蔵されている。書簡類を始めとする報告資料がふくまれるが、それらが分野ごとにファイルにまとめられている。モリソンとその時代を検討するために、これらの文書資料は、モリソンパンフレットや、フランス語やロシア語の書籍類と併せて検討が加えられる必要がある。

これらの資料類に交じって、書簡ディスパッチDespatchと称される半公式の外交文書が所蔵されている。このディスパッチは外交文書の一部で、例えば駐北京のイギリス公使と中国各地のイギリス領事との間で交わされる半公式の文書であるが、基本的には非公開のものである。そこには内情が詳しく記されたり、異なる意見が述べられている場合がある。そのため、公開された外交文書よりも一層内情が記された資料として貴重である。ただ非公開であることから実際には出回ることはない資料であり、外交文書館で公開されたものだけが読めることになる。しかし、モリソン文書のなかにはこのディスパッチと分類される外交文書が含まれている。これは、モリソンがタイムズ通信員であることから可能とされたのか、あるいは、外交手段の一つとして半公式資料がモリソンにわたったのか定かではないが、二〇世紀初頭のアヘン問題、上海のフランス租界・共同租界、海関問題などに関する駐北京のイギリス公使と本国外務省とのあいだのディスパッチ外交文書の使われ方は、モリソンが日英同盟を背景としたアジア情勢のなかでイギリスや中国の対応について直接間接に関わっていたことを示す資料として、事実関係以上に資料の使われ方に興味を惹かれる。

これからの研究課題
——グローバル視野から見たモリソンの時代と日英同盟の再検討

以上のように、多様な資料の連携と集積、東洋文庫とミッチェル・ライブラリーに所蔵されるモリソン文書の全体像を見てくると、そこから現れてくる資料研究の課題として、日英同盟の世界的かつ時代的な特徴をモリソンコレクションの総体を通して浮かび上がらせることが可能ではないかという点を指摘できる。そして、モリソンと同じ時代に北京や上海において活動していたロバート・バックハウスRobert

Backhouse、J・O・P・ブランドBland、ジャミソンJamieson、ウイラード・ストレートWillard Straight、などの知識人・海関員・外交家などの資料群がミッチェル・ライブラリー、ボードリアン図書館、トロント大学図書館、コーネル大学図書館に収蔵されている。モリソン資料研究はこれらの関連資料研究と連携することが不可欠であり、これまで外交関係として捉えられてきた日英同盟研究が、アジア史並びに世界史研究において今一度資料的にも再検討される課題と可能性を持っていると言えよう。また東洋文庫と同じく、二〇二四年一一月にはシドニーのニュー・サウス・ウェールズ州立図書館でモリソン一〇〇周年記念の会議が催された。

東洋文庫創設一〇〇周年を機に、自らの足で歩き、自らの目で現場を確かめたモリソンの時代精神とも言うべきものを現代のアジアを考えるためにも改めて思い起こす機会としたい。

岩崎文庫について

陶徳民

岩崎文庫はモリソン文庫と並んで東洋文庫の礎石をなす二大コレクションの一つであり、愛書家の男爵岩崎久彌（一八六五～一九五五）が明治末期から大正後期にかけて蒐集した和漢の古典籍の集成である。久彌の蒐書活動は、主として読書家の父岩崎彌太郎（一八三五～八五）と蒐書家の叔父岩崎彌之助（一八五一～一九〇八）の影響や、書誌学者の和田維四郎《つなしろう》（号雲村、一八五六～一九二〇）の助言を受けて行われたものである。

岩崎家創業四代、彌太郎、彌之助、久彌、小彌太の生きた時代は、まだ漢学が一般教養の基礎としてしっかり存在し、洋学を加えて新しい学術が興隆した時代であった。[1] 一八五八年（安政五）、彌太郎が高知城西の福井村に住む義兄吉村喜久次の家に寄寓し吉田東洋の少林塾に通っているとき、『資治通鑑』『史記』などを抄録し「讀史雑録」・「讀書雑録」と題する筆記を残した。一八六八年（慶應四）春、喜久次に長男喜太郎の修行順序について助言を求められた際、「何卒最初ヨリ之漢學出精致候事肝要ニ而御座候。大抵漢學成就ニ相成候へハ夫ヨリ西洋學へ移リ候事第一也。（中略）返ス〲モ世上之人ノハヤリニツカズ漢學之修行ヲ先ツ〲奮發致スベシ」と勤務先の土佐藩の開成館長崎商会から返事した。[2] 翌年、彌太郎が開成館大阪商会に転勤してから弟の彌之助と従弟の豊川良平を呼び寄せて、一緒に薩摩藩学造士《ぞうし》館《かん》の助教で修史担当の重野《しげの》安繹《やすつぐ》（号成斎、一八二七～一九一〇）が大阪で開設した成達《せいたつ》書院に入門した。重野は嘉永年間（一八四八～五四）における昌平坂学問所在学中、安積《あさか》艮斎《ごんさい》（別号見山楼、一七九一～一八六〇）などについて文章作法を学び、同窓の習作を添削する詩文掛として「天下の才子」の令名を博した。彌太郎は一八五五年（安政二）安積の家塾、見山楼在学中、「蜀の先生論」、「上杉謙信論」などの作文が安積に評価された関係上、重野との縁を感じたためであったろう。[3]

一九一五年（大正四）八月、一年後に三菱合資会社社長職からの引退を控えている久彌が、父の前記筆記を繙いて閲覧した後、次の「讀史雑録題言」（漢文）を揮《き》毫《ごう》した。「先府君、少壮ヨリ和漢ノ史乘ヲ渉獵スルコトヲ好ミ、而シテ温公ノ通鑑ノ如キハ、舟車逆旅ニ在ルノ際ト雖モ、晨ニ誦エ夕ニ讀ミ、手ヨリ巻ヲ釋カズ、先君ノ業ヲ成スコト、温史ニ得ル所、最モ多キニ居ル」、「蓋シ年少氣鋭ニシテ萬巻ヲ讀破シ古今ヲ眼空セント欲ス。故ニ其ノ意氣、筆墨ノ閒ニ躍々トシテ、讀者ヲシテ奮然感激シ措ク能ワザラシムルナリ」[4]と、行間から「読書の素養」があったからこそ事業の成功を収めることができた父に深い敬意と感激が滲み出ている[5]。

一方、彌之助は成達書院で約二年間在学し感化を受けたため、重野を生涯の師として仰いだ。晩年東京帝国大学を離れた後の重野の『国史総覧稿』編修事業に必要な参考書購入に資金提供したことを契機に、自らの蒐書事業を始め、青木信寅、中村敬宇(正直)、狩谷棭斎《かりやえきさい》、伴信友《ばんのぶとも》、岡本保孝《おかもとやすたか》、田中頼庸《たなかよりつね》、松下見林《まつしたけんりん》、藤貞幹《とうていかん》、松方正義などの蔵書、遺書、手沢本《しゅたくぼん》、自筆稿本および古版本・古写本などを続々と購入した。清国からは一八九六年(明治二九)の漢籍約四五〇〇冊に続いて、一九〇七年に陸心源《りくしんげん》(一八三四~九四)の「皕宋樓《ひょくそうろう》」蔵書四万余冊を舶載してきたが、後者については、購入前の鑑査を帝国学士院代表として渡欧し万国学士院聯合会第三回総会出席後の帰朝途中の重野に依頼した。これらの典籍と稿本が「静嘉堂《せいかどう》」文庫の根幹をなしたが、生前、重野の期待にそうように近い将来、文庫蔵書の公開利用も約束していた[6]。惜しいことに、彌之助は翌年の春に逝去したが、訃報は「君は盆栽・骨董の外、蒐書の癖あり、静嘉堂（文庫の名）蔵むる所の和漢洋の雑書十万巻余、之に昨四十年中、十五万金を投じて清国有名の蔵書家陸審言（陸心源の子息）庫中の物を一手に引受たるもの。数万巻を加へば本邦官公私立の図書館中帝国図書館を除きては能く比敵し得るものなく其宋版の漢書のみにても、我邦に現存する物悉くを集めて之に当るに足らざるべしと云ふ」と、その「高尚なる多方面の趣味」を紹介している。[7]

古書肆「弘文荘」主人で日本古典籍の研究家反町茂雄（一九〇一～九一）が、久彌のモリソン文庫購入はおそらく「叔父彌之助の陸心源文庫購入の例にならったものかも知れない」と推測すると共に、久彌と久《く》原《はら》房之助《ふさのすけ》（久原鉱業、日立グループの創業者）の蒐書顧問を務めた和田維四郎のことを「明治・大正期きってのコレクター」であり、「日本古典籍全般の書誌学的研究において果たした開拓的な業績は、類いなきものと信じられる」と評価している。[8] また、榎一雄（一九一三～八九）は、近代日本鉱物学の草分けとしての和田が鉱山局長、八幡製鉄所長などを歴任、世界有数の鉱物標本集を作り、その鉱物分類の方法を日本の古版本に適用して編まれた『訪書餘録』は「文字通り採訪した古書の実物にもとづいて編纂された最も実証的で、最も系統的な日本印刷史の最初のもの」だと、その科学的研究手法の先駆性を強調している。[9]

確かに、和田は一八七七年にワヰスハッハ他編著の『金石識別表』（東京帝国大学理学部刊行）を訳出してから、一九〇七年に『本邦鉱物標本』を上梓して名著『日本鉱物誌』を補完するまで三〇年の歳月を要した。それから久彌と久原の支援で本格的な古書蒐集に乗り出し、一〇年後の一九一八年（大正七）に『訪書餘録』を出版した。[10] 同書の「緒言」に「編纂に就きては高楠順次郎君、内藤虎次郎君、和田萬吉君、黒板勝美君、吉澤義則君等諸博士の援助を受けたること多く」、また「凡例」に「本書の参考として適當なり信する標本は、（中略）未た偏《あまね》く世人に知られさるものを採ることとし、主として伯爵廣橋家、子爵藤波家所傳の古文書、故文學博士木村正辞氏、同小杉温邨氏、故大野洒竹氏、故稲田政吉氏、及斯道の大家男爵野村素介氏等の蒐集せるもの、並に著者か積年採訪したるのものの中より選擇し、尚此等の中に闕けたるものは、特に各所蔵者にも乞ひて其寫影を収めたり」と述べられている。[11] 研究対象の古書を「標本」と呼んでいることから、その鉱山学者由来の研究姿勢と慣習を窺うことができる。一方、「廣橋家というのは藤原北家日野流の庶流に位置する名家である。其の家業は文学であったが、特に国の年号に関わる事象を職掌として其の観点から最高・最大の蔵書を維持して来たことは特筆せられる。久彌は大正年間に当時の当主廣橋真光伯爵（一九〇二〜九七）と交渉し、その蔵書を購入した」という経緯から、久彌が自ら表に出て蒐書に努めたケースもあったことが分かる。[12]

和田が一九二〇年に他界した後、久彌の蒐書活動も続けられたが、古刊本・古鈔本を含む全蔵書合計約三万八〇〇〇冊が「岩崎文庫」として、一九三二年、三六年、四三年の三回に分けて東洋文庫の書庫に寄贈された。そのなかで、漢籍の『毛詩』『春秋経傳集解』『史記』『文選集注』『古文尚書』の五点が国宝に、『礼記正義』『論語集解』『論語集解』『古文尚書』『楽善録』の五点が重要文化財に指定されている。[13]その意味において、和漢の古典籍群を擁する岩崎文庫は静嘉堂文庫とともに、「近代的書誌学を構築するための蔵書閣」となっていると言える。[14]

---

［1］斯波義信「岩崎文庫の背景――岩崎家に見る「右文の家風」」（東洋文庫編『三菱創業一五〇周年記念　岩崎文庫の名品　叡智と美の輝き』山川出版社、二〇二一年、三四頁）

［2］岩崎彌太郎書簡（吉村喜久次・藤岡善吉宛〔断簡〕　明治一年三月六日付。三菱史料館蔵、請求記号ＩＷＳ‐００７９９）。

[3] 伊藤由美子「新収『岩崎彌太郎書簡』」(『三菱史料館論集』第一六号、二〇一五年三月二〇日発行、二一二頁)

[4] 『岩崎東山先生傳記』(三菱経済研究所編集発行、二〇〇四年、三八六頁)

岩崎久彌「讀史雜録題言」(岩崎彌太郎「讀史雜録」三菱史料館蔵、請求番号IWSS-00007-013)。久彌の自筆による題言の写真は文末に掲載されているので、参照されたい。

文中の「温公」は、宋代の政治家で歴史家の司馬光(一〇一九〜八六)を指す。死後「温国公」の称号を授与されたため、「司馬温公」と呼ばれ、「温公」は略称である。「通鑑」は司馬光の代表作『資治通鑑』(全二九四巻)、戦国時代から北宋王朝樹立までの約一四〇〇年の中国歴史をカバーする編年体の名著の略称である。「舟車逆旅」中の「舟車」とは旅行時に使う船や馬車を、「逆旅」とは途中に泊まる宿屋や旅館を指す言葉である。土佐藩には「通鑑」重視の学問伝統があり、弥太郎より一歳年下の坂本龍馬も愛読していたと伝えられている。「通鑑」を熟読暗記し、自分の血肉にした弥太郎は、部下に訓戒を与える際に、「面前に呼んで口喧しく叱ったりせずに、先づ史記とか通鑑とかを取出させて指定の部分を読ませる。読んで会心の一節に至ると、そこだそこだと言って恰も禅問答のような事をしたそうである」という(小林正彬「再考岩崎彌太郎・豊川良平――三菱創業者といとこの関係」『経済系・関東学院大学経済学会研究論集』第二三一集、二〇〇七年四月、四一頁)。

[5] 同注[3]、三七八頁。

[6] 『岩崎彌之助傳』上巻(岩崎彌太郎・岩崎彌之助傳記編纂會、一九七一年、四〇九〜四一五頁。

[7] 一九〇八年三月二十六日付の東京朝日新聞に掲載。

[8] 反町茂雄『日本の古典籍――その面白さその尊さ』(八木書店、一九八四年四月、三四四〜三四八頁)

[9] 榎一雄『東洋文庫の六十年』(東洋文庫、一九七七年、五五〜五六頁)。

[10] 「久原房之助翁談」によれば、和田の出資勧説を受けた際、「彼がいうのには、日本物のほうをこちらで引き受けてもらい、漢籍すなわち支那の文書の方は岩崎久彌君に頼もうかということで、どうかというので、私は

至極もっとものことだ、と直ぐに賛意を表したわけである。時は明治四十年頃であったかと思う」そうである（西村清編『財団法人大東急記念文庫十五年史』〈財団法人大東急記念文庫、一九六六年、一五頁〉）。一方、久原文庫の蔵書保管者鈴木三七の回想によれば、実態は当初の予想とは違い、岩崎・久原「両家の義理を立てゝ、隔月に両家に振り當てられた」と、和漢の分類ではなく隔月に該当書籍の購入資金の出資者に纏めて送付されたそうである（同「久原文庫の思い出〈二〉」〈『かがみ』第二号、六頁〉）。

[11] 和田維四郎『訪書餘録』（一九一八年私家版、一九三三年弘文荘重刊、一九七八年臨川書店新装複製版）。

[12] 石塚晴通「岩崎文庫とは」、同注[1]、七頁。

[13] これらの国宝五点、重要文化財五点はすでに『東洋文庫善本叢書』（財団法人東洋文庫監修、石塚晴通・小助川貞次・會谷佳光諸氏による解題）として勉誠社より出版されている。その詳しい内容構成、成書の背景と重要な価値がよって分かるのである。
https://bensei.jp/index.php?main_page=index&cPath=18_57

[14] 同注[1]、三四頁。

その他の東洋文庫の各コレクションの概略

――創立時から二〇世紀末まで

牧野元紀

本章では岩崎文庫とモリソン文庫を除く東洋文庫のコレクションのうち、創立時から二〇世紀末に至るまでに書庫へ収められた主だったコレクションを収蔵順にご紹介したい。東洋文庫ゆかりの研究者本人あるいはその遺族からの申し出による旧蔵書、もしくは篤志家などからの寄贈によるものが大部分である。

1　前間恭作旧蔵朝鮮古籍

前間《まえま》恭作《きょうさく》（一八六八～一九四一）は対馬の厳原《いづはら》出身の朝鮮語学者である。慶應義塾卒業後の一八九四年、朝鮮領事館の書記生を務め、朝鮮総督府の通訳官となった。日韓協約の締結にも立ち会っている。四五歳で退官した後は朝鮮書誌学の研究に生涯没頭した。

朝鮮駐在中から現地古籍の蒐集に努め、そのコレクションを在山楼と名付けた。著書『在山楼蒐書録』のほか、日本で最初の朝鮮本目録解題として『古鮮冊譜』を著した。

東洋文庫の設立にあたり、一九二四年三月に所蔵書の寄贈を行い、逝去後の一九四二年には遺族をとおして残りの蒐集本の寄贈が行われた。全部で八二二部、二三一〇冊余からなる。これに加えて、古地図と拓本も寄贈された。東洋文庫所蔵の朝鮮本の中核をなす特別コレクションである。

2 藤田文庫——藤田豊八博士旧蔵和漢書

藤田《ふじた》豊八《とよはち》（一八六九〜一九二九）は徳島県美馬《みま》郡出身の東洋史家である。一八九五年、帝国大学文学科を卒業後、一八九七年から一九一二年にかけて中国に遊学した。この間、羅振玉《らしんぎょく》（一八六六〜一九四〇）とその女婿の王国維（一八七七〜一九二七）と親交を重ねた。中国では東文学社（上海）、師範学堂（蘇州）、農林大学（北京）の教授、広東総督の教育顧問を務めた。この中国遊学が藤田のコレクションの幅を広げることとなった。彼の蔵書の基礎をなしたものは、一九〇二年に自身が購得した広東孔家の旧蔵書（嶽雪楼）であった。

一九二六年に東京帝国大学教授に、二八年に台北帝国大学教授に相次ぎ就任し、東西交通史・南海史の研究に勤しんだ。著書に『東西交渉史の研究』、『剣峰遺草』等がある。藤田文庫のうち洋書については台北帝大の要請で同大学に寄贈されたが、旧蔵の漢籍一七六五部、二万一六六九冊の貴重書は遺言によって、一九三〇年に東洋文庫へ寄贈された。

3 順天時報・華北正報

一九三〇年、北京の順天時報社の渡辺《わたなべ》哲信《てつしん》（一八七四～一九五七）社長の厚意で、『順天時報』（一九〇五年八月一七日号～一九三〇年三月二七日号）の計二五〇冊、および『華北正報』（一九一九年一二月一日号～一九三〇年三月二六日号）の計一二四冊のセットが寄贈された。

4 永田安吉旧蔵安南本

永田《ながた》安吉《やすきち》（一八八八～？）は兵庫県出身の外交官でフランス領インドシナ連邦のハノ

イで総領事を務めた。在任中、現地の風俗、習慣、地理、歴史、法律等に興味を持ち、私財を投じて関係の古籍を熱心に買い集めた。

帰国後、このコレクションを調査研究に役立ててもらうべく寄贈先を探していたところ、一九三四年に慶應義塾大学の松本信廣《まつもとのぶひろ》（一八九七〜一九八一）教授の仲介によって、東洋文庫への寄贈が実現した。この永田旧蔵コレクションは東洋文庫において今日まで「安南本」とよばれており、漢籍を中心に一〇三部、六九五冊に上る。ベトナムとフランスをのぞけば、ベトナム古典籍のコレクションとしては類例をみない規模であり、山本達郎博士寄贈書に含まれる安南本とあわせて、東洋文庫をベトナム前近代史研究において国際的に知られる一大史料拠点たらしめている。

5 シーボルト関係文書

一九三四年、東京帝国大学教授を務めた内科医で日独文化協会理事の入沢達吉《いりさわたつきち》（一八六五〜一九三八）が在ベルリンの日本学会から所蔵のシーボルト関係文書二五八冊を借り受け、一九三五年に上野の東京国立博物館で一般公開した。その際およそ二年をかけて作成された複写三〇〇点余（約一万枚）が東洋文庫へ寄贈された。

6 井上準之助《いのうえじゅんのすけ》旧蔵和漢洋書

井上準之助（一八六九〜一九三二）は日本財政史上にその名を残す大人物であるが、東洋文庫の初代理事長も務めた。大分県日田郡出身で、一八九六年に東京帝国大学を卒業し日本銀行に入り、一九一三年に横浜正金銀行の頭取、一九年に日本銀行の総裁、二三年に第二次山本権兵衛内閣の蔵相に就任した。そしてその翌年、東洋文庫が財団法人として創設されるに及び理事長に就任した。

一九二七年に再び日銀総裁となって金融恐慌の鎮静化に努め、二九年には浜口内閣の蔵相として金輸出解禁を断行する。一九三二年、犬養内閣のもとで行われた議院解散に際して、民政党の筆頭総務として選挙対策に苦心していた折、血盟団員により暗殺され非業の死をとげた。

一九三六年、遺族の申し出により、一般経済史に関する学術図書を中心とした和漢洋中の書籍一六一〇部、四八六二冊が東洋文庫に寄贈された。この洋書のなかには財界・経済界の雑誌などが含まれる。近年も遺族の申し出があり、二〇〇三年に洋書二一部、二〇〇五年に洋書二八部が新たに寄贈された。

7 小田切文庫——小田切萬壽之助旧蔵和漢書

小田《おだ》切《ぎり》萬《ま》壽《す》之《の》助《すけ》（一八六八～一九三四）は米沢市出身の外交官・銀行家である。一九〇〇年、朝鮮・京城公使の林権助のもとで働き、杭州領事を経て一九〇二年に上海総領事となった。一九〇五年に横浜正金銀行取締役となり、在清国支店の管理を担当した。一九〇七年、清国公使となった林権助に請われて同銀行の北京駐在総取締役となり、対清国借款、外交条約の締結でも活躍した。

一九一七年には岩崎久彌の代理人となり、井上準之助と同様に「相談役」の一人となり、モリソン文庫購入の交渉にあたった。東洋文庫の初代監事とし一九三四年に逝去するまでその任にあった。

小田切の父は米沢藩士で藩儒の小田切盛徳《せいとく》（一八三六～一八八五）である。小田切自身も漢籍を多数収蔵し、詩文もよくした。著書に『朝鮮』、漢詩集『銀台遺稿』等がある。

一九三六年、東洋文庫は令息の小田切武林《たけしげ》（一八九七～一九六五）により父愛蔵の漢籍一二五四部の一万七六四三冊、和書四五四部の一八三〇冊、洋書四部の四冊、計二万冊の寄贈を受けた。この小田切文庫は〈集〉部の書がとくに優れているとされる。

目録に『小田切文庫目録』（一九三八年）がある。

8 ラフカディオ・ハーン、B・H・チェンバレン往復書簡類

一九三六年と三七年、財団法人原田積善会の助成と同会顧問上田萬年の斡旋および佐佐木信綱（一八七二～一九六三）の尽力により、小泉八雲ことラフカディオ・ハーン（Lafcadio Hearn 一八五〇～一九〇四）とバジル・ホール・チェンバレン（Basil Hall Chamberlain 一八五〇～一九三五）の自筆往復書簡計一九一通を蒐集した。なお、東洋文庫はチェンバレン旧蔵書の三六部四一冊を一九四四年に別途購入し、岩崎文庫へ編入している。

9 上田萬年博士旧蔵書

上田《うえだ》萬年《かずとし》（一八六七～一九三七）は江戸大久保生まれの言語学者・国語学者である。著書に『国語のため』、『国語学の十講』、共編『大日本国語辞典』等がある。東洋文庫の創立に貢献があり、理事を務めた。

没後の一九三八年、遺族より蔵書のうち和洋書二六部、一五九冊が寄贈された。

『北延叙歴検真図』（樺太実測図）九三軸、チェンバレンの*Ko-Ji-Ki*などが含まれている。

10　河口慧海将来のチベット大蔵経典

河口慧海《かわぐちえかい》（一八六六〜一九四五）は大阪府堺市出身の仏教学者・探検家である。一九〇一年と一九一四年の二度にわたりチベットを探検し、チベット大蔵経を持ち帰った。一九四〇年、サンスクリット文書の一部、および数種の版を異にするチベット大蔵経典の大半の部分を東洋文庫に寄贈した。一九三一年に購入済のデルゲ版と一九三六年に購入済のナルタン版とあわせて、東洋文庫はチベット経典について世界有数の特別コレクションを有することになった。

11　鈴江萬太郎旧蔵書

鈴江《すずえ》萬太郎《まんたろう》（一八八六?〜一九二九）は徳島県出身の陸軍軍人でモンゴル語学者である。モンゴル語辞典の編纂作業は、陸軍士官学校卒業後、東京外国語学校でモンゴル語を学び、北京・シベリア・モンゴルでの経歴を同じくした後輩で熊本県出身の下永《しもなが》憲次《けんじ》（一八九〇〜一九四九）によって継承され、一九三三年に『蒙古語大辞典』（陸軍省）

として結実した。鈴江の死後、その旧蔵書の一部約四〇〇点が東洋文庫に寄贈された。

12 幣原坦旧蔵朝鮮本

幣原《しではら》坦《たいら》（一八七〇～一九五三）は大阪府門真出身の東洋史家、教育行政官である。台北帝国大学の創設に尽力し、一九二八年に同大初代総長に就任した。首相と東洋文庫理事長をつとめた幣原喜重郎（一八七二～一九五一）は坦の次弟にあたる。著書に『南島沿革史論』、『朝鮮教育論』等がある。

一九四一年、韓国政府学参与官在任時に形成した朝鮮古籍の蔵書三三四部を東洋文庫に寄贈した。前掲の前間恭作旧蔵書に加えて東洋文庫の朝鮮本コレクションの充実に大きな貢献を果たした。

13 松村太郎旧蔵近代中国関係書・雑誌

大分県出身で北京駐在の順天時報社の社員、松村太郎（?～一九四四）は、東洋文庫創設当初から漢籍の叢書・地方志・族譜・明実録等の蒐集に尽力した。一九四〇年に帰国し、一九四三年にその蔵書を構成する近代中国関係書冊・雑誌（中文・日文）数千冊を東洋文庫に寄贈した。

14　旧近代中国研究委員会蒐集和漢洋書

一九五三年から一九五五年にかけてハーバード・イエンチンHarvard-Yenching財団より寄附金が東洋文庫に贈呈され、これを基に「東方学研究日本委員会」が発足した。また、一九五四年から五五年にかけてロックフェラーRockefeller財団から寄附金が得られ、これを基に「近代中国研究委員会」が発足した。市古《いちこ》宙三《ちゅうぞう》（一九一三〜二〇一四）らが中心となって、これら助成金によって和漢洋の研究書約八万冊が蒐集され、プロジェクト終了後に東洋文庫に移管された。

15　藤井尚久旧蔵近世日本医書

藤井《ふじい》尚久《なおひさ》（一八九四〜一九六七）は富山県婦負郡出身の医史学者で東京医科大学教授を務めた。日本の医学文化の史的研究に勤しみ、『明治前本邦内科史』等の著書がある。

一九五七年、旧蔵の和漢洋医学書およそ一八〇〇部を東洋文庫へ寄贈した。そのなかには『解体新書』の初版本や『ターヘルアナトミア』などが含まれる。

16　開国百年記念文化事業会蒐集近代日本関係文献

一九五九年、東洋史学者で元京都大学総長の羽田亨《はねだとおる》（一八八二～一九五五）、日本史学の大久保利謙《おおくぼとしあき》（一九〇〇～一九九五）を代表とする「開国百年記念文化事業会」の蒐集した近代日本関係の和書四〇〇〇部七〇〇〇冊の寄贈を受けた。『東洋文庫所蔵近代日本関係文献分類目録 和書・マイクロフィルムの部 第1～第3』（一九六一～一九六三年）がある。

17　松田文庫——松田嘉久旧蔵タイ語書籍

タイ在住の実業家であった松田嘉久《まつだよしひさ》（生没年不詳）は一九六三年、タイ貨一〇万バーツ相当の寄附を行い、タイ語書籍約一〇〇〇冊が東洋文庫に寄贈された。松田文庫は文学・史学・宗教・政治・伝記・旅行記・語学等の各領域にまたがるが、特に文学・史学が多いのが特徴である。タイ政府関係者、チャラット（Charas Pikul）旧蔵本、タイ国法律集成、葬式頒布本（Cremation volume）、Kurusapha（文部省外郭組織）刊行の叢書、一般新刊書から構成される。

18　梅原末治旧蔵日本アジア考古学資料、和漢洋書

梅原末治《うめはらすえじ》（一八九三～一九八三）は大阪府南河内郡出身の考古学者である。京都大学教授として特にアジア青銅器の研究を進め、東洋考古学の基礎を確立した。著書に『銅鐸の研究』等がある。一九六四年、所蔵の図書資料二五〇〇冊および考古学資料を東洋文庫に寄贈した。

19　藤田豊三郎旧蔵詩文集

藤田豊三郎（一八八三～一九五六）は青森県弘前市出身の造酒家である。漢詩文を好み、家業を助けるかたわら独学で作詩法を学んだ。無類の愛書家であり、ことに清朝時代の詩文を好んだ。一九六五年、清朝詩文集の七三部を東洋文庫に寄贈した。

20　河口文庫

河口信任《かわぐちのぶただ》（一七三六～一八一一）は肥前唐津出身の蘭方医で解剖学者であった。祖父以来、唐津藩主土井家の藩医をつとめ、土井利里《どいとしさと》（一七二二～一七七七）の移封に従い、下総古河に移った。利里が京都所司代となると今度は京都に移り、荻野元凱《おぎのげんがい》（一

七三七〜一八〇六）に入門し、師とともに刑死体を解剖した。一七七二年、日本では二番目となる解剖書『解屍編』を出版した。

一九六五年、信任の子孫より旧蔵の和本・蘭方医書一三三部が東洋文庫に寄贈された。

21 辻文庫

辻直四郎《つじなおしろう》（一八九九〜一九七九）は第八代の東洋文庫理事長である。国際的に著名なサンスクリット学者で、日本のインド古典学の開拓者である。東京日本橋出身、東京帝国大学で高楠順次郎の教えをうけた。オックスフォード大学留学後、東大と慶應義塾大学で教鞭をとった。

著書に『ヴェーダ学論集』、『サンスクリット文法』、『サンスクリット文学史』等がある。一九六五年に東洋文庫の文庫長、一九七四年に東洋文庫理事長に就任した。没後の一九七九年、旧蔵書一万二〇〇〇点は東洋文庫に納められた。

22 岩見文庫

一九八九年、イスラーム史家であり、慶應義塾大学で井筒俊彦《いづつとしひこ》（一九一四〜一九九三）

の教えをうけた岩見隆（一九四〇～二〇一七）が所蔵の文献二四〇〇冊を東洋文庫に寄贈した。一三〇〇点のペルシア語資料、七〇〇点のアラビア語資料、四五〇点の欧文諸語文献で構成される。主として一九世紀に刊行された、石版刷の貴重書六〇点を含む。

23 ベラルデ文庫

一九八九年、東洋文庫初代研究部長で第四代理事長を務めた白鳥庫吉《しらとりくらきち》（一八六五～一九四二）の孫で上智大学名誉教授の白鳥芳郎《よしろう》（一九一八～一九九八）がフィリピン宣教師ベラルデ家の収集したフィリピン関係の貴重書四七八冊を東洋文庫に寄贈した。このうち一九世紀以前の出版物は三分の二を占めており、スペイン体制期フィリピン史の稀覯書が少なからずみられる。『ベラルデ文庫目録』（一九九三年）がある。

24 モリソン二世文庫

一九八九年、ジョージ・アーネスト・モリソンの次男であるアラスター・モリソン夫妻が収集した東南アジア関係洋書三三二九部を購入した。二〇世紀の出版物が大部分であるが、一九世紀後半のものも若干含まれている。東南アジア島嶼部（マレーシア、インドネシア）に関するものが多い。ボルネオに関する文献が全体の三分の一を占めるなど、ボルネオに特化したコレクションとして日本国内において貴重なものである。『モリソン2世文庫目録』（二〇〇〇年）がある。

25　荻原文庫

ビルマ史家として鹿児島大学で長年教鞭をとった荻原《おぎわら》弘明《ひろあき》（一九二一〜一九八七）旧蔵のビルマ史・ビルマ語関連資料である。ビルマ語文献六一二件と欧文文献約四〇〇件からなる。ビルマ語文献は一九四〇年代から一九六〇年代にかけて出版されたものが主である。『東洋文庫所蔵荻原文庫目録』（一九九三年）がある。

26　榎文庫

榎《えのき》一雄《かずお》（一九一三〜一九八九）は第九代の東洋文庫理事長である。神戸市出身、東大では白鳥庫吉のもとに学び、中央アジア史を中心に研究を進め、中国関係・日本関係の著書も多い。編著に『講座敦煌』等がある。

一九七四年に東洋文庫の文庫長、一九八五年に理事長に就任した。資料の充実に努め、敦煌文献、中近東現地語資料、ポルトガルのアジューダ宮図書館所蔵イエズス会東アジア関係文書、オーストラリアのニュー・サウス・ウェールズ州立図書館（ミッチェル図書館）所蔵モリソン関係資料など、戦後の東洋文庫の特徴ある蒐集に関与した。一九九〇年、旧蔵書約二万八〇〇〇冊を東洋文庫に寄贈した。『榎一雄文庫分類目録——欧文編／和文・漢文編』（一九九九年）がある。

27 護文庫

一九九七年、トルコ学の第一人者であった東京大学名誉教授の護雅夫《もりまさお》（一九二一〜一九九六）旧蔵のトルコ語文献を中心とした内陸アジア関係の書籍資料一五〇〇冊からなる。一九九七年に遺族が東洋文庫に寄贈した。護は東洋文庫においては附置ユネスコ東アジア文化研究センター長、東洋文庫研究部長を歴任した。

本稿は牧野元紀「東洋文庫における特別コレクション」（情報科学技術協会編『情報の科学と技術』73巻4号）を一部改編したものである。

お宝本紹介

『解体新書』と『ターヘル・アナトミア』

牧野元紀

『解体新書』とその原典『ターヘル・アナトミア』は教科書をとおして誰もが知っている。東洋文庫はその両方を所蔵している。

『解体新書』は日本初の西洋解剖学の翻訳書である。翻訳したのは、杉田《すぎた》玄白《げんぱく》（一七三三～一八一七）、前野《まえの》良沢《りょうたく》（一七二三～一八〇三）らの蘭方医であった。ドイツ人、ヨハン・アダム・クルムス（Johann Adam Kulmus）が著した*Anatomische Tabellen*（『ターヘル・アナトミア』すなわち『解剖図』、一七二二年刊）のオランダ語訳本*Ontleedkundige Tafelen*（ヘラルデュス・ディクテン〈Gerardus Dicten〉訳、一七三一年刊）を、杉田らが漢文で逐語訳し、一七七四年（安永三）に刊行した。

翻訳の契機は小塚原《こづかっぱら》の刑場で罪人の処刑後の人体解剖（腑分け）を見学したことである。『ターヘル・アナトミア』所収の解剖図が非常に正確であることに驚嘆し、すぐに翻訳を決意したという。翻訳作業は前野の自宅のある築地の豊前中津藩邸内で行われた。杉田・前野のほか、中川淳庵《なかがわじゅんあん》（一七三九～一七八六）、桂川《かつらがわ》甫周《ほしゅう》（一七五一～一八〇九）など当時著名な蘭学者らが力を合わせた。当時の翻訳作業の苦労は杉田玄白『蘭学事始《らんがくことはじめ》』に詳しく記されている。

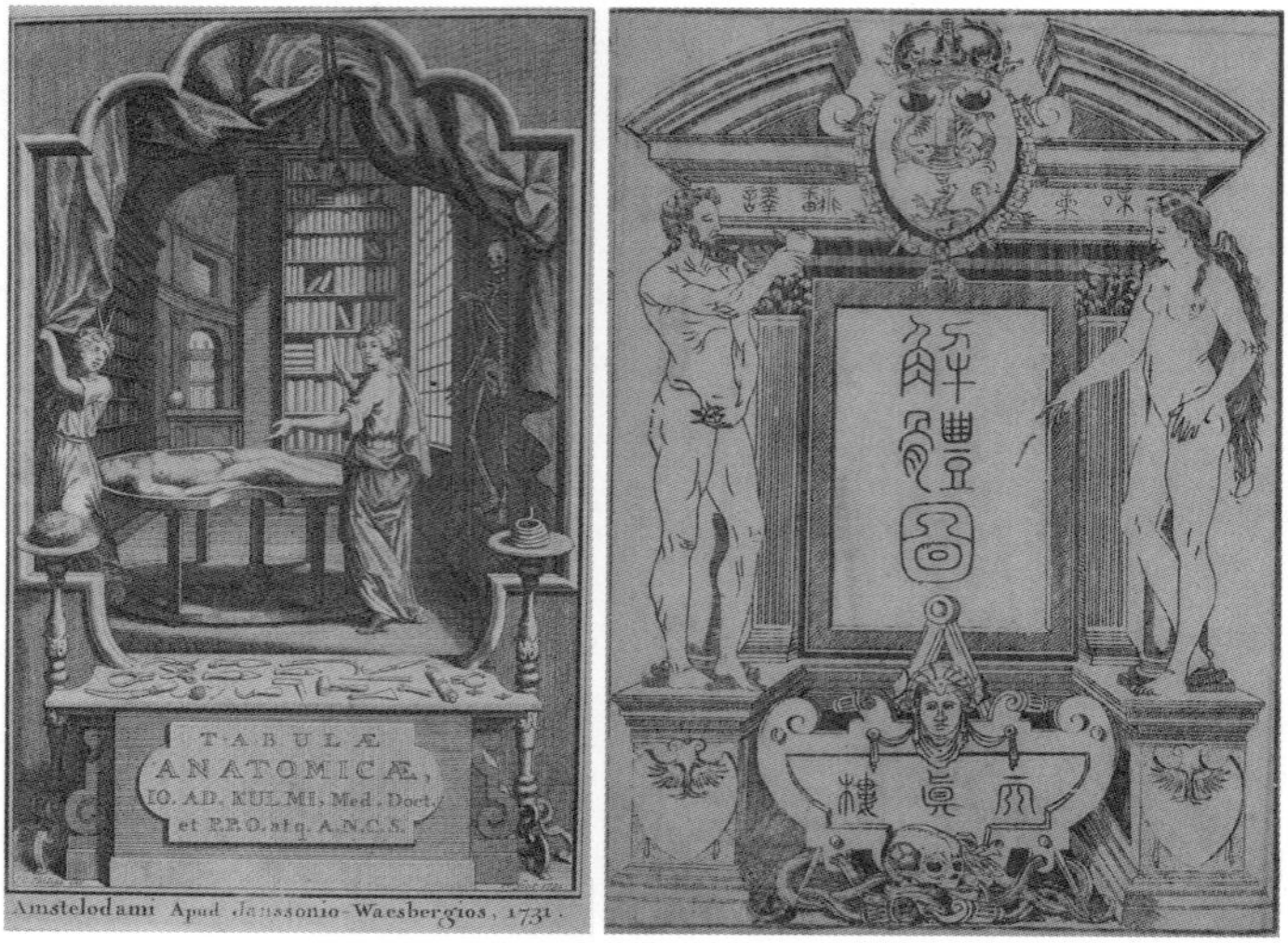

『ターヘル・アナトミア』（左）と『解体新書』

しかし、杉田はこの翻訳の出来に納得がいかず、弟子の大槻玄沢《おおつきげんたく》（一七五七〜一八二七）に翻訳をし直すように命じた。その改訂作業が完了したのは一七九八年、『重訂解体新書』として刊行されたのは一八二六年（文政九）であった。

人体の精密な解剖図は秋田藩士の画家、小《お》田野《だの》直武《なおたけ》（一七五〇〜一七八〇）が描いた。平賀源内（一七二八〜一七八〇）に洋画の手ほどきを受け、東洋画と西洋画を融合し、のちに秋田蘭画と称される独特の画風をつくりあげた。『ターヘル・アナトミア』以外の解剖書の図も参考にしたとされ、よく見ると顔つきや体つきは日本人らしく描かれている。

東洋文庫所蔵の『解体新書』と『ターヘル・アナトミア』は、東京医科大学教授で医学史研究者として知られた藤井《ふじい》尚久《なおひさ》博士（一八九四～一九六七）による「藤井文庫」に含まれる。一九五七年に東洋文庫に寄贈された同文庫は、医学史に関する約一八〇〇点の書籍・文書・図版からなる。その貴重書の多くは東洋文庫ミュージアムで開催された「解体新書展――ニッポンの「医」の歩み１５００年」（二〇一六年一月～四月）、「東洋の医・健・美」（二〇二三年五月～九月）において一般公開され反響を呼んだ。

お宝本紹介

『プチャーチン以下露国船来朝 戸田浦にて軍艦建造図巻』

牧野元紀

一八五三年六月、アメリカのペリー艦隊が浦賀沖にあらわれ日本中が騒然となった。あまりに有名な出来事だ。しかし、その約一ヵ月半後、長崎に来航したエフィム・プチャーチン提督（一八〇三～一八八三）率いるロシア使節団のことは、今日ほとんど知られていない。プチャーチンの開国交渉も一度目はうまく進まず、一行は翌年再び来日した。今度は箱館から大坂を経由し、アメリカと同様に伊豆の下田で幕府との交渉に臨んだ。

この交渉の最中に起きたのが安政東海地震である。一八五四年一一月四日

『プチャーチン以下露国船来朝 戸田浦にて軍艦建造図巻』

（旧暦）、下田停泊中の軍艦ディアナ号は津波を受けて損傷し、修理のため西伊豆の戸田《へだ》へ曳航されるなかで沈没してしまった。この非常事態を受け、戸田の近隣の船大工たちの協力を得て代替船が建造されることとなった。

一八五五年二月、日露和親条約は締結され、同年四月に日本初の本格的な西洋式帆船が完成した。ロシア人のなかに数名の造船技術者がいたことが幸いした。ロシア側は技術を、日本側は労力と資材を提供し、費用はロシア側が支払う取り決めであった。建造は韮《にら》山《やま》代官の江《え》川《がわ》太《た》郎《ろう》左《ざ》衛《え》門《もん》（英龍。一八〇一〜一八五五）、勘定奉行で海防掛の川《かわ》路《じ》聖《とし》謨《あきら》（一八〇一〜一八六八）などの指揮下で日本人船大工を雇って進められ、木造一〇〇トン、帆柱二本のスクーナー船二隻が完成した。プチャーチンは戸田の人々への感謝と友好の気持ちをこめて、この船を「ヘダ号」と名付け、日本海を縦断、対岸のアムール河口へ無事帰還することができた。

こうした一連の様子を描いた絵巻が残されており、プチャーチン一行の容貌、持ち物や食文化などが詳細に記されている。巻物の後半には進水式が描かれ、日本人とロシア人が国の垣根をこえて、喜びを分かち合っている様子が伝わる。特に、ロシア人乗組員は一人一人の氏名が書き込まれ、ロシア初の本格的な和露辞典『和魯通言比考《わろつうげんひこう》』の著者で、初代在日ロシア領事を務めたヨシフ・ゴシケーヴィチ（一八一四～一八七五）の姿も見える。

作者は朝暾《ちょうとん》と号した駿府町奉行の貴志孫太夫《きしまごだゆう》（一八〇〇～一八五七）とされている。近代日露外交の幕開けとその友好的側面を示す貴重な史料の一つである。

二〇一六年、富士ゼロックス社の厚意により本図の高精細複製品が無償で制作された。そのうちの一本は、同年一二月一五日に山口県で開催された日露首脳会談において、安倍晋三首相（当時）よりプーチン大統領への贈呈品として選ばれた。

お宝本紹介

『ラ・ペルーズ世界周航記』

牧野元紀

一五世紀半ばから一七世紀半ばにかけて世界の距離はかつてないほどに縮まった。西洋では「Age of Discovery 大発見時代（地理上の発見）」、日本では「大航海時代」といわれるこの時代、アジア・アフリカ・南北アメリカの広大な地域が欧州諸国によって次々と探査あるいは占拠された。

一八世紀に入ると、なかでも国力の充実したイギリスとフランスの二大国が、インドや北アメリカなどで戦火をまじえた。しかし、これら列強国にとってのラストフロンティアともいうべき地図上の空白地帯がなおも存在した。それは地球上の表面積の三分の一を占める太平洋であり、大海原に点在する島々であった。

一八世紀の太平洋探検航海において、イギリスを代表する航海家がキャプテン・クックことジェームズ・クック（一七二八～一七七九）であったとすれば、フランスを代表するのがラ・ペルーズ伯ジャン・フランソワ・ド・ガロ（一七四一～一七八八）である。一七八五年、ラ・ペルーズはルイ一六世（在位一七七四～一七九二）の命を受けて二隻の船でフランス北西端のブレスト港から旅立った。

まずは大西洋を横断しブラジルに到着、南米大陸南端のホーン岬をまわって南

『ラ・ペルーズ世界周航記』よりイースター島に上陸したラ・ペルーズ一行

太平洋に出た。絶海の孤島イースター島を経由し、太平洋を縦断してハワイ諸島へ到達、その後はアラスカへと向かった。北米大陸の北太平洋沿岸を調査した後、再び太平洋を横断し、マカオとマニラに到達している。一七八七年四月、東シナ海から日本海を北上、サハリン（樺太）島と北海道との間を通過した。これが西洋では宗谷海峡をラ・ペルーズ海峡と呼称する契機となった。さらに北上し、カムチャツカに寄港する。ここで部下のバルテレミ・レセップス（一七六六〜一八三四）に航海記録を委ねて陸路パリへ向かわせる一方、自身は南太平洋を目指した。

一行は一七八七年一二月、サモアで水の補給を試みたが、現地住民の攻撃を受け、一二人の船員が殺害された。失意の彼らはシドニーのボタニー湾へ到着する。翌八八年一月二四日に陸地を確認したが、悪天候に見舞われ上陸はかなわなかった。六週間ほどの滞留中、現地のイギリス海軍との連絡も得ていたが、三月一〇日の出航後は行方不明となった。

のちの調査によると、一行はボタニー湾から約三〇〇〇キロ離れたサンタクルーズ諸島のヴァニコロ島近辺で座礁し、全員が命を落としたとみられる。サンゴ礁の間から発見された遺品はパリに送られ、レセップスによって確認された。

本書はレセップスが持ち帰った報告をもとにフランス革命政府によって一七九七年、四巻本の大部にてパリで刊行された。クックの太平洋調査を補完する学術的価値の高い地理書であり、豊富な図版を収める別巻も出されるほどであった。英語版も翌一七九八年から一七九九年にかけて即座に刊行されている。

図版はラ・ペルーズ一行が立ち寄った太平洋上の絶海の孤島、イースター島である。一八世紀末のヨーロッパ人が太平洋世界に思い描く楽園幻想が色濃く反映された一枚である。

拙稿「ラ・ペルーズ世界周航記」(『季刊 永青文庫』一二五号、永青文庫、二〇二五年)より転載(一部改編)

第Ⅳ部

次の百年に向けて

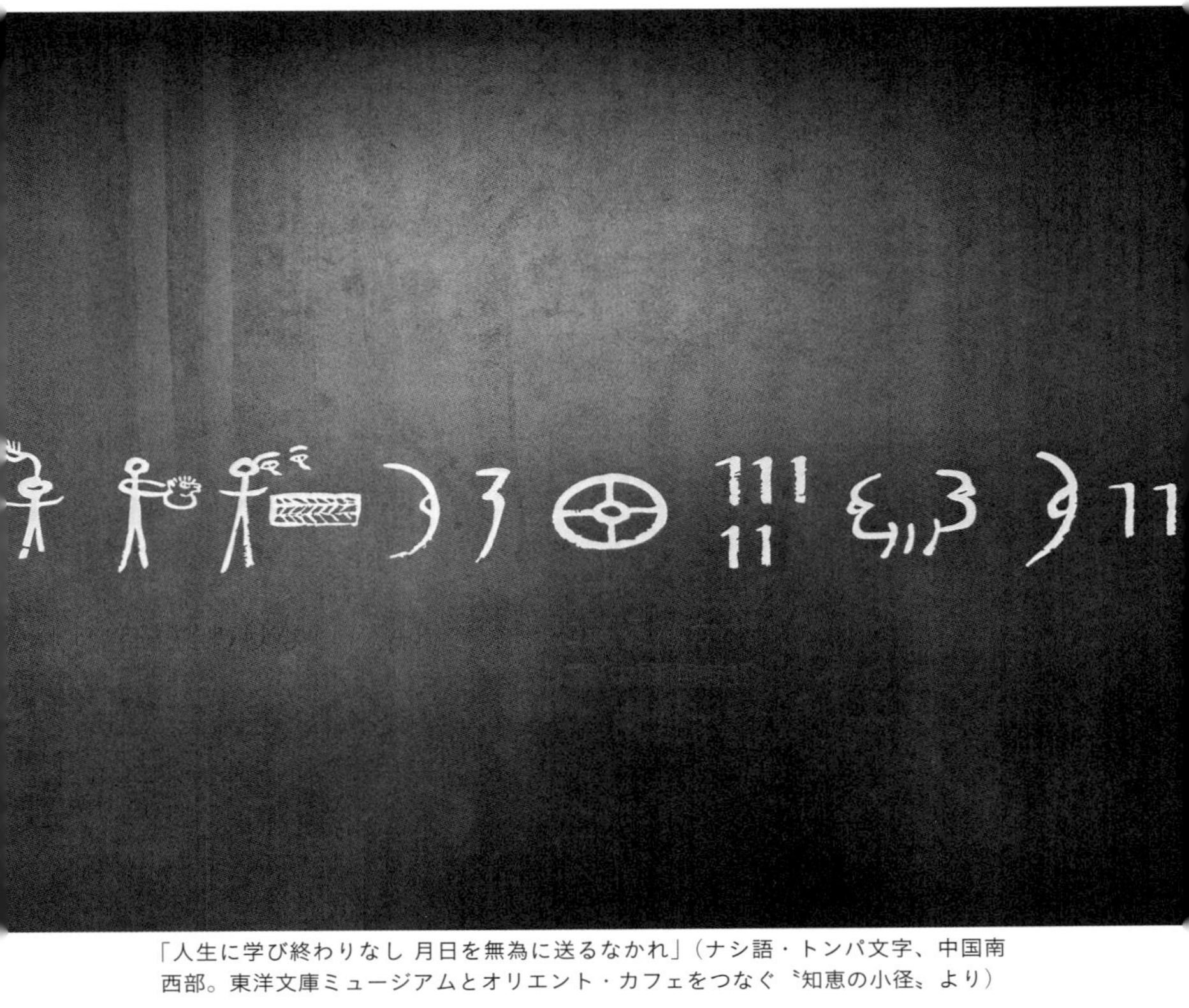

「人生に学び終わりなし 月日を無為に送るなかれ」（ナシ語・トンパ文字、中国南西部。東洋文庫ミュージアムとオリエント・カフェをつなぐ〝知恵の小径〟より）

斯波文庫長を囲んでの座談会

二〇二三年一一月一五日　東洋文庫講演室

座談会参加者
斯波義信（文庫長）
高田時雄（図書部長）
濱下武志（研究部長）
平野健一郎（普及展示部長）
牧野元紀（文庫長特別補佐）

1. 東洋文庫でのご研究
2. 東洋文庫の使命
3. 全面建て替えの経緯
4. 国際交流
5. 各部からの提言と東洋文庫の展望

1　東洋文庫でのご研究

牧野　本日は皆さまにはご多忙のなかお集まりいただきまして有難うございました。『東洋文庫百年史』を刊行するにあたり、座談会企画として、斯波文庫長をお囲みしまして各部長の先生方に東洋文庫の来し方行く末について自由闊達にご議論をいただくことにしております。これより小生司会を務めさせていただきます。

最初に斯波先生のご経歴と、東洋文庫でのご研究についてのトピックとなります。お若かりし頃から現在に至るまでの先生のご研究を東洋文庫と絡めてお話しいただきます。東洋文庫の運営に先生がお携わりになられてから、本日までにどのような展開があったのかを、エピソードいわゆる裏話なども混じえてお話しいただければと思います。二番目は創立一〇〇年を迎えた東洋文庫の使命について先生の思われるところをあらためておうかがいいたします。三番目は東洋文庫の歴史においても大きな変化であった一五年前の全面建て替えについてその経緯をお話しいただきます。四番目は東洋文庫の国際交流についてです。東洋文庫と協定を結んでいる海外の東洋学の各機関との関係、先生とゆかりの深い海外の先生方とのご交流などについてもお話しいただけたらと思っております。五番目の項目については、東洋文庫の各部を代表して、研究部長の濱下先生、図書部長の高田先生、普及展示部長の平野先生から、各部の抱える今日的課題と今後の一〇〇年に向けての可能性をご提示いただけたらと存じます。そしてそれを受けるかたちで、斯波先生に一〇〇周年を迎えるにあたってのご決意とご提言をあらためて頂戴できましたら幸いにございます。

まず斯波先生のご経歴をご紹介します。
先生は一九三〇年のお生まれで、御年九三歳をめでたくお迎えになられておりま
す。ここ東洋文庫のほど近く、小石川のお生まれで、学習院の初等科を経られて七年
制の旧制府立高等学校で学ばれました。一九五三年、新制の東京大学東洋史学科をご
卒業された後、同大学院人文科学研究科の東洋史学専門課程、続けて修士課程から博
士課程をご修了され、一九六二年に文学博士を取得されました。

博士論文のタイトルは「宋代における商業的発展、宋代商業史のための基礎的研
究」にございます。この博士論文のご執筆の前後で東洋文庫の研究生をお務めになら
れまして、日本学術振興会の奨励研究員も務めておられます。その後、一九六一年に
熊本大学法文学部助教授にご就職され、熊本では途中のアメリカ留学をはさんで八年
間過ごされました。その後、一九六九年に大阪大学文学部の助教授に転じられ、一九
七九年に教授にご昇任されました。大阪大学では一七年間教鞭を執られました。

さらに、一九八六年に東京大学東洋文化研究所の教授にご着任されました。東洋文
化研究所では一九八八年から一九九〇年の間、所長もお務めになられております。一
九九一年、東大退官後は、国際基督教大学（ＩＣＵ）の教養学部教授にご着任されま

した。ＩＣＵご在職中から東洋文庫の役職を兼任されておられ、二〇〇一年に東洋文庫の理事長にご就任されておられます。さらに、二〇〇九年からは文庫長として現在に至っておられます。

その間、一九九二年にアメリカ歴史学会終身名誉会員、二〇〇三年に日本学士院の会員に任ぜられ、大阪大学と東京大学からそれぞれ名誉教授の称号、二〇〇四年には瑞宝重光章、二〇〇六年には文化功労者、二〇一七年に文化勲章を受けておられます。二〇一八年に台湾のノーベル賞といわれております唐奨を受賞されまして、つい先頃は二〇二二年にフランス学士院からレオン・ヴァンデルメールシュ賞（中国学）を相次いで受賞されておられます。

次に主要な学術上の業績についてですが、日本学士院のウェブページから引用いたしましたものを簡略ながらご紹介いたします。先生のご研究の基礎は、実証的史料に基づく宋代商業史にあり、そのご関心はきわめて広範な分野にわたっておられます。具体的な事例としては、宋代以降の交通の発達過程、地域開発、行政と経済の関係、都市化、さらに同郷ギルド、華僑との関係にまで及んでいます。同時に、中国における地域差・多様性の考察を通して、全国的通史的視点を持っておられ、それは中国の理解に大きく資するものといえます。

斯波先生は、内外の東洋学の成果はもちろんのこと、近年の社会科学的手法も合わせて柔軟に取り入れておられ、中国史学に新しい地平を拓かれたことで日本の東洋学を常にリードされてきた研究者です。博士論文から始まり、数々の専門書を刊行されておられます。宋代商業史の研究に始まった延長上に華僑研究もございます。たとえば、岩波新書『華僑』は私も大学の学部生時分に拝読し大いなる刺激を受けました。他にも『中国都市史』（東京大学出版会、二〇〇二年六月）や、東洋文庫から出されている『宋史食貨志訳註』巻一～六などは中国史研究者の必読の書となっております。英語のご著作ではアメリカの著名な中国農村社会学の権威でいらした故ウィリアム・スキナー先生とのご共著 *The City in Late Imperial China* などが知られております。

以上、甚だ簡略ながら先生のご経歴の一端となります。先生から他に付け加えておくべきことはございますでしょうか。

斯波　東洋文庫とどこで関わったかという事について申し上げますと、東大の大学院の博士課程に進んだときに大学院主任の山本達郎先生のお力添えで、永積昭《ながづみあきら》君とか何人かとともに東洋文庫の研究生に採用されました。当時チベット研究委員会の蔵和辞典の編集をされていた山口瑞鳳《やまぐちずいほう》さん、川崎信定《かわさきしんじょう》さんと同室でした。

牧野　補足を有難うございます。それでは、まず一番目の話題項目としまして、先生の東洋文庫でのご研究からお話を始めさせていただきます。

先生のご研究は、まさに「中国史」ではございますけれども、中国に留まらぬより広い視点からアジアをみすえておられます。西洋の学術とりわけ社会科学に対するご関心を学生の頃からお持ちで、それらを積極的に摂取してこられた学問姿勢というものが、第一の特色かと拝察いたします。

斯波義信

そのためか、対象となる中国とあえて距離を置いてと申しますか、中国の文化を相対的・客観的に見る、そういった視座を強くお持ちのように思えます。中国の商業史という、ある意味、未開拓の分野に挑戦されたのもそこに淵源の一つがあったのかという気がしております。これは先生ご自身の、学習院初等科から旧制府立高等学校に至るまでの教養教育で既にそういった素地をお持ちであったという風に理解しておりますが、いかがでございましょうか。

斯波　私と東洋文庫との関わりの一番古いところでは学習院初等科に入った事がきっかけであるように思います。私の親の意向で入学することになったのですけれども、岩崎家の六代目、岩崎寛彌《いわさきひろや》さんと同級生でした。原徳三《はらとくぞう》さんも同級生でした。ただし、岩崎さんは初等科卒業後、成蹊高校尋常科に行きましたのでご一緒したのは、初等科の六年間だけです。私は府立高校尋常科に入りました。私は岩崎家に出入りしたことはないですけれども、長い目で見たら、東洋文庫との関わりはあったということになりますかね。

それから、自分の専門分野として商業史を選ぶことになったきっかけについては、府立高等の頃に教授の松田智雄という経済学者に教わった事です。松田先生はのちに東大の経済学部教授になったのですが、話が割に面白い。いわゆる、アダム・スミス的変動（スミシアン・ダイナミックス）というか、そういうのは、中学高等の時分から授業で聞いていたんですよ。それから将来どこをやろうかと思いました。ドイツ語専門の文科乙類でドイツ語はある程度はやってきましたが、よく考えますと、本格的にやろうとしたら、留学してドイツの学者さんの業績を読まなきゃいけない。これは大変だと思って、もっと簡単にできるのはどこかと。アジア、日本とか中国でしたら比較的やりやすいのではないかと考えていました。私の実家はお寺なんですけど、漢文を読むことは、商売道具ですからあまり違和感がないんですね。だから中国なら、面白いかもしれないと思えてきたんです。

また父の親友で母方の親戚に当る東大の社会学者、林恵海《はやしめぐみ》先生が、訪ねられたときに華中江南での調査のお話を伺い、興味をもちました。

その頃の東大では加藤繁《かとうしげし》という先生が『支那経済史考証』（上下二冊）という大冊を書いていたんです。これは主に唐宋時代の商業的発展などを軸に研究されていたんですが、それを参考にして勉強したのです。また、当時、一九二五年に加藤繁先生の研究として『唐宋時代に於ける金銀の研究』があって、中国の経済史を西洋的な観点で研究する余地があるように思えたのです。

あとは、ちょうど榎一雄先生が敦煌文書の蒐集のためにイギリスのロンドン大学（SOAS）に行ってたんですけど、榎先生の代わりというか交換みたいな形で、SOASに所属していたトウィチェットさん（Dennis Crispin Twitchett）が、東洋文庫に来ていたんですね。トゥィチェットさんは割合に中国を客観的に見るという傾向があり、史料を深く読み込めば、従来の中国史観とはちょっと違うイメージがあるというようなことを盛んに雑誌に書いていたんですよ。トゥィチェットさんの書いた本は唐代の財政史でした。それらを読んでいると、自分はわりにトゥィチェットさんの考え方に近いのだと感じました。これはさきほど申し上げましたが、スミス的展開を中国で積極的に言うのなら、この方法があると感じました。たとえば都市とか市の制度は唐代で自由になりつつあった。事実関係としては行政や軍の監督が緩んだという話ですが、これこそがthe Tang-Song transformationすなわち唐宋変革をもたらしたという次第です。

加藤先生の『唐宋時代に於ける金銀の研究』でも触れられていますけれど、中国の経済史のなかで、西洋でいうところのアダム・スミス的変動に近い変化があるとすれば、それは唐宋ということになるのです。だから唐宋時代の研究というのは一見古色蒼然としているけれども、中国史をダイナックに見るという点からすれば、研究する余地が十分あるように思われました。宮崎市定先生の『科挙』という本でもそのような事が同様に言及されていました。

最初にミュンヘンで開かれた宋代史のシンポジウムに行きました。そうしたら他の先生たちが、「唐宋の変化とは何なのか」ということを盛んに言っている。そのとき一緒に参加された宮崎先生は、「士大夫層や科挙制度による社会変動を指摘できるが、それは商業が原因となっているのではないのか」と仰っていたんですね。それを「私に説明しろ」と言われたけれど、当時はまだ大学院を出たばかりなので経験が足らず、うまく説明できなかった思い出があります。

牧野　東洋文庫はもちろんのことですが、岩崎家ゆかりということで静嘉堂にも当時から貴重な漢籍がございました。これらを使って史資料の面から新たな唐宋変革期の商業史研究の開拓の余地があると予測されておられましたか。

斯波　それも確かにありますね。ただ、自分としては加藤先生の研究のやりかたに関心があった。細かい地方史とか、細かいエスノグラフィックなデータを通じて社会の変動をみようという方法です。中国の社会史というのは、日本や中国では非常に大まかなものでした。それを加藤先生の場合は個別具体的モデルに作り上げた研究として示した。それに大変興味をひかれました。

当時は、マルクス主義が盛んで、歴史をあるステージから次のステージへの移行と説き、農奴制、地主制という点に焦点が当たっておりました。例えば周藤《すどう》吉之《よしゆき》先生などは地主制という点を軸として、そういうことを一生懸命研究していたわけです。しかし、周藤先生の論文を読むと、いわゆる群衆史とか中央史とかを題材にしているケースが多いのですね。その手法を商業史でやってみたらと考えて、少しやってみたのです。やっているうちに、唐宋の時代から小さいマーケットがたくさん出てきたという研究を確かに細かくデータを集めていけばできないことは無いと思いました。丁度その当時、静嘉堂もだいぶ整備が進んで、史料が閲覧できる状況になりました。夏休みに閲覧するために通ったものですね。

そうして集めた史料を論文にした頃に、山本達郎先生が新制大学院の主任者になられました。新制大学院というのはスクーリングが大事で、在学期間が終わったときに論文を出して、それがよければ審査して学位を出す。Ph.Dとは一種のパスポートみたいな、学会にデビューするためのステップのようなものなんですね。当時の大学院の修業年限は最大で八年ですから、その終わりに山本先生のところに相談に行って、「論文を出してもいいんでしょうか」と聞いたんです。そしたら、「出しなさい」と言われました。そこで審査をいただいて、このときに新しいテーマとして先生たちが勧めてくださったテーマをやることになるんです。その一つが市場の話でした。この頃、トウィチェットさんも同じテーマをやっていました。

トウィチェットさんからは、「スキナーさんが今そういうモデルを考えているから、［marketing community］これをテーマとして、中国都市をめぐる国際会議（一九六八年）に出てくれないか」という話になりました。そのペーパーが書けたら提出してくれと言われたのです。当時は英語が全くできなかったんですけど、そこで英語を使う必然性に駆られたわけです。なお、スキナーさんが私の会議提出のペーパー全体の英語を直して下さいました。

自分で言うのもおかしいのですが、このペーパーがわりに良く出来て、会議で皆がほめてくれたんです。この国際会議には楊聯陞《ようれんしょう》とか、アーサー・ライトとか、フレデリック・モートとか、有名な大家が並んでいました。マーク・エルヴィンがのちに、私の著書の要旨を大学院向けの冊子、抄訳というのか、要点だけでいいから出させてくれと言ってきました。これについては星斌夫《ほしあやお》という先生の『明清時代交通史の研究』という本がありますが、それが最初の本として出てましたので、その次の抄訳を私が担当したんですね。トウィチェットさんは奥さんが日本人で、日本の言葉を割合よく知っていました。特に楊聯陞先生に実際にお目にかかれたのは有難かった。ちょうどその頃に博士論文を山本先生に出して、一九六二年だったか審査してくださいました。

平野　斯波先生は新制の大学院としての最初期の博士号ですよね。最初から先生方に「斯波君が取りそうだ」などと注目されていらっしゃったんですか?

斯波　新制大学院になってからの博士号としては、国史の佐々木潤之介という方が第一号ですが、私も最初の方だということは覚えています。ただ、第一号というわけではなかったように思います。当時、博士論文について出すかどうか迷っていたところ、山本先生が出してもいいというから、出させてもらった事がきっかけだったんですかね……。

それで、その後まもなく熊本大学が法文学部を分離するという話が出ました。それを法科と文科とに分ける。そこには博士号を持つ教官が何人かいなければならないと。そういう背景があって、何人かに面接されたんですよ。そのなかで私の同期たちは東京周辺にみんな就職していたけれど、私は熊本大学に行かせてもらうことになった。

そのあと、熊本から大阪に移った経緯を申し上げます。当時大阪に守屋美都雄《もりやみつお》という大先生がいたんです。その方が漢代史を解明するのにだいぶ努力されていたのですが、一九六六年に病気で急逝されてしまった。そのポストが空いていたので、山田信夫先生から熊本にいた私に声をかけて頂きました。

話を少し遡りますと、大学院を終える頃に東洋文庫とは一旦縁が切れたんですね。ちょうど一九六〇年頃でした。しかし、有難かったのは和田清《わだせい》先生がちょうどその頃、食貨志研究会というのを統括しておられたのです。和田先生は加藤先生の友達ですからね。そこでの研究手法は、訓読を施した上で注釈をつけるわけです。これが、我々の研究の基礎なんですよ。その研究会でちょうど青山定雄という先生が、担当していた宋史の市糴《してき》という、米の買い上げの行政についての章を私に訳注をするようにと譲って下さったのです。それで訓読とか注の付け方を勉強していたのです。私は研究生として食貨志研究会のメンバーになったのです。それがずっと後に続くことになります。研究会では誰もが訓読を担当しており、私は松本善海《まつもとよしみ》先生の下で事務局の補佐をやっていたのです。

牧野　なるほど、和田清先生の食貨志研究会ですか。それは伝統の厚みを感じますね。

斯波　和田先生が、直接言われたのですが、東洋文庫にもそこそこの資料はあると。

研究生となると、博士論文や叢書をいくつか調べられるのが良かったんです。東大の図書館とか静嘉堂にも参照すべき史料があって書き写したものです。スチールキャビネットのなかにいっぱいありました。必要な史料を検索、分類、整理する手法としては、松田先生から聞いていた西洋経済史の枠組みが頭にあったので、それの影響を受けています。

牧野　熊本大学そして大阪大学と、ご勤務先が東洋文庫とは地理的に離れた時期、東洋文庫で筆写された資料を携えて向かわれたともうかがっております。

斯波　自分の必要な資料は東洋文庫の研究生として九年間居たときに書き写して、キャビネットで持って行ったんです。それは大変でしたが、いつのことだったか、「大安」（汲古書院の前身）の坂本健彦さんと一緒に熊本大学の文学部長に相談に行ったところ、大学で叢書集成初篇を買ってくれたこともありました。熊本大学には藩校時《じ》習館《しゅうかん》の蔵書を引き継ぐ時習館文庫があり、四書五経の類とか学内に漢籍が相当の量ありました。

牧野　東洋文庫の研究生としての九年間の先生の修業時代がその後のキャリアともその実あまり離れていないことがわかりました。

斯波　山本先生が次々と研究をやらせてくれたのです。最初はただの奨励研究生で、大学院に進んでから流動研究員となりました。奨学金をいただけて非常に有難かったことをよく覚えています。

牧野　この当時、先生以外の他の研究生の方々は今も東洋文庫の研究員としてご縁のある方でしょうか。

斯波　片桐一男《かたぎりかずお》さんはその頃からいた洋学者です。それからチベット研究を専門にしてアメリカで研究をしていた川崎信定さんがいました。他にも東京外大のＡＡ研の永積昭さんがいましたね。

牧野　池田温《いけだおん》先生もお歳が近いですね。

斯波　池田さんは、山本先生のもう一人の愛弟子でした。彼は敦煌学をやっていた。漢学が素晴らしくよくできる人です。あと岡田英弘《おかだひでひろ》さん。ご実家がお医者さんで、四書五経を家で学んでいた。できる人がすごくいたんです。あと、明代だと田中正俊《たなかまさとし》さんと山根幸夫《やまねゆきお》さん。鶴見尚弘《つるみなおひろ》さんもいて。アメリカの学会に行ったときに、市古宙三先生にお世話になりました。市古先生はその頃、アジア財団にご関係があり、私が会議でサンフランシスコからボストンに行く費用を出してもらいました。

牧野　東洋文庫に当時いらっしゃった先生方のネットワークが、日本国内だけではなく、海外のとくにアメリカの中国学研究者と繋がっているのは興味深いですね。

斯波　大先生がおられ、ちょっとやそっとでは話もできない研究員がいらっしゃったんです。一種の顧問みたいな。和田先生はやっぱり本をよく知っておられました。東洋文庫には必要な本が大体あるんです。和田先生がご自身で集めてこられる。東洋文庫の資料というのは、バランスよく集められてきたのです。そのほとんどは買ったものではなく、寄贈資料が多いんですよ。たとえば、小田切萬壽之助さんの小田切文庫がそうですね。それから叢書が非常に充実している。もともと東洋文庫というのはゼロから出発したから、図書を集めるにしても叢書から効率よく集めるという方針でした。

牧野　モリソン文庫をはじめとする洋書についてのご利用はいかがでしたか?

斯波　研究の最初は漢籍がメインでしたので、当時はあまりお世話になってはいませんでしたね。

牧野　東洋文庫の所蔵資料について、先生は当初漢籍をメインにご使用されていたとのことですね。

斯波　初めは漢籍でね。物もよかったです。東大図書館の南葵《なんき》文庫も利用しました。

牧野　紀州徳川家寄贈の南葵文庫ですね。

斯波　大学院生は学部生と違って図書館のなかに自由に入れる。静嘉堂に行っていろいろ調べたのはね、非常に効果的だった。楊聯陞先生さえも知らない本があるんですよ、静嘉堂には。

牧野　静嘉堂の漢籍の質の高さには今更ながら驚きました。

先生の現在のご研究についてはいかがでしょうか？　研究部では前近代中国の「用語解」の班の総括をなさっておられます。一〇〇周年を迎えた東洋文庫という組織のもつ特性をふまえまして、その将来への展望をまじえてお話をうかがえたらと存じます。

2. 東洋文庫の使命

斯波　オックスフォード大学がね、エンサイクロペディアを何種類か出してるんです。あのオックスフォードの伝統っていうのはどういうものなのか、私はよく知らないんですが、あるいはケンブリッジのほうも本格的なものがある。用語解はエンサイクロペディアをヒントにしています。

用語解っていうのは、キーワードみたいなもので、結局それは研究の副産物として出てくるんですね。それを整理して、世のなかの人に手頃に使えるような形で提供するということです。東洋文庫の一つの役割です。

東洋文庫は研究の副産物をうまく処理して、世間のために提供する役割を持っています。それも一つの、公益事業です。武田《たけだ》晴人《はるひと》という経済学者が書いていますが、三菱の三綱領のうち「所期奉公」があり、岩崎久彌さんもその公益を意識していた。だから、東洋文庫の中心的コンセプトとして、公益というのはやっぱり大事なことです。貴重な本を持っているだけじゃなくて、それを利用できる環境が大切です。ミュージアムなどが実際そうですが、東洋文庫の方向性は何かと言われたときに、それは公益だということになります。三菱の公益事業で人文学の関係機関に対する支援の代表例は静嘉堂と東洋文庫ということになります。社会貢献のバランスを考えての、いわゆるノブレスオブリージということになりますね。

お金は世間のために使うということを掲げておく必要があります。そういう目的において、今ならデジタルでサービスを共有するということも一つあるんでしょうが、一種の百科辞書を作ってあげるというのも世間のためとなります。社会貢献に少しずつ近づくために、用語解みたいなことをやっているという面があります。『宋史食貨志訳註』は全部で六巻完成しました。そのときのリーダーだった中嶋《なかじま》敏《さとし》先生に「索引はどうしましょうか」とうかがいました。すると、「索引は、そうだな。索引は絶対大事だ。充実した索引を作ろう」とご返答されました。それがきっかけです。

牧野　なるほど。用語解に社会貢献という使命がこめられていたことには迂闊にも気がつきませんでした。それと、もうひとつご質問なのですが、先生は台湾で唐奨を受賞されまして、その賞金を若手後進の研究者育成に充てておられます。そのあたりについてはいかがお考えなのでしょうか。

斯波　文化勲章をいただいたとき、東洋文庫で何年か働かせていただいたということをカウントしてくれたのだと思いますね。私の場合、限られた研究課題を細かくやったというだけです。

牧野　先生のご研究の基盤となった東洋文庫へのご恩返しというような想いと理解いたします。

斯波　もともと東洋文庫ができたときに、井上準之助という理事長が、当時の役員達の座談をまとめて、東洋文庫の在り方について決めました。すなわち、研究図書館でやっていくのだということを。基礎機能のうち、研究については いろいろ先生が書いていますが、ライブラリーともう一つミュージアムですね。この三つの事業が一緒になっているのが特徴です。そういう特色ある研究図書館というのは、東洋文庫を外部に説明するときに非常に良いことだと思っています。

なぜ研究をしないといけないかというと、やっぱり近代的な歴史学をやるのだ、というところに目標があるんじゃないかと私は思っています。近代というのは何かというと、いろいろ議論があるけれど、一つは進化論とか、そういういわゆる自然科学系の科学性ということに対して、人文的な社会論の立場から実証的な歴史研究ということを示していく必要が確かにあるのですよ。

研究所であり、図書館であるということは、つまり資料を傍に置いて、それを誰か専門家が研究していかないといけない。図書館員だけだったら保存ばかりに熱心になってしまう。東洋文庫は研究図書館としては大体軌道に乗ったか、乗りかかっているんじゃないかな。建物やインフラが近ごろ良くなってきた。

そうすると、次は何でしょう。次にいわゆる総合知、コレクティヴ・インテリジェンスですかね。全般的な知識を集約し、そういうところに持っていったらいいんじゃないかと思います。そのためにはキャッチワードもそろそろ考えなければいけない。東洋文庫はリサーチライブラリーとして活動の基礎が大体できてきた。建物などハード面はまだ問題があるかもしれませんが、いくらお金をいただいたところで人の関わる基本的なソフト面のほうが大事なんです。

近代の歴史研究をやっているとなると、ひとつは科学性が重要であることは今申し上げました。進化論では物事を発展面からとらえる。「中国というのは老大国で死にかかっている」、そういう皮肉な物言いだけでなくて、これから良くなっていくという発展的なものの考え方も必要です。近代的歴史学のなかにそういう要素がひとつあるんですよ。成長をしているアジア、将来・未来のあるアジアを研究するのだという何かしらのキャッチフレーズ、そろそろ考えてもいいじゃないかと考えております。

訓読というのは日本人の特技なんですね。結局は翻訳をしちゃうんですけども日本人の独特な漢文へのアプローチです。西洋人は翻訳をただ引用するだけなんです。訓読の力っていうのは漢学のなかから出てきた、日本的な漢学です。榎先生も古典研究会を支持していました。古典研究会というのは、長澤《ながさわ》規矩也《きくや》さんが中心となって東洋文庫に存在していました。大安すなわち汲古書院がそれに賛同し、何冊か本が出ています。日本人が得意とする中国への理解力というのが伝えられてきました。

東洋文庫には一〇〇万冊も本があるんだけど、これをどうやって使うのか。そういったノウハウはやっぱり職人技で育んでいかねばならない。ここはいわゆる教育機関じゃないから学校的な教育はできないのですけれど、今申し上げたようなやり方、つまり研究会に枠を広げて若手後進を入れて、そこで訓練を積ませるのはどうでしょう。先達は食貨志研究会に私を入れてくださって、研究を本当に助けていただいた。そういう精神は今もそれぞれの研究部研究班にありまして、定期的な研究会をやっている。私の研究班で本当に史料をよく読んでいるのはね、大澤《おおさわ》正昭《まさあき》さん、濱島《はまじま》敦俊《あつとし》さん、それから渡辺《わたなべ》紘良《ひろよし》さんですね。渡辺さんは東京教育大学出身です。東洋文庫は従来こうした師範系（東京高等師範学校出身）の方々をあまり視野に入れてきませんでしたが、中山《なかやま》久四郎《きゅうしろう》先生とか中嶋敏先生など東洋学のお偉方のなかには師範系列で実力のある方々がいらっしゃる。

牧野　先生は若手研究員として東洋文庫での九年間の修業時代があり、そしてまた時代がめぐって今度は唐奨から頂いた奨励金をそのまま若手育成に還元していただいております。その点あらためて濱下先生にもうかがってみたいと思います。研究部長として、最近の若手研究者の動向について、いかが感じておられますでしょうか。先生の音頭で研究部は若手研究員の制度を数年前に導入されました。斯波先生が若手研究員だった頃のような若手ははたして育ちつつあるのかどうか。課題と現状あるいは展望をお教えいただけますか。

濱下　全体的に申し上げる事が出来るかどうかは分かりませんけれども、斯波先生のお話のなかで、斯波先生の時代に山本達郎先生がそのような状況というか環境を作ってこられたという、そういう経過を考えますと、現在の斯波先生が若手の育成・奨励という点で積極的に働きかけをなさっておられることは通ずるところがあると思います。

斯波先生のご経験のなかで東洋文庫を活用なさった時期、それと同じように今の若手の人たちが東洋文庫を活用できているかどうか。どういう風にして東洋文庫をより活用できるような環境というか、条件というんでしょうか、そういうことを作っていくべきか。

かつては研究生とか、いくつかのカテゴリーがありましたけれども。現在の東洋文庫では全てオープンに閲覧利用が可能となっている反面、そのことがそのまま若手育成につながるということでもないと思います。斯波先生のご経験と類似したような、そういう仕組みを現在も作ることが出来たらいいのではないかと思っております。

具体的にどうかというのは、現在はデジタル化とか、主要な研究の方法も違っていますけれども、そういうことがより継続的にできるといいという風に、斯波先生のお話から感想を持ちました。

濱下武志

牧野　貴重なご提言を有難うございます。東洋学を志す若手そのものの数が減っているという根本的な問題もございますけれども、大学生・大学院生だけではなく、若年層を小中高生などの段階で東洋学・アジア研究に引き込んでいかねばいけないないという気がいたしております。その点で平野先生はいかがでしょうか。ミュージアムでの普及活動というのは東洋学の将来の浮沈を占うものです。若手研究者の育成とはいかに関係しておりますでしょうか?

平野　大きく言えばやっぱりそういうことを目指すべきだと思います。それを絞ってこれから申し上げると、ちょっと問題が出てきそうなのですが、小学生ぐらいで「ギフテッド」というキーワードが使われるようになりましたよね。それとパラレルに考えるのは単純かもしれないのですけれども、斯波先生は本当にギフテッドで、それを周りの人が皆さん注目されて、先生を育てられたところがあるのかもしれないと思うのです。

平野健一郎

特定の子どもだけをギフテッドとして尊重しすぎるのは問題かもしれないのですけれども、やっぱりアジアがどうしても好きで堪らないというような、そういう小さい子どもを激励できるような側面があってもよいのではないかということを最近は少し考えています。

牧野　とてもユニークで面白いアイディアですね。東洋学の一種の英才教育を才能ある子に施していくということですね。アーティストやアスリートも早期教育が実を結ぶケースは多々あります。

平野　特定の大学だけに英才が集まるわけではないという考え方をそれに組み込めば、東洋文庫にいろいろな大学から優秀と目される若手を引き抜いてきてもいいのではないかということも考えないではないですね。

牧野　そうですね。東洋学や東洋史というのは大学に入って初めて触れるという学生が大多数だと思います。高校までのお勉強つまり偏差値偏重の大学受験とは全然異なる世界ですから、大学に入ってから素晴らしい先生と出会い、真の学問に目覚めて頭角を現す学生も絶対いると思います。それを引き込むべしというのは理にかなっていますね。

平野　ミュージアムを作った東洋文庫は、それに手がかりを得たと考えてもいいのかもしれないですよね。ようやく小学生、そして中学生を入場無料にできるようになりましたが、関心を持っている子どもを見つけ出して誘導するという、そういう工夫があってもいいかと思っています。

牧野　この東洋文庫では若手育成というのは斯波先生の時代に既にあって、そして最近また火がようやくつき始めたという流れなのですが、例えば高田先生が長年拠点を置かれてきた京都など関西方面では、どういった動きがかつてあり、また現在起こっているのでしょうか。

高田　先ほど斯波先生のご経歴を紹介していただいたときに、少し意外に思いましたのは、先生が一九三〇年のお生まれで、一九六二年に博士号を取っておられるという部分です。われわれの常識では、文学博士というのは大家になって初めて頂戴するものと思っていましたので、三〇過ぎで博士になっておられるのには、やや驚きでした。そういう常識がなくなりましたのは、九〇年代のいわゆる大学院重点化以降だと思います。誰でも、とにかく単位を取得して論文を出しさえすれば、博士号をいただけるという……。東洋文庫の若手研究者でも最近はほとんど博士号を持っておられますね。時代はずいぶん違っているように思いました。

高田時雄

また、ミュージアムとの関連で申しますと、平野先生のおっしゃった若手の育成を

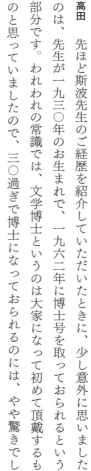

もっと早くから始めるという……これを東洋学というような専門性のやや高い分野では、若い時分から人材を育成していくというのは重要なことだと思います。

一方で、また別の側面もあるように思いますのは、一〇年くらい前でしたでしょうか、東洋文庫で講演をさせていただいたことがあるんですけれども、そのときの聴衆のなかにたまたま私の高校時代の同級生がおりました。講演の終わった後、同君の云うには、大学卒業後、企業に勤めていたのだけれども、馬鹿馬鹿しくなったので辞めて、この頃はこういう事柄（東洋学）に興味を持って勉強しておりますというようなことでした。イギリスあたりでもリベラルアーツというのは、社会人の方々が専攻されるケースが多いようですけれども、日本でもこういった社会教育がまま広がりを見せているのは事実だと思います。

東洋文庫でもミュージアムには、いろいろな層の方々が見に来られているというのは、一般社会における興味の高まりというのが背後にあろうかと思います。さらにそこからもう一歩進んで、そういった方々のなかからある分野に限って何か特別な貢献をされるような研究者も出てくる可能性があるかもしれないと思います。そういう意味では、必ずしも若手に限らないで中高年にも普及活動を進めるということも有りうるんじゃないかという気がしております。

牧野　おっしゃるとおりですね。最近は学会方面でも、学会賞などで年齢制限を外すところがだんだんと出てきました。新しく学び直される中高年の方が入ってこられるからですよね。世にいう生涯学習あるいはリスキリングも視野に入れての東洋学の再構築が求められているかと思います。

高田　そういう動きが大きくなると、東洋学も社会的な接点をより多く持てるんじゃないかという気がします。

牧野　全くそのように思います。貴重なご提言を有難うございました。斯波先生、各部部長の先生方のご意見をいただきましたが、ご感想はいかがにございましょうか。

斯波　学界に属さない方でも専門性の高い研究をなさっておられる方はいます。そうした方々を招き入れるということを考えてもいいんじゃないですかね。

何年か前、日産火災海上保険の社長の本田精一《ほんだせいいち》という方が、中国商業史を勉強したいので手伝ってくれと申され、主に貨幣とか初等教育のことを調べて、学会誌にも論文が載りました。また私が定期診察を受けているお医者さんは、医学の展示や講演会のアカデミアには関心があってそのニュースはお知らせするようにしています。折角

牧野元紀

ミュージアムが発足したので、こうした方々に足を運んでいただけるといいなと思っています。

牧野　そうですよね。学問はいつ始めても遅すぎるということはないわけです。さまざまな方面での社会経験をふまえての東洋学へのアプローチがあっても良いですよね。ご提言を有難うございます。一〇〇周年を機にますます改革の機運が高まる東洋文庫ですが、そのきっかけとなった一五年前の建物の全面リニューアルについてのエピソードも当時の立役者でいらした先生に少しうかがってみたいと思います。

3. 全面建て替えの経緯

牧野　斯波先生が東洋文庫の役職に就かれたのは、東洋文庫の理事でいらした河野六郎先生からお声がけがあり、田中正俊先生の後任として図書部長の就任の要請をうけてとのことうかがっております。それは先生がＩＣＵにおられた頃でしょうか。

斯波　東大を定年で退職する少し前です。

牧野　先生はＩＣＵの教授を務めながら東洋文庫の図書部長もご兼任されておられました。当時、東洋文庫ではさまざまな課題があったと聞いております。具体的には建物の老朽化に伴うものであったかと思うのですけれども、書庫のスペースや耐震強度の問題にどのように対応するのかということでありました。二〇〇一年に理事長の北村甫先生がお亡くなりになられ、その後任として理事長にご就任されておられます。財政難がずっと続いていたようですね。その頃は私も大学院生として東洋文庫にしばしば閲覧に伺っておりました。昼休みになると閲覧室から退出せねばならず、その間は館内が一斉消灯で真っ暗になっていました。なかなか厳しい状況にあるのかなと薄々実感しておりました。

二〇〇七年、転機が訪れます。三菱商事の社長・会長を経られ相談役をお務めで、岩崎久彌氏の義理の孫でいらっしゃった槇原《まきはら》稔《みのる》さんが理事長として着任されました。斯波先生は槇原さんに理事長職をバトンタッチされて、ご自身は文庫長として研究者の取りまとめや文科省との折衝にご手腕を発揮されました。斯波先生と槇原さん、同じく商事からいらっしゃった山川尚義《やまかわなおよし》専務理事・総務部長のトロイカ体制で歯車がうまく回り出し、東洋文庫の建物の全面建て替えが実現しました。槇原さんの音頭で三菱金曜会の各社から約四〇億円という多額のご寄附をいただけたのも、三菱そして岩崎家の宝である東洋文庫を次世代につなげていかねばならないとの強い想いが文庫の研究員と三菱の皆様の双方に共通したからこそと存じます。

また、当時の三菱金曜会の役員の方々あるいは東洋文庫の理事・評議員・東洋学連絡委員の方々から、建て替えに際して、研究者だけでなく一般の方々が気軽にお越しいただけるようなミュージアムを建ててはどうかとのご提言もあり、新館落成後はミュージアムのグランドオープンという形で実現されました。東洋文庫百年の歴史のなかでも戦後の存亡の危機に次いでの激動の時代であったかと思います。この間の東洋文庫の運営につきまして、お差し障りのない範囲で構いませんので、先生から直接お話を頂戴できますと幸いです。

斯波　最初は東洋文化研究所の教授になり、定年に近づいた頃ですが、田中正俊先生からお声がかかったんですよ。それは河野六郎先生の意向だと思いますが、「自分は図書部長をしているけれども後任をやらないか」ということでした。その後任の人事というのは建物の問題も解決してほしいというのがあったわけです。これは東文研なんかでもこの頃は同じ問題がありまして、ハコモノ（建物）というのは予算も大きいのでじつに難しい。

当時は駒込のここを引き払って、千歳烏山かなんかに三菱の運動場があるのですが、そちらに移転してはという話もでてきました。運動場は砂が巻き上がるので、あちらでもいい加減建て替えや整理をしてくれと言われていたらしい。それで三菱側からはそちらへ移ってはという提案があった。

そのときは久彌さんの実孫で六代目の寛爾さんの所へ相談に行ってみました。そうしたら、「いやあ、移らないほうがいい。もともとここは彌太郎さんが買った土地で、それを息子の久彌さんがもらって住んでいたんだ」と。岩崎家にとって思い入れが深いんですよ。

牧野　この駒込という土地に対する思い入れということですか？

斯波　そう。そもそも駒込駅というのも無かった。あれすら岩崎家が寄附したんです。まあ、そういう理由だから、岩崎家としては縁のある所に東洋文庫があった方がいいということで、他に移るのは止めになったわけです。その代わり、どうするかということになりました。図書の蒐集と配架のスペースを考えねばなりません。特に一番問題になったのは書庫のスペースですね。以前の書庫は柱が多くて、可動式の書架が入れられなかった。ちょうどその頃、関西大学が新しい図書館を作ったのでパンフレットをもらって実際に見に行ったりもしました。当時の蔵書数ならその半分ぐらいの予算でできるはずだとの計算も出してみました。

三菱金曜会でヒアリングがあるからということで私が行って説明したのですよ。そこには槇原さんもおられましたが、瀬谷博道《せやひろみち》さんという旭硝子の方がおられました。そこではミュージアムの話が出まして、東洋文庫だと所蔵品が素晴らしいので、ミュージアムがあれば人を集められるような展示ができるんじゃないかと申されておりました。槇原さんもその話を聞いておられ、ミュージアムの開設を建て替えの一つの説得の材料とされました。今度新しく建てるのはミュージアムであり、それに付随して書庫も建て替えるという段取りとなったらしい。東洋文庫の前の専務理事であった山川尚義さんが腕利きで、交渉の末に大変良い設計案を出してくれた。

濱下　そうですね。斯波先生は一〇〇年後の東洋文庫にはまた新しい建物ができているという風にお考えですか。

斯波　同じように建てるというよりも、今のスペースの倍ぐらいあってもいいですね。

平野　ミュージアムのことで、先生にちょっとお聞きしたいのですが、民間の図書のミュージアムとして、アイルランドのダブリンにあるチェスター・ビーティ図書館がありますね。それからカリフォルニアのハンティントン・ライブラリーもあります。あそこは庭園も美しいです。東洋文庫の全面リニューアルにおいてはそういう事例も参考にされたのでしょうか。

斯波　図書の博物館として理想的ですよね。チェスター・ビーティもこれは大きな規模ではないですけど質の高いものを蒐集し展示しています。

牧野　チェスター・ビーティは建て替え前の調査出張で訪れることができました。あちらも日本を含めた東洋学の専門図書館でありミュージアムですからね。日本人の学芸員が最近一人メンバーに加わったという話をききました。研究者以外の方々がミュージアムでの展示をきっかけに気軽に足を運んでいるわけですから、現在の私たちとは親和性が高いですね。

斯波　三菱金曜会のヒアリングでも主な話題はミュージアムだったわけですよ。研究活動というか、そのための書庫をつくるのだって、なかなか予算は取らせてくれないのが実情です。

牧野　当時の東洋文庫の理事のお一人で槇原さんの成蹊・ハーバード時代からのご親友、日本学士院の院長をお務めでいらっしゃった久保《くぼ》正彰《まさあき》先生にもいろいろとご助言を頂戴しました。小学生が入ってきても、楽しめるようなミュージアムをつくりましょうとのことでした。アメリカのミュージアムなどは子どもたちが展示室で座り込んで模写をしたりしている光景がよくみられますね。久保先生も槇原さんもアメリカ流の肩肘の張らないミュージアムを理想とされていたのだと思います。

斯波　我々の発想になかったことですね。

牧野　建て替えを機に東洋文庫は本当に大きな転換を果たしたと言えるのではないでしょうか。

濱下　平野先生がおっしゃっていたと思うのですけれども、ミュージアムの機能とライブラリーの機能と、アーカイブズの機能、この三つのものが一つの組織のなかにあるということはユニークであることを外に周知するとよいですね。

牧野　一つの組織でミュージアム Museum 機能とライブラリー Library 機能、アーカイブズ Archives 機能、つまりＭＬＡが一つの単体の組織のなかにあるというのは東洋文庫の持つユニークな点であり、強みですね。東洋文庫は民間の公益財団法人であるという点もまた柔軟性という点で強みかと思います。ご指摘ありがとうございます。

4．国際交流

牧野　次に四番目のトピックとなります。東洋文庫の国際交流です。これはもう石田幹之助先生の時代からずっとそうなのですが、東洋文庫の大きな特徴ではないでしょうか。東洋文庫は創設以来、世界に向かって開かれた東洋学の専門図書館であり研究機関であり続けました。東洋学の伝統と厚みのあるフランスやアメリカなどとはもとより協力関係が強い印象です。具体的には、フランスの国立極東学院、アメリカのハーバード・イエンチンとの関係ですね。極東学院とは来年が協定締結三〇周年となります。ハーバード・イエンチンからは戦後間もなく研究支援を受けておりましたが、特に関係が強化されたのは槇原さんの時代です。槇原さんはハーバードの学生時代、イエンチンでアルバイトをしていたことがあり、当時のライシャワー所長から三菱で働くのなら東洋文庫のことを宜しく頼むと言われたと述懐されておられました。

私が思い出深いのは一〇年ほど前のボストン出張です。先生がハーバード・イエンチンに招聘されましたのでカバン持ちでご一緒しました。現地に到着するや、もうそれは驚くほどの大歓待を受けました。イエンチン研究所のエリザベス・ペリー所長（当時）、同図書館のジェイムズ・チェン館長（同）、大学のほうからはピーター・ボル先生、マーク・エリオット先生、アンドルー・ゴードン先生などハーバード大学の東洋学の看板ともいえる先生方から会食のお誘いを連日お受けし、しまいには社交疲れをしておりました。あちらの先生方にとってもやはり斯波先生はレジェンドなわけです。お会いできて大変光栄ですということでズラッと並んで握手を求めておられましたよ。先生のご著書やご論考を皆さん本当によく参照しておられていることがわかりました。

研究面における最近の国際交流に関しては濱下先生、いかがでしょうか。現在進行中の具体的プロジェクトや将来こういうことができればいいなとか、そういうものがございましたらご教示頂けますと幸いです。

濱下　やはり注目はハーバード・イエンチン研究所との交流ですね。東洋文庫は一

○ヵ月間の滞在費付きの訪問研究者Visiting Scholarの推薦枠を頂いています。東洋文庫の研究者にはこれに是非ご応募いただくこと、そして何らかの形でイエンチン側からとも相互に交流が出来るようにしたく思います。イエンチンが支援し、ボストン大学のリッチ図書館が行う半年のプログラムもあります。一年間という期間は日本の大学の学期制度では難しいところもあるのですが、何とか打開する必要があります。

また、ハーバード・イエンチンとしては、これまで東アジアを研究の主な対象としてきましたが、現在はインドとかイスラムなど扱う対象領域が広がりつつあります。東洋文庫の研究部が展開している各研究班の広がりと対応しているようです。東アジアだけに留めず、交流の窓口を広げていく、そういう課題はあると感じています。

牧野　ハーバード・イエンチンは扱う対象領域が確かに広がりつつあるようですね。東洋文庫でも東アジアに留まらず、他の地域を研究対象としている研究員の方々とハーバード・イエンチンとの繋がりも想定しての今後の可能性が考えられますね。

東洋文庫の国際交流に関しては平野先生、いかがでしょうか。先生は若かりし頃、ハーバード・イエンチンにてご研鑽を積まれておりますね。

平野　さきほどMLA連携ということを先生方には一度ならず言及いただいて大変

ありがたいと思っております。ミュージアムは、東洋文庫のなかでは新参者という立場で関わってまいりました。しかし、考えてみますと、人は良いものを持っていると見せたくなるというものです。それから、良いものを見たい人もやはり多いということです。ライブラリーとアーカイブズができたら、そこにミュージアムも加わってくるのは自然なんだなというふうに思えてきました。最近あまり遠慮もしないで研究部と図書部の研究員の先生方にいろいろとお願いして、展示にご協力いただけるようになっており、とてもありがたく思っております。

そのなかで、やはり国際的な知的交流も加わってくるというのは当然だと思います。斯波先生の個人史をおうかがいしていても、ミュージアムの展示にもつながってくる国際的な知的交流というのが、ふんだんにちりばめられているお話だなと感じておりました。

特にスキナー先生とのお付き合いに興味をひかれます。私がちょうどハーバードに留学しているときに、有名なスキナーさんの論文が出たという印象が強く、（ハーバード大のある）ケンブリッジで嬉しく思っておりました。先生が思い出をお語りになるときに、最初はどういう縁でスキナー先生とあんなに素晴らしいお付き合いができるようになったのかしらと思っておりました。今回あらためて先生のご回想をおうかがいしますと、運命がちゃんと用意されているという感じがしました。先生が二度にわたってアメリカに行かれ、周囲の先生方がどなたも先生のことを気遣われておられた様子で、スキナー先生もやはりそうであったということですね。知的交流だけではない、人と人との温かな交流があって、素晴らしいなと思っています。

斯波　スキナーさんは佐伯有一《さえきゆういち》さんにご紹介いただいてシンポジウムに出席したときに知り合いました。私がアメリカに初めて行ったときには、劉子健《りゅうしけん》先生が一緒に連れて行ってくださり随分助かりました。

牧野　最近、一九二六年に東洋文庫のなかで撮影されたフィルムが国立映画アーカイブに収められていることが判明しました。この記録フィルムは第三回汎太平洋学術会議が東大で開催されたときに撮られたようです。そこには石田幹之助先生が映っておられましたけれども、あの当時からと申しますか、東洋文庫は創立以来、展観といいますか展示活動をやっておりました。二〇一一年の全面建て替えを契機に翌年ミュージアムをオープンしましたが、やはり創設当初から展示活動を研究活動・図書活動と並立していた考え方はあったようです。この初期の展観にはヨーロッパとくにフランス人の研究者などが関心を示しているようですね。アメリカのことを中心に話が進んできましたが、伝統あるフランス東洋学との関係も強調しておいたほうがいいですね。フランスに留学され、いまもフランスの東洋学者とのお付き合いの深い高田先生からぜひコメントを頂きたく存じます。

高田　東洋文庫が設立された頃、中国学もふくめて世界の東洋学の中心はパリであったと思います。そのフランス東洋学の代表選手であるポール・ペリオ（Paul Pelliot）が昭和一〇年（一九三五）に日本にやってきたとき、東洋文庫にも立ち寄り、白鳥庫吉先生と一緒に写真に写っています（第II部扉写真参照）。

白鳥先生の学問もヨーロッパ東洋学の伝統を受け継いだものでしたから、白鳥先生のお弟子さんであった石田幹之助先生が蒐集された書物も概してそういった傾向のものが多いようです。

ところで、以前からご報告しているところですけれども、石田先生の旧宅を調査させていただきまして、草創期の東洋文庫に関わる様々な資料を発掘いたしました。東洋文庫が正式発足する前のモリソン文庫の時代の資料もここに持ってきております。今日は時間がございませんので、詳細は次号の『書報』に掲載したいと思っておりますが（『東洋文庫書報』第五五号掲載、「モリソン文庫の頃――鳥居坂發掘記（其二）」）、興味をひく部分がありましたので、少しご紹介したいと思います。おそらくモリソン文庫時代の評議員会のメモだろうと思うんですけれども、このように三枚にわたっております。

まず一ページ目に大綱と書いています。将来像の基本的な考え方をめぐる議論があったようです。そこに書いてあるのは主には蒐書すなわち書物を集める際の大綱なんですけれども、一番目として「モリソン文庫を基礎とし、これをますます拡張すると同時に、これに静嘉堂文庫を合わせ、新古の漢籍並びに東亜関係書籍を網羅すること」と書いてあります。当時どうも静嘉堂文庫は同じ岩崎家のものという事でかなり自由に利用できるのではないかという目算があったんだろうと思います。

「静嘉堂文庫所蔵漢籍の大部分は陸心源の皕宋楼文庫にして、宋元版、各家手沢本等の特殊書籍なり。しかるゆえにきわめて貴重なる書籍には相違なきも、いずれも珍本の類にして、しかく実用上常に必要のものにあらず。されば稀覯の珍籍たる上より言うも、みだりに出納すべきものにあらず。また愛玩珍重の意をはなれ、実際研究上の立場より見れば、その種類より言うも、その数量より言うも、未だ到底完しというべからず。旁々もって同文庫は大図書館中の一異彩として最も光輝を放つべき性質のものには相違なきも、実際活用の点より見れば、これを流用するを得ず、漢籍の蒐集はこれをもって終れりとなすべからず」

要するに、様々なものを補充しないといけないということで、たとえば漢籍、いわゆる学者文人の手になる漢籍のみならず、俗書、訳書、さらには官辺の定期刊行物等を含むとあります。官辺定期刊行物というのはたとえば「政府広報」のようなものかと思います。当時のモリソン文庫の時代の構想として、やがて作るべき東亜文庫——ここには東亜文庫と書いてあります——東亜文庫の建設、この東亜文庫を中心として新たに東亜研究所を立ち起こすとあります。これは単なるメモではありますが、大変興味深い資料かと思います。

5. 各部からの提言と東洋文庫の展望

牧野　最後に、各部長の先生方からのコメント、すなわち東洋文庫の課題と可能性ということでお願いいたします。さきほどのお話の流れから、最初に高田先生にご発言をいただけますでしょうか。

高田　東洋文庫には創設当初から大方針というようなものがあったようです。モリソン文庫を主とするということは大原則としてあったのですが、それだけでは広範囲に及ぶ東洋学全般をカバーしきれないので、資料面でモリソン文庫を拡張すべきだという意見がありました。

拡張については、このメモには「インド南洋」云々と書いてあります。西アジアにはこの時点ではまだ蒐集の対象として目が届いていない状況です。ちょっと興味深いのはduplicateに関するものです。重要なもの、多数使用のもの、例は挙げられないんですけれども、学生や研究者・先生方が普段利用するときに、一部では足りないだろうから、デュプリケート（複本）を準備しておくべきじゃないのかというような議論が出ています。実は今回の座談会のために『東洋文庫十五年史』を覗いてみたんですけれども、斯波先生が先ほどおっしゃったように、東洋文庫は寄贈書が無ければ成り立たないという側面が大きいと思います。だから寄贈を一概に否定しないという原則は十分成り立つと思います。

ただ現下は図書部のスタッフの人数が限られていますので、日常の仕事で手一杯の状況なんですね。今でも段ボールに詰めて廊下に置いたままの図書がたくさんありますが、そのうち整理しないといけません。寄贈頂くのは歓迎します。しかしながら重複調査をやって頂いたうえでリストを出して頂けると、たいへん有難いと思います。現状では、文庫のスタッフだけで重複調査を行うのはかなり困難な事情があります。研究者の方々がそれぞれの学問的関心にもとづいて蒐集された文献には非常に貴重なものがあると思いますので、それらを寄贈いただくことは文庫としても大変有効な蒐書のあり方だろうという風に考えております。さきほど斯波先生が仰ったご意見はごもっともと私も考えております。

濱下　少し関連しておうかがいしたいんですが、『東洋文庫十五年史』もそうなのですが、東洋文庫の研究とは学界に貢献するというか、学界に奉仕するというんでしょうか、そういうくだりがあったと思います。石田先生のメモには学界との関係あるいはそれについての研究部、図書部についての言及はございましたでしょうか。

高田　こういうふうに書いてございます。「東亜文庫の建設、この東亜文庫を中心として新たに東亜研究所を建てる」、これは先程申し上げました、その後に図書部、研究部と名が挙がっております。それ以外にも教育部というのがあるんです。教育部、その後に括弧して「(大学等に奨励)」と書いてあります。教育は外でやっていただくというふうに当時は考えていたんだろうと思われます。それ以外には総務部というのもあります。大体いまと同じような体制が構想されていたのでしょう。

斯波　文庫の草創期に東亜研究所になっていくという素案があったという話は初耳だし、驚きですね。その後の一〇〇年の歩みという時運のなかで考えると、京都の桂にある国際日本文化研究センターの拡大版として国際アジア文化研究センター、ないしは昔の東方文化学院、ハワイの東西センターみたいな機関に育っていくというステップが考えられますが、そのための準備や基礎づくりは整っていない。基礎じたいは、すでにいくつか作られている。要はこうした基礎の上にどのような形をつくるかという課題だと思います。

牧野　現在ＯＰＡＣの作業を図書部のスタッフの方々に鋭意進めていただいておりますが、先生のおっしゃるように、あらゆる雑誌等がデジタル出版を前提としている現代において、東洋文庫は今後どういう蒐書をしていくのかというのは予算配分と絡んで大変難しい問題ですよね。「東洋文庫にはこのぐらいの雑誌はあって然るべき」という研究員もいれば、「他の大学が持っているのだから東洋文庫には無くてもいいじゃないか」という研究員もいる。他方で、ミュージアムがいまや東洋文庫の顔ともなっていますので、稀覯本すなわちオールドブックスを中心に蒐集していくほうが良いとの意見もあります。なかなか答えの出せない問題です。

高田　各国にはそれぞれ重要な東洋学の雑誌があります。例えばフランスでいいますと、*Journal Asiatique* です。フランス政府によって、すでにほとんどはデジタル化して公開しているのですが、いくつか欠けている号があります。それが東洋文庫にはあったりするのです。その欠けているものだけデジタル化して公開するということも当然考えていいことかと思います。

牧野　なるほど、そうしたケースもあるのですね。貴重な情報を有難うございます。濱下先生は研究部長のお立場として、たとえば東洋文庫の研究部の抱える課題と今後の可能性について、斯波先生のこれまでのお話をふまえてお話しいただけますでしょうか。

濱下　斯波先生のお仕事と東洋文庫の研究あるいは東洋文庫の蔵書あるいはアーカイブズということを考えあわせますと、戦後の歴史研究や歴史学が社会科学の進展を前提としながら深化してきたということは一つ申し上げねばなりません。そのイニシアチブはアメリカにあったわけですね。たとえば文化人類学などの影響がそうです。こうした社会科学に関する本が東洋文庫にないというわけではないのですが、それを横断的に見渡す仕組みというのでしょうか。東洋文庫は地域研究の架け橋にもなっていますので、社会科学の関連書を横断的に等しく検索できるようなシステムを構築することも一つの課題です。

それからもう一つは、斯波先生にご言及頂いておりますが、東洋文庫の東洋とは欧米の東洋学と同じく日本も当然含んだうえでの東洋となります。しかし、日本のアジア研究というのは日本を含んでいることもあれば含んでいない場合もあり、明治以降の近代化の問題もあります。東洋学を日本に着眼してその先につなげていくということも留意すべきではないかと思っています。

牧野　日本を含めた東洋学の視点は落としてはいけませんね。たとえば、蘭学についても従来の日本の蘭学研究は周囲のアジア諸地域からは比較的分離した日本独自の蘭学研究というかたちで進んできたわけですが、実はそうではなく、同時代の中国や東南アジアとの関わりがあったからこそ蘭学は発展した。それが幕末維新以降の日本の近代における学問にどう接続し継承されたのかという点を再考せねばなりません。東洋文庫ならではの資料研究で開拓できそうな研究分野ですよね。

濱下　さきほど斯波先生は自然科学との関わりを重視すべきであるとおっしゃっておられましたが、歴史学と広く繋がっていく可能性があることに留意しないといけません。

牧野　その通りですね。有難うございます。平野先生はいかがでしょうか。

平野　既に申し上げたことを後追い的に補充するという感じのコメントとなりますが、二点ほどあります。一点目に取り上げたいのは、二〇一五年の『アジア学の宝庫、東洋文庫』（勉誠社）に収録される「東洋文庫の現在と未来」というタイトルの斯波先生を中心とする座談会です。その冒頭で斯波先生が「文庫の定款には、創立以来、東洋学の資料を収集して研究するとともに、資料、成果を広く普及させ、公開することを目的とすると謳ってまいりました」とご発言されておられます。ミュージアムとしましてはこれを拳拳《けんけん》服膺《ふくよう》して、「これからも頑張らなきゃいけないな」という思いをこのたびも強くしております。今後も宜しくご指導いただきたいと思います。

もう一つは、これも先ほど申し上げた件なのですが、「スキナー先生と私」という項目が入っているのが中国社会文化学会の出している『中国——社会と文化』の第一七号でして、斯波先生とスキナー先生との関係がはっきりと書かれております。これが、斯波・スキナー関係の古典的な文章というふうに感じておりまして、羨ましいなと思うという次第です。先生が社会科学を含めて科学の視点を踏まえていらっしゃるということは、既にご発言の通りだと思います。ある意味では、実証的な中国研究、独特の視覚を持っていらっしゃる斯波先生の中国研究ですが、その中国研究の立場から「科学」が見つけられたという側面もあるように思います。それが本来の科学と地域研究のあるべき姿なのかもしれないというふうに今回も改めて思った次第です。以上です。

牧野　スキナー先生は、もともとのドイツの資料学の影響を受けているというふうに仄聞しておりますが、斯波先生が中高生の時分から大学に入るまで、ドイツ風の学問的感化を受けられたこともやはりその後の学問形成に大なり小なり影響がみられるのかなと感じました。

最後に斯波先生、この一〇〇周年を迎えるに当たりましても私どもにあらためてお言葉を頂戴できましたら幸いにございます。

斯波　高田先生がご紹介下さった石田幹之助先生のお話とか文書資料のデータを皆さんにお知らせするといいですね。いろいろと可能性が広がっているわけです。どうでしょうかね。研究図書館としての東洋文庫はもう完成したのか。大体できているのかな。次のステップについては石田先生の分を含めてのアーカイブズですかね。山本達郎先生のメモについては山本家から寄贈させて頂いても良いかという話が出ているのですよ。

牧野　山本達郎先生が残されたメモ帳の類となりますね。東洋文庫での会議や研究についてなど細かいメモ書きが残されているようです。

斯波　そのメモのなかには東洋文庫の将来に関する山本先生の構想が記されているかもしれない。山本先生が敬慕されていた石田先生との関係についても。

牧野　奇しくもこの一〇〇年を迎えるにあたり、石田幹之助先生のご遺族から先生のお持ちの一部の蔵書や各種文書類をご寄贈いただきました。偶然ながら運命的なものを感じます。この件では高田先生に非常にお世話になっております。いろいろと掘り出し物が出てまいりましたね。

高田　先程からアーカイブズの話が出てきておりますけれども、東洋文庫として東洋文庫のアーカイブズをより豊富なものにできればという風に私も考えております。これは文庫全体として是非とも進めていただきたいと思います。

牧野　東洋文庫の歩みは日本の東洋学・アジア研究の歩みでもあります。足元のアーカイブズを整えることは大切ですね。将来的にも蔵書の充実、研究の活性化、展示をとおした普及活動の展開にも還元できそうです。斯波先生そして本日お集まりの各部長の先生方には忌憚のない貴重なご提言の数々を賜りました。これからも東洋文庫の文庫員一同、日本のみならず世界の東洋学の発展に寄与し、社会への貢献も果たしてまいりたいと存じます。尚一層のご教導を宜しくお願い申し上げます。

東洋文庫への期待

「千年の計」を建てる

橋本麻里

東洋文庫の公式ウェブサイトのトップページに掲げられるのは「東洋文庫はアジア全域の歴史と文化を対象とする研究図書館・ミュージアムです。」という言葉だ。すぐ下の「東洋文庫について」をクリックすると、「東洋文庫は、広くアジア全域の歴史と文化に関する東洋学の専門図書館、ならびにミュージアムです。」と表示される。文言に多少の不整合があるが、素直に読むなら、アジア全域の歴史と文化を対象とする研究＝東洋学であり、その東洋学に関わる書籍を専門に収集、かつそれら書籍に基づいて研究を行う研究図書館で、さらに展示も行うミュージアムでもある、ということであろう。

だが現在、「東洋学」という学問領域が指すところは、必ずしも自明ではない。少なくとも日本学術会議の体制内には、二〇〇五年の研究連絡委員制度廃止とそれに伴う東洋学研連消滅以来、「東洋学」と名のつく部門は存在しない。

限られた紙幅ゆえ粗雑なまとめにならざるを得ないが、そもそも西洋画・油絵に対する「日本画」と同様に、西洋の自己認識に対応するかたちで東洋という概念は形成された。しかもその「西洋のまなざし」を内面化した上で、これまた西洋発の「オリエンタリズム」批判を援用していくという、幾重にも連続するねじれの上に、日本の「東洋学」は育まれてきた。加えて、近代以前の「規範としての中国」を相対化する姿勢や、西洋起源の人文・社会科学に東洋学を、まさに木に竹を接ぐが如く接合してきたことなど、個々の研究の学問的水準の高さとは別に、外部——現代の日本社会からの「東洋学」の理解を難しくしている。

そのような経緯を前提に、東洋文庫がこれからの百年も「東洋学」研究の拠点としてあり続けていこうとするならば、現代における東洋学とは何か、東洋文庫がいかなる領域を対象とし、どのような姿勢で研究に取り組んでいくのか、そこにどのような新しい意義、価値が生まれ得るのかというミッションを、これまでの百年を通して拠ってきた「言葉」をもって、いま一度明示すべきではないだろうか。そして叶うならばそれは、時間的により長く、空間的により広大な、諸文明を横断し、見晴るかす視座からのものであってほしい。

また東洋文庫はミュージアムを持つ。これほどの規模の研究図書館で、ミュージアムが附設された施設が他にどのくらいあるのか、筆者にはわからない。いずれにせよ、極めてユニークなこのミュージアムも、先述のミッションに導かれて運営されなければならない。すなわち研究図書館が収集、保存し、閲覧に供する書物を研究資源となし、広め、深めた学知を可視化し（次の百年においては、視覚に限定されない、さらにユニバーサルな「体験」のデザインが求められるだろう）、より拡張されたかたちで社会へ繋げるインターフェイスとして。

難題ばかり押しつけるようだが、空間的にごく狭く、また時間的に短いスケールで「役にたつ」か否かのみを成果の指標としていては絶対に辿り着くことのできない、百年いや千年の計を、悠久の知の庫《くら》に期待してのことである。

東洋文庫への期待

東洋学と研究者の立ち位置

羽田 正

東洋文庫の英語版ウェブサイトを見ると、「東洋文庫」はそのままToyo Bunkoとローマ字で記されている。卓見である。「文庫」はともかく、「東洋」は英語には訳し難い日本語に独特の空間概念だからだ。安易にOriental Libraryなどと訳さない姿勢を高く評価したい。

一般に英語のOriental Studiesは日本語で東洋学と呼ばれる。しかし、実はこの二つの学問分野は同一ではない。研究者の立ち位置と視点が違うからである。Oriental Studiesは、Europeあるいはthe Westから見て他者であるOrient、またはThe Eastを研究の対象とする。研究者の立ち位置は明らかに研究対象の外にある。一方、東洋学の東洋の場合は複雑である。日本と東洋は同一ではない、しかし日本は東洋の一部でもある、Oriental Studiesの影響から東洋を他者と見る視点もある。東洋は日本に帰属意識を持つ研究者の前に明確に自とも他とも言いにくい謎めいた空間として立ち現れる。東洋をアジアに替えてアジア研究としても事情はさして変わらない。自らの立ち位置に敏感な研究者ならば、研究対象を内側から把握するのか、外から観察して理解するのか、それとも内と外を超えた別の視点を探すのかといった問いに常に悩まされることになる。

自己認識に関わるこの困難な問題を抱えながら、日本の研究者は「東洋」や「アジア」という思考の枠組みを用いて膨大な数の研究を積み重ね、それらが結果として世界と日本についての独自の見方を、日本語の知の体系の中に作り出してきた。価値の多様性が世界的に重視される今、このことには大きな意味がある。東洋文庫とそこに蓄積されてきたユニークな資料群が、この研究活動を力強く支えてきたことは言うまでもない。

現在、「世界」という語が研究枠組みとして新たに注目を集めている。世界哲学、世界史、世界文学などがそれである。世界全体を視野に入れながら地域を見つめるグローバル地域研究も立ち上げられている。これらの新しい研究分野では、研究者の立ち位置が重要な意味を持ち、「自」や「他」とは何かが常に問われることになる。その意味で、過去百年に亘って「東洋」や「アジア」という難しい研究枠組みと格闘してきた東洋学は、この新しい研究動向を先取りしていたとも言えるだろう。東洋学の方法や知見は新しい研究分野の発展のために大いに参考になるはずだ。その拠点の役割を果たす東洋文庫にも新たな角度から光があたり、所蔵する貴重な資料はさらに輝きを増すに違いない。時代に合わせて進化する東洋文庫の未来に期待するところ大である。

おわりに

本の魅力とはいったいなんだろう？

デジタル化全盛のこの時代、どこもかしこも「デジタルにあらずんばモノにあらず」とでもいった雰囲気に満ちあふれている。電子書籍はスマートフォンやタブレット端末があればいつでもどこでも読める。老眼が進行中の編者もその恩恵に浴している。指先で文字を拡大したり縮小したりと大変便利だ。ブックマークも付けられるし、コメントだって入れられる。収納に困ることもない。棚は崩れないし、床もへこまない。

でも、なんか違う。書き手の情熱を読み手に可能な限り正確に伝えるためには、やはり三次元体の「本」でないと難しいと感じる。本が伝える情報は文字だけではないからだ。大きさ、厚さ、重さ、形、色、材質、匂いといった五感で得られる情報を本は確かに伝えてくれる。

本が出来上がるまで、書き手は出版社・編集者との間で何度もやり取りをする。サイズはどうするか。どのような書体を用い、どのような紙を使うのか。図版や挿絵はどうするのか。装丁は内製するか外のデザイナーに発注するのか等々。デジタル化が進んで各作業工程は早くなったが、そこに人の手と意思が介在せざるを得ないため、紙媒体の「本」はこれから先もデジタルの対極にあるアナログな代物であり続けるだろう。世の中どんなに進化しても人体のサイズはそんなに変わらないのだから。

ボーンデジタルという言葉がある。ウェブサイトがそうだし、官公庁や会社で日々の業務で作成される文書やメールもそうだ。学界でも電子ジャーナルのみしか発行しないケースが増えている。電子書籍も含めて情報へのアクセスのしやすさを考えると大いに歓迎すべきことだ。

しかし、本書がボーンデジタルすなわちデジタル版のみの刊行との話であったならば、きっぱりとお断りしたことだろう。東洋文庫において本と向き合うということは（本の中身を読むことだけではなく）物理的に向き合うことでもある。腰や手足は何度も痛めたし、シャツや手のひらも真っ黒になった。でも、一〇〇万冊の書物が所狭しと配架される書庫の通路を歩いていると、三層にわかれ整然と配置されるモリソン書庫を展示室から見上げていると、そんなのは全て些細なことに思えてくる。

偉大な先哲の知的営為の蓄積を享受できていること、それが「本」というかたちをもって書き手から読み手へと伝わっていること、一冊一冊が様々な人々の思いを受けて仕上がったものであることを想像すると、なんだか胸にこみ上げてくるものがなかろうか。

本書を手に取り、ご通読いただいた皆様にまずは深く感謝申し上げたい。まがうことなき「愛書家bibliophile」（はたまた「愛書狂bibliomaniac」）の皆様に、東洋文庫の世界をご堪能いただけたとすれば編者冥利に尽きる。

つぎに本書刊行にあたり『東洋文庫百年史』からの転載をご快諾いただいた先生方あるいは新たに玉稿をお寄せいただいた識者の皆様方にはこの場をかりて篤くお礼申し上げる。東洋文庫が無事に一〇〇年を迎えられたのも発足から今日まで存続に向けて先人のたゆまぬ尽力があったからこそで、今回ご執筆の皆様にはその点を詳細にお伝えいただくとともに、東洋文庫の蔵書の豊かさをあらためてご紹介いただいた。

最後に本書をきちんとした本物の「本」として（ボーンデジタルではなく）、一心に愛情を注ぎ無事世に送り出していただいた株式会社平凡社、なかんずく編集者の進藤倫太郎氏に心より謝意を表したい。進藤氏とは東洋文庫ミュージアム開館以来のお付き合いで、ミュージアム開館最初の展覧会で展示ケース内の甲骨の向きが逆であることをご指摘いただいたのは恥ずかしくも懐かしい思い出だ。氏は学生時代に中国古代史を専攻して甲骨文字の解読に熱心に取り組んだという。東洋学への情熱もむべなるかなだ。社内では「東洋文庫」の編集担当をめでたくも引き受けられ、今回は本書『東洋文庫の100年』も担当された。二つの「東洋文庫」の間を行ったり来たりで大変であったことだろう。稀なる東洋学界の敏腕編集者として今後ますますのご活躍を期待せずにはいられない。

このたびの本書は折角の一〇〇周年のタイミングであり時機を逃さず、まずは世に出すことを最優先とした。内容や記述の誤り等について全ては編者の責任である。増補改訂版の刊行に向けて読者諸賢にはご意見ご指摘などお気軽にお寄せいただけたら幸いだ。それはゆくゆく刊行されるであろう『150年史』、『200年史』に向けての一つ一つの貴重な積み重ねとなるだろう。五〇年後も一〇〇年後もやはり「本」のかたちで出版できたら良いなと思う。これを読んでいる未来の年史担当のそこのあなた、よろしくお願いしますよ！

二〇二五年三月　駒込にて　　牧野元紀

参考文献

第Ⅱ部

岩崎久彌

岩崎久彌傳編纂委員会編『岩崎久彌傳』一九六一年
斯波義信「財団法人東洋文庫の八十年」財団法人東洋文庫編『東洋文庫八十年史Ⅰ』二〇〇七年
財団法人東洋文庫編『東洋文庫八十年史』二〇〇七年
財団法人東洋文庫編『東洋文庫の名品』二〇〇七年
財団法人東京都文化振興会『東京人』八六号（特集「東洋文庫のすべて」）、一九九四年
成田誠一『岩崎彌太郎物語――「三菱」を築いたサムライたち』毎日ワンズ、二〇一〇年
藤森照信「岩崎久彌と東京」『東京人』八二号、財団法人東京都文化振興会、一九九四年
牧野元紀「岩崎久彌と東洋文庫」阿佐美淑子、加藤明子編『三菱が夢見た美術館――岩崎家と三菱ゆかりのコレクション』三菱一号館美術館、二〇一〇年
三菱商事株式会社広報部『Ryowa』二二一号、二〇〇八年
森まゆみ「三菱財閥を背負った男」『東京人』一五〇号、財団法人東京都歴史文化財団、二〇〇〇年
森まゆみ「染井の墓」『東京人』一五三号、財団法人東京都歴史文化財団、二〇〇〇年
森まゆみ「カントリー・ジェントルマン」『東京人』一五七号、財団法人東京都歴史文化財団、二〇〇〇年

白鳥庫吉

白鳥庫吉「学習院に於ける史学科の沿革」『白鳥庫吉全集』第一〇巻、岩波書店、一九七一年
石田幹之助「白鳥庫吉先生小伝――その略歴と学業」前掲書

窪添慶文「白鳥庫吉」今谷明ほか編『二〇世紀の歴史家たち（1）・日本編上』刀水書房、一九九七年
松村潤「白鳥庫吉」江上波夫編『東洋学の系譜』大修館書店、一九九二年
中見立夫「日本的「東洋学」の形成と構図」岸本美緒責任編集『「帝国」日本の学知3 東洋学の磁場』岩波書店、二〇〇六年
吉澤誠一郎「白鳥庫吉の東洋史学——史学史的考察として」渡邉義浩編『中国史学の方法論』汲古書院、二〇一七年
吉澤誠一郎「白鳥庫吉と東洋史学の始源」吉見俊哉・森本祥子編『東大という思想——群像としての近代知』東京大学出版会、二〇二〇年
内野敦「白鳥庫吉と学習院」『学習院大学教職課程年報』二〇二〇年

和田清

榎一雄「和田清先生を偲んで」『東洋学報』四六巻一号、一九六三年（改題再録：「和田清理事の逝去」『東洋文庫年報』一九六三年度、一九六四年）
榎一雄「和田清先生の逝去を悼む」『榎一雄著作集12 追想（日本人編）』汲古書院、一九九四年（初出：『東方学』二七輯、一九六四年）
和田清『東亜史論藪』生活社、一九四二年
和田清『東亜史研究（満洲篇）』財団法人東洋文庫、一九五五年
和田清『東亜史研究（蒙古篇）』財団法人東洋文庫、一九五六年
和田清「学究生活の想出」『東亜史研究（満洲篇）』財団法人東洋文庫、一九五五年（初出：『思想』三六三号、一九五四年）
編纂委員会編『和田博士還暦記念東洋史論叢』、大日本雄辯会講談社、一九五一年。
編纂委員会編『和田博士古稀記念東洋史論叢』講談社、一九六一年。
『満文老檔』全七冊、満文老檔研究会訳註、財団法人東洋文庫、一九五五〜六三年。

石田幹之助

石田幹之助「東洋文庫の生れるまで」『石田幹之助著作集4 東洋文庫の生れるまで』六興出版、一九八六年
榎一雄「石田幹之助博士略伝」前掲書
反町茂雄『一古書肆の思い出1——修業時代』平凡社ライブラリー、一九九八年
高田時雄「石田幹之助」『東洋文庫百年史』公益財団法人東洋文庫、二〇二五年
牧野元紀「創立100年、「恩人」を迎えた東洋文庫」『図書』二〇二四年四月号、岩波書店

山本達郎

「山本達郎古稀記念録」山本達郎博士古稀記念論叢編集委員会編『東南アジア・インドの社会と文化（上・下）』別刷、山川出版社、一九八〇年
山本達郎『山本達雄小傳』山川出版社、一九九二年
池田温「追悼文」『東方學』一〇二輯、二〇〇一年
辛島昇「山本達郎先生のご逝去を悼む」『東方學』前掲誌
神田信夫「山本達郎先生を偲んで」前掲誌
桜井由躬雄「追悼 山本達郎先生」『史学雑誌』一一〇編六号、二〇〇一年
中根千枝「山本達郎先生のお人柄と国際的対応」『東方學』一〇二輯、二〇〇一年
荒松雄「故山本達郎会員追悼の辞」『日本學士院紀要』五六巻二号、二〇〇二年
池田温・池端雪浦・石澤良昭・辛島昇・桃木至朗「先學を語る——山本達郎博士」『東方學』一二一輯、二〇一一年

河野六郎

河野六郎「方言雑考」『東洋研究』六二／六三／六四、大東文化大学、一九八二年
UMEDA Hiroyuki（1999）Dr. KONO Rokurō. An Obituary Notice, Memoirs of the Research Department of the Toyo

Bunko, No.57
千野栄一「嗚呼、河野六郎先生」『言語研究』一一五、日本言語学会、一九九九年
古屋昭弘「朝鮮研究室での河野六郎博士の思い出」『東洋学報』八一巻二号、東洋文庫、一九九九年
梅田博之・大江孝男・辻星児・坂井健一・古屋昭弘「先學を語る——河野六郎博士」『東方學』一二〇、二〇一〇年

榎一雄

榎一雄著作集編集員会編『榎一雄著作集9 東洋学・東洋文庫』汲古書院、一九九四年

中根千枝

斯波義信「故 中根千枝会員追悼の辞」『日本學士院紀要』七七巻三号、二〇二三年

石井米雄

石井米雄『道は、ひらける——タイ研究の五〇年』、めこん、二〇〇三年
石井米雄「東洋文庫とわたくし」『東洋文庫八十年史 寄稿と各論』、東洋文庫、二〇〇七年、六三頁
石井米雄「歴史研究とアーカイブス」日本アーカイブズ学会編『アーカイブズ学研究』九号、二〇〇八年、二～七頁
石井米雄『もうひとつの「王様と私」』（飯島明子解説）、めこん、二〇一五年
奥平龍二「石井米雄先生を偲ぶ」『パーリ学仏教文化学』二四号、二〇一〇年、一一一～一二〇頁
斯波義信「石井米雄先生を偲ぶ——東洋文庫と先生」東方學会編『東方學』一二〇輯、二一八～二二三頁
桜井由躬雄「石井米雄先生追悼——榮光の官職・研究の孤獨」東方學会編『東方學』一二〇輯、二二三～二二六頁
平野健一郎「石井米雄先生のご遺志を受け継いで」国立公文書館編『アーカイブズ』四〇号、二〇一〇年、四～六頁

第Ⅲ部

モリソン文庫とモリソンコレクション

G.E.Morrison, *An Australian in China: Being the Narrative of a Quiet Journey across China to Burma*, Horace Cox, London, 1895.

Cyril Pearl, *Morrison of Peking, Angus and Robertson, 19 Morrison of Peking*, Angus and Robertson, 1967.

Lo Hui-Min Ed., *The Correspondence of G.E. Morrison* I,II, 1895-1912,1912-1920, Cambridge University Press, 1976,1978.

Eiko Woodhouse, *The Chinese Hsinhai Revolution: G. E. Morrison and Anglo-Japanese Relations, 1897-1920*, Tailor & Francis, 2003.

Kazuo Enoki, *Dr. G.E. Morrison and the Toyo Bunko*, The Toyo Bunko, 1967.

東洋文庫略年表

本年表は、東洋文庫創立100周年記念展図録『知の大冒険』に掲載の年表等をもとに、歴代理事長の就任時期を加えた。注目点は、理事長の変遷、ならびに『東洋学報』等の定期刊行物の発刊状況、各コレクションの受贈時期である。モリソン文庫や岩崎文庫といった貴重な資料と研究成果が、研究機関・図書館・ミュージアムの機能を有する、東洋文庫の組織や関係者、疎開先の地域の人々の手によって、現代まで連綿とつながれてきた様子が見て取れる。なお、各コレクションの紹介や他の運営関係者については、東洋文庫ホームページ内「東洋文庫の歩み」をご参照頂きたい。

元号	西暦年	東洋文庫関連
文久 2	1862	ジョージ・アーネスト・モリソン、イギリス連邦オーストラリアに生まれる（のち英国エディンバラ大学医学部卒業。ロンドン・タイムズ北京駐在通信員。中華民国総統（袁世凱、黎元洪）の政治顧問に就任）
明治 19	1886	ドイツの歴史学者ルートヴィッヒ・リース、東京帝国大学で近代史学を開講。門下生の一人が白鳥庫吉で、その後東洋文庫初代研究部長、のち理事長に就任
34	1901	岩崎久彌、オックスフォード大学のインド学の権威マックス・ミューラーの旧蔵書をイギリスで購入し、東京帝国大学へ寄贈
大正 元	1912	『東洋学報』創刊（東洋協会、のちの東洋学術協会）
6	1917	久彌、モリソンが蒐集した中国に関する欧文図書文献のコレクションを購入。モリソン文庫渡来
8	1919	『東洋文庫叢刊』（所蔵稀覯書の影印復刻）刊行開始
9	1920	モリソン没す（58歳）
12	1923	このころまでに、イエズス会宣教師関連資料、シーボルト著作、キリシタン版をはじめ、約5万4000冊が拡充される
13	1924	前間恭作旧蔵朝鮮古籍を受贈 東洋学研究と文献公開を目的とする研究図書館として財団法人東洋文庫発足 初代理事長・井上準之助（1924〜1932） 研究部長・白鳥庫吉、図書部長・上田萬年、主事・石田幹之助 『東洋文庫論叢』刊行開始。閲覧室を開設、蔵書を公開（発足時蔵書総数約7万9000冊）

和暦	西暦	事項
大正15 昭和元	1926	第1回東洋学講座開催 『東洋文庫欧文紀要』刊行開始
5	1930	藤田豊八旧蔵和漢書を受贈
7	1932	岩崎文庫（第一次）受贈 新館書庫増築完成 2代目理事長・桐島像一（同年内）就任 3代目理事長・林権助（1932～1939）就任
9	1934	永田安吉旧蔵「安南本」を受贈 岩崎文庫和漢書目録を刊行
11	1936	入江達吉旧蔵「シーボルト文書」、井上準之助旧蔵和漢洋書を受贈 「ラフカディオ・ハーンとチェンバレン往復書簡」を蒐集
13	1938	上田萬年旧蔵書を受贈
14	1939	『東洋文庫十五年史』刊行 4代目理事長・白鳥庫吉（同年内）就任 5代目理事長・清水澄（1939～1947）就任
15	1940	河口慧海師より旧蔵チベット大蔵経等を受贈
16	1941	幣原坦旧蔵朝鮮文献を受贈
18	1943	岩崎文庫（第二次）を受贈
20	1945	東京大空襲を受けて貴重書を宮城県に疎開（1949年帰還完了）
22	1947	『東洋学報』復刊。発行元・東洋協会が東洋文庫内に移転 6代目理事長・幣原喜重郎（1947～1951）就任
24	1949	国立国会図書館と支部契約を締結、閲覧を再開
25	1950	「岩崎文庫」（第三次）受贈
26	1951	7代目理事長・細川護立（1951～1970）就任

昭和		
28	1953	米国ハーバード・イエンチン財団の助成により、東方学研究日本委員会が発足
29	1954	米国ロックフェラー財団の助成により、近代中国研究委員会が発足
32	1957	藤井尚久旧蔵の和漢洋医学書文献を受贈 『東洋文庫年報』刊行開始
33	1958	国内東洋学界の情報交流を目的として東洋学連絡委員会を創設
36	1961	ユネスコ本部及び文部省の要請により、ユネスコ東アジア文化研究センターが東洋文庫に附置される（初代所長に辻直四郎が就任）
38	1963	松田嘉久よりタイ語文献を受贈
39	1964	開国百年記念文化事業会旧蔵書、梅原末治旧蔵の考古学資料を受贈 蔵書総数50万冊を超える
42	1967	東洋文庫記念展（モリソン書庫の渡来50周年記念展）開催
43	1968	特別書庫新築落成
44	1969	新本館新築落成
45	1970	『東洋文庫書報』刊行開始
49	1974	8代目理事長・辻直四郎（1974～1979）就任
50	1975	財団設立50周年記念講演会及び展示会を開催
51	1976	永年の国際交流貢献について「国際交流基金賞」を受賞
52	1977	『東洋文庫の六十年』刊行
55	1980	辻直四郎旧蔵書を購入
57	1982	新築資金調達及び基金拡充を目的として敷地の一部を売却
58	1983	新書庫1号棟及び本館事務棟竣工
60	1985	9代目理事長・榎一雄（1985～1989）就任
63	1988	ベラルデ家旧蔵のフィリピン関係文献「ベラルデ文庫」受贈

平成	元	１９８９	モリソンの次男夫妻より、「モリソン二世文庫」を購入
	2	１９９０	榎一雄旧蔵書を受贈 10代目理事長・北村甫（１９９０～２００１）就任
	11	１９９９	フランス国立極東学院との間に学術交流協定を締結
	13	２００１	ロシア科学アカデミー旧蔵敦煌文献のマイクロフィルム蒐集（5ヶ年、約25万コマ） 山本達郎旧蔵書を受贈 11代目理事長・斯波義信（２００１～２００７）就任
	15	２００３	附置ユネスコ東アジア文化研究センターを終結 研究部研究体制を全面刷新。現代史的視点に立つ学際的な超域アジア研究部門を新設 東洋文庫名品展（80周年記念展）を千代田区江戸開府４００年記念事業の一環として丸ビルホールで開催（千代田区記念事業実行委員会・東洋文庫・ＮＨＫ・日本経済新聞社の４団体共催）
	16	２００４	財団設立80周年記念式典及び小展覧会を開催
	18	２００６	台湾の中央研究院と協定 イスラーム地域研究資料室発足
	19	２００７	現代中国研究資料室発足 12代目理事長・槇原稔（２００７～２０２０）就任
	22	２０１０	ハーバード・イエンチン研究所・同図書館と協定 エジプト・アレクサンドリア図書館と協定
	23	２０１１	建て替え工事を終えて本館竣工 ミュージアム開館
	25	２０１３	公益財団法人へ移行
令和	3	２０２１	ミュージアム開館10周年 13代目理事長・畔柳信雄（２０２１～）就任
	6	２０２４	創立１００周年を迎える

執筆者一覧（五十音順）

石橋崇雄（いしばし・たかお）
東洋文庫研究員

岡本隆司（おかもと・たかし）
東洋文庫研究員、早稲田大学教授

岸本美緒（きしもと・みお）
東洋文庫研究員、お茶の水女子大学名誉教授

グエン・ティ・オアイン Nguyễn Thị Oanh
タンロン大学副教授

久保亨（くぼ・とおる）
東洋文庫研究員

リンダ・グローブ Linda Grove
東洋文庫研究員、上智大学名誉教授

小松久男（こまつ・ひさお）
東洋文庫研究員、東京大学名誉教授

斯波義信（しば・よしのぶ）
東洋文庫長、東京大学・大阪大学名誉教授

杉山清彦（すぎやま・きよひこ）
東洋文庫研究員、東京大学教授

高田時雄（たかた・ときお）
東洋文庫図書部長、京都大学名誉教授

田仲一成（たなか・いっせい）
東洋文庫研究員、東京大学名誉教授
※2025年3月ご逝去

土田龍太郎（つちだ・りゅうたろう）
東京大学名誉教授

陶徳民（とう・とくみん）
東洋文庫研究員、関西大学名誉教授

長野泰彦（ながの・やすひこ）
国立民族学博物館名誉教授

橋本麻里（はしもと・まり）
東洋文庫ミュージアム諮問委員

羽田正（はねだ・まさし）
東洋文庫評議員、東京大学名誉教授

濱下武志（はました・たけし）
東洋文庫研究部長、東京大学名誉教授

平野健一郎（ひらの・けんいちろう）
東洋文庫普及展示部長、東京大学・早稲田大学名誉教授

古屋昭弘（ふるや・あきひろ）
東洋文庫研究員、早稲田大学名誉教授

牧野元紀（まきの・もとのり）
「編著者紹介」参照

三浦徹（みうら・とおる）
東洋文庫研究員、お茶の水女子大学名誉教授

森安孝夫（もりやす・たかお）
東洋文庫研究員、大阪大学名誉教授
※2024年8月ご逝去

フランソワ・ラショウ François Lachaud
フランス国立極東学院研究部長・教授

編集協力者

相原佳之（あいはら・よしゆき）
東洋文庫研究部課長

岡崎礼奈（おかざき・れな）
東洋文庫普及展示部課長

山口翔子（やまぐち・しょうこ）
学習院大学大学院生（初版刊行時）

編著者紹介
牧野元紀（まきの・もとのり）
1974年生まれ。熊本市出身。東洋文庫文庫長特別補佐。学習院女子大学教授。東京大学大学院博士課程、パリ第七大学大学院博士課程満期退学。博士（学術）。国立公文書館アジア歴史資料センター調査員、東洋文庫研究員、ハーバード・イエンチン研究所客員研究員、昭和女子大学准教授などを経て現職。専門は東洋学・アジア近代カトリック史・太平洋海域史・日露交流史・博物館学・アーカイブズ学。日仏東洋学会評議員、日本漢字学会評議員、長崎世界遺産学術委員会委員、永青文庫客員研究員。主な編著に、『時空をこえる本の旅50選』（東洋文庫）、『ロマノフ王朝時代の日露交流』（勉誠出版）、『増補改訂版 東インド会社とアジアの海賊』（勉誠社）がある。

東洋文庫の100年
開かれた世界屈指の学問の殿堂

2025年3月19日　初版第1刷発行
2025年6月20日　初版第2刷発行

編著者　牧野元紀
監　修　公益財団法人 東洋文庫
発行者　下中順平
発行所　株式会社平凡社
〒101-0051　東京都千代田区神田神保町3-29
電話　(03) 3230-6573［営業］
平凡社ホームページ　https://www.heibonsha.co.jp/

印　刷　株式会社東京印書館
製　本　大口製本印刷株式会社
デザイン　松田行正＋山内雅貴

ISBN978-4-582-83976-0

【お問い合わせ】
本書の内容に関するお問い合わせは
弊社お問い合わせフォームをご利用ください。
https://www.heibonsha.co.jp/contact/